S. H. Dalai Lama/Jean-Claude Carrière

Die Kraft des Buddhismus und der Zustand der Welt

HERDER / SPEKTRUM
Band 4463

Das Buch

Leben wir in einer Zeit der Zerstörung? Ist alle Hoffnung verloren? Oder leben wir in einer Zeit, die es verdient, glücklich genannt zu werden? Der Dalai Lama vertritt eine zutiefst hoffnungsvolle Sicht auf die Zukunft, trotz allem. Die Tradition, die er vertritt, kann auf mehr als zweitausend Jahre der Reflexion und der Erfahrung zurückblicken und spricht doch in einer zutiefst menschlichen Stimme, voller Schlichtheit und Eindrücklichkeit – Dogmatismus und Schriftgläubigkeit liegen ihm denkbar fern. Aufmerksam und empfänglich zu sein für das, was geschieht, bereit zu sein zur Veränderung und sich trotzdem nicht zu verlieren in den Wirren der Aktualität – das ist es, was den XIV. Dalai Lama auszeichnet und ihn auch als Gesprächspartner und Orientierungsfigur für westliche Menschen überzeugend und interessant macht. Das vorliegende Buch macht deutlich, wieso. Es sind die beherrschenden Probleme unserer gegenwärtigen Welt, Fragen nach dem Überleben des Planeten, die im Mittelpunkt des Gespräches zwischen ihm und dem französischen Journalisten und Filmemacher Jean-Claude Carrière stehen: Bevölkerungsexplosion und der Umgang mit der Umwelt, Gentechnologie und die Macht der Medien. Die Frage nach dem Sinn des menschlichen Handelns gerät dabei niemals aus dem Blick, so daß dem Leser zwar auch Einblicke in Entwicklung und Eigenart des tibetanischen Buddhismus – aber gleichzeitig auch in eigene Handlungsoptionen ermöglicht werden. Der Dalai Lama erweist sich als der Welt zugewandter Mensch, der für alles offen ist, auch für die Revision der eigenen Tradition. „Wer fragt, täuscht sich. Wer antwortet, täuscht sich", so zitiert er den Buddha. Und er selber sagt: „Wenn die Wissenschaft Fehler beweist, müssen wir die Texte ändern", und: „Wenn ich neun Finger dadurch retten kann, schneide ich ohne zu zögern den zehnten ab." Ein dramatisches, erzählerisches und informatives Buch, das eine geistige Begegnung anschaulich und lebendig werden läßt.

Die Autoren

Der XIV. Dalai Lama Tenzin Gyatso, geb. 1935, das geistliche und weltliche Oberhaupt der Tibeter, Träger des Friedensnobelpreises. Bei Herder/Spektrum u. a.: „Zeiten des Friedens" (4065), „Einführung in den Buddhismus" (4148), „Sehnsucht nach dem Wesentlichen" (4229), „Mitgefühl und Weisheit" (4288) sowie „Der Friede beginnt in dir" (4451).

Jean-Claude Carrière, geb. 1931, französischer Publizist mit Schwerpunkt auf religions- und kulturgeschichtlichen Themen.

S. H. Dalai Lama/Jean-Claude Carrière

Die Kraft des Buddhismus und der Zustand der Welt

Bewußter leben in der Welt von heute

Aus dem Französischen von Michael Bischoff

Herder

Freiburg · Basel · Wien

Die Kapitelnumerierung folgt dem tibetanischen Alphabet

Gedruckt auf umweltfreundlichem,
chlorfrei gebleichtem Papier

Lizenzausgabe mit freundlicher Genehmigung des Eichborn Verlags
Herstellung: Freiburger Graphische Betriebe 1998
Umschlaggestaltung: Joseph Pölzelbauer
Umschlagphoto: Studio Opale, © John Foley, Paris.
ISBN: 3-451-04463-3

Inhalt

Einführung

Die hier aufgezeichneten Gespräche fanden im Februar 1994 in McLeod Ganj bei Dharamsala in Nordindien statt, und zwar im Kloster Thekchen Choeling, in dem der Dalai Lama lebt. Da ich am 10. Februar ankam, konnte ich am folgenden Tag an den Feierlichkeiten zum tibetischen Neujahrsfest teilnehmen. Ich blieb zwei Wochen in McLeod Ganj.

Die Idee zu diesem Buch stammt von Laurent Laffont, der auch für die Reisekosten aufkam. Ich war dem Dalai Lama schon zweimal kurz begegnet, bei seinen beiden letzten Aufenthalten in Frankreich. Ich wandte mich an die Verantwortlichen des Bureau du Tibet in Paris, und dank ihrer Hilfe kamen die Vorbereitungen rasch in Gang. Wenn ich an diese Reise zurückdenke und von den unerläßlichen Vorarbeiten einmal absehe, die mehrere Monate in Anspruch nahmen, erinnere ich mich an einen äußerst angenehmen Aufenthalt. Vor allem die Atmosphäre des Klosters erschien mir zugleich ernst und heiter, frei von jeder Hast und Anspannung.

Vor der Reise hatte ich auf Bitten des Dalai Lama in mehreren Briefen erläutert, über welche Themen ich gerne sprechen wollte, und wie man sich leicht vorstellen kann, standen sie alle im Zusammenhang mit der möglichen Rolle des Buddhismus in der modernen Welt und mit seiner wachsenden Anziehungskraft. Sprechen wollten wir dabei über das Verhältnis des Buddhismus zu unserem alltäglichen Leben, zur Politik und zu den übrigen Religionen oder Traditionen, wobei das Schwergewicht auf Fragen der Gewalt, der Umwelt und der Erziehung liegen sollte. Ich erkannte rasch, daß nichts sich von allem übrigen trennen läßt, wie es ja auch der buddhistischen Lehre entspricht, und daß jedes unserer Worte in ein Netz von Beziehungen eingebettet ist, das sich ins Unendliche erstreckt. Unmöglich, ein einzelnes Thema aus dem Kontext der gesamten buddhistischen Einstellung herauszulösen. Ich mußte offenbar über alles sprechen, ohne jedoch auf die komplizierten Einzelheiten der Lehre, der Mythologie oder der Riten einzugehen.

Da wir zu wenig Zeit hatten (ein ganzes Leben wäre zu kurz) und da ich wußte, daß der Dalai Lama ein höchst beschäftigter Mann ist, schlug ich ihm gleich bei unserer ersten Zusammenkunft vor, ihn nicht zu jenen Aspekten der buddhistischen Lehre und Praxis zu befragen, die er bereits in mehreren Büchern ausführlich beschrieben hat, und statt dessen einige Anleihen bei diesen Büchern zu machen. Er willigte sofort ein, wodurch wir viel Zeit gewannen.

Im September 1994 sahen wir uns noch einmal in Paris wieder und konnten einige unklare Punkte klären.

Als Hauptproblem erwies sich rasch die Frage nach dem Niveau der Darstellung. An wen sollte das Buch sich wenden? Da wir uns beide nicht nur an Spezialisten wenden wollten (zumal ich selbst keineswegs ein Fachmann auf diesem Gebiet bin) und das Buch eine möglichst breite Leserschaft erreichen sollte, schien es mir ratsam, die Darstellung unseres Gesprächs gelegentlich zu unterbrechen.

Mein Gesprächspartner war natürlich bestens vertraut mit den Begriffen, auf die wir zu sprechen kommen würden, und mir selbst waren sie immerhin nicht ganz fremd, doch es bestand die Gefahr, daß die meisten Leser sie nicht kannten oder doch nur oberflächlich, also falsch verstanden. Deshalb beschloß ich im Einvernehmen mit dem Dalai Lama, unser Gespräch bei Bedarf durch erklärende Einschübe zu ergänzen; aber selbstverständlich haben der Dalai Lama und seine Mitarbeiter den ganzen Text abschließend durchgesehen.

Mein Dank gilt hier den Verantwortlichen des Bureau du Tibet in Paris, Dawa Thondup und Wangpo Bashi. In McLeod Ganj konnte ich einige Punkte auch mit Lhakdor, dem Assistenten und Dolmetscher des Dalai Lama, und mit Kelsang Gyaltsen besprechen, für deren liebenswürdige und fachkundige Hilfe ich mich bedanke. Danken möchte ich auch dem Sinologen und Spezialisten für die Religionsgeschichte Mittelasiens Nahal Tajadod, dessen Hinweise mir von großem Nutzen waren.

Unsere Gespräche fanden im Audienzraum des Klosters Thekchen Choeling statt. Sie dauerten jeweils drei Stunden. Wir sprachen englisch, aber oft wechselte der Dalai Lama unvermittelt ins Tibetische und bat Lhakdor, mir das Gesagte zu übersetzen. Ich zeichnete unsere Dialoge auf, und jeden Abend transkribierte ich unser Gespräch vom Tage.

In den Monaten nach meiner Rückkehr schrieb ich dann das Buch in Paris nieder. Bei der Wiedergabe unserer Gespräche habe ich die zeitliche Reihenfolge im wesentlichen beibehalten; allerdings schien es mir in einigen Fällen ratsam, Themen umzustellen und einige Fragen oder Antworten etwas genauer auszuformulieren. Da es sich jedoch um Gespräche handelt, kommt es natürlich vor, daß Themen und

Sätze sich wiederholen. Ich habe diese Wiederholungen nicht eliminiert, weil ich dem Buch nicht jene lebendige Unordnung nehmen wollte, die einen gewundenen, zunächst noch leicht zu begehenden Pfad aufzeichnet, der sich dann in alle Richtungen verzweigt.

Wir hatten beide nicht die Absicht, einen neuen Katechismus zu schreiben. Vielmehr wollten wir versuchen, einen echten, stets offenen und ganz unerwartet verlaufenden Dialog zu führen, um auf diese Weise in Bereiche vorzustoßen, über die nur selten gesprochen wird. Und ich habe versucht, mich gleichermaßen vor lähmendem Respekt wie auch vor unsinniger Respektlosigkeit zu hüten. Wenn ich recht oft und lange das Wort ergreife, so weil mein Gesprächspartner mich dazu ermunterte. Er stellte mir Fragen, und er hörte zu – eine Tugend, die sonst weniger verbreitet ist.

So ist ein Buch entstanden, das keine gelehrte Abhandlung sein soll, sondern gleichsam ein Spaziergang zu zweit, geordnet und ungeordnet, sehr aufmerksam und mit dem denkbar besten Partner. Dabei konnten wir viele Aspekte der buddhistischen Lehre nur streifen, das gilt insbesondere für die komplexen Spekulationen der Mahayana-Doktrin. Aber entscheidend scheint mir zu sein, daß wir hier zu einigen menschlichen Fragen, die uns von jeher – und heute vielleicht noch stärker als früher – bewegen, eine Stimme hören, die in größter Schlichtheit zu uns spricht und sich dabei in jedem Augenblick auf mehr als zweitausend Jahre Reflexion und Erfahrung stützt.

Jean-Claude Carrière

Wer fragt, täuscht sich,
Wer antwortet, täuscht sich.
Der Buddha

1

Die Welt, in der wir leben

»Befinden wir uns im Kali Yuga?«

Das heißt, leben wir mitten in einer Zeit der Zerstörung? Ist alle Hoffnung verloren? Denn nach hinduistischer Tradition ist der Kali Yuga jenes dunkle Zeitalter, das mit Krishnas Tod vor mehr als dreitausend Jahren begann.

Eine Zeit tiefster Finsternis, das Ende alle Tugend; *dharma*, die rechte Ordnung der Welt, ist verschwunden, Ehrgeiz, Falschheit und Profitsucht haben die Oberhand gewonnen. Es ist zwecklos, sich dem entgegenstellen zu wollen: Alles muß einmal verschwinden. So ist es nun einmal. Jeder Kreislauf endet in Dürre, Hungersnot, Krieg, in der Auflösung aller sozialen Bande. Die Menschen sind kraftlos, mutlos und vollkommen verhärtet, heißt es im *Mahabharata*. Die tote, trockene Erde wird ein Raub der Flammen. Alles endet in einer langsamen Apokalypse. Danach umhüllt Vishnus Schlaf das wiedererstandene Nichts, und der Gott träumt die Schönheit dieser Welt, auf daß sie nicht in Vergessenheit gerate. Später, sehr viel später, wird der Schöpfer Brahma seinem Nabel entspringen, und mit einem Schlage wird eine andere Welt existieren.

Mir gegenüber sitzt der Mann, den hier alle »Seine Heiligkeit Tenzin Gyatso, den vierzehnten Dalai Lama« nennen; er sieht mich an und hört zu.

Er ist ruhig und aufmerksam.

Ich vervollständige meine Frage:

»Eine andere, soweit ich weiß buddhistische Tradition behauptet genau das Gegenteil. Danach leben wir, ohne es zu wissen, in einem Zeitalter der Tugend, wechselseitiger Hilfe und großer Achtung vor den Schriften, einer Zeit, die es verdient, glücklich genannt zu werden. Für welche dieser beiden Traditionen sollen wir uns entscheiden?«

»Auf jeden Fall für die zweite.«

»Warum?«

»Ich sehe mindestens drei Gründe. Zunächst einmal scheint mir, daß unsere Auffassung vom Krieg sich in letzter Zeit verändert hat. Bis in die sechziger oder siebziger Jahre unseres Jahrhunderts dachten wir, die endgültige Lösung, an der niemand mehr rütteln kann, bringe allein der Krieg. Das ist ein uraltes Gesetz: Der Sieger hat immer recht. Der Sieg ist der Beweis, daß Gott oder die Götter auf seiner Seite stehen. Deshalb setzt der Sieger seinen Willen durch, meist in Form eines Vertrags, der aber immer nur den Vorwand für eine Revanche liefert. Daher die Bedeutung der Rüstung und insbesondere der nuklearen Rüstung; sie ist ein zentrales Element des Kali Yuga. Der atomare Wettlauf hat die Gefahr einer vollständigen Vernichtung der Erde heraufbeschworen.«

»Glauben Sie, daß diese Bedrohung nachgelassen hat?«

»Ja, davon bin ich überzeugt. Der kalte Krieg ist offenbar zu Ende. Die Kernwaffenarsenale werden verkleinert. Wer wollte sich darüber beklagen?«

»In dem Augenblick, da wir miteinander sprechen, gibt es mehr als fünfzig Kriege auf der Erde.«

Wir verweisen auf jene Kriege, die nicht weit von uns toben, den Krieg in Afghanistan und den in Kashmir, die Kämpfe zwischen Moslems und Hindus in Indien und andere kriegerische Auseinandersetzungen, von denen in der westlichen Presse nur selten oder nie die Rede ist, die Guerilla in Manipur oder der Kampf zwischen den nepalesischen Arbeitsimmigranten und den Streitkräften des Königs von Bhutan.

Ich erwähne auch den Krieg und die »ethnischen Säuberungen« im ehemaligen Jugoslawien, die für Bestürzung und Ratlosigkeit in Europa gesorgt haben. Niemand wird guten Gewissens behaupten können, wir seien heute weniger grausam als früher.

»Das ist mir schon klar«, erwidert er. »Diese lokalen Kriege sind äußerst grausam. Und offensichtlich böse. Jeder Krieg, ob groß oder klein, ist etwas Negatives. Er enthüllt das Schlechteste in uns und führt nur zu neuen Konflikten. Aber vor der atomaren Bedrohung ist kein Fleck der Erde sicher. Die kleinen Kriege sind wenigstens begrenzt. Hier und jetzt in Dharamsala leben wir immerhin in Frieden, scheint mir.«

Und lächelnd fügt er hinzu:

»Es stimmt natürlich, daß viele dieser Kriege nur deshalb ausbrechen konnten, weil es die atomare Bedrohung nicht mehr gibt.«

»Haben Sie noch andere Gründe für Ihren Optimismus?«

»Ja. Ich will Ihnen einen zweiten Grund nennen. Obwohl manches für das Gegenteil zu sprechen scheint, glaube ich, daß *ahimsa*, das Prinzip der Gewaltlosigkeit, an Boden gewinnt. Zu Zeiten Mahatma Gandhis, den ich sehr verehre, galt Gewaltlosigkeit oft noch als Schwäche, als Abkehr von jeglichem Handeln, ja sogar als Schlaffheit. Heute ist das anders. Die Entscheidung für Gewaltlosigkeit gilt heute als ein positiver Akt, der von wahrhafter Stärke zeugt. Denken Sie nur an Südafrika oder auch an Arafat und Rabin. Jahrzehntelang haben Palästinenser und Israelis sich ausschließlich auf Gewalt verlassen; jetzt sitzen sie friedlich an einem Tisch und verhandeln.«

»Allerdings gibt es auf beiden Seiten erheblichen Widerstand, der auch vor Mordanschlägen und grausamen Blutbädern nicht zurückschreckt. Und auf beiden Seiten lernen die Kinder immer noch diese schrecklichen Lieder, in denen man sie auffordert, ein Gewehr zu nehmen und den anderen zu töten.«

»Gewiß. Sie brauchen mich nicht zu lehren, zu welchen Grausamkeiten die Menschen fähig sind. Dennoch geben die Palästinenser und die israelische Regierung der Welt ein gutes Beispiel, das auch von anderen aufgegriffen wird. [Als wir uns im September wiedersahen, konnten wir der Liste »guter Nachrichten« die Verständigung zwischen der IRA und der britischen Regierung hinzufügen, während auf der Gegenseite die Tragödie in Ruanda zu verzeichnen war.] Ich denke aber noch an etwas anderes. Ich habe den Eindruck, daß die religiösen Gruppen heute unter dem Einfluß der Presse oder der Medien insgesamt häufiger Kontakt zueinander aufnehmen und einander besser kennen als früher.«

»Das gilt wohl kaum für manche moslemische Länder, die dazu neigen, sich abzuschließen, als wollten sie jeglichen ausländischen Einfluß von sich fernhalten, vor allem wenn er aus dem Westen kommt. In Algerien gehen manche aktivistischen Gruppen sogar so weit, Ausländer zu ermorden. Ein blutiges und absurdes Unterfangen, das dem Geist der Zeit völlig zuwiderläuft. Und das andere Gruppen auf den Plan ruft, die wiederum die mutmaßlichen Mörder ermorden, und so weiter.«

»Isolation tut einem Land niemals gut. Und heute ist sie gar nicht mehr realisierbar. In der ersten Hälfte unseres Jahrhunderts hatte Tibet nur wenig Kontakt zu anderen Völkern und anderen Traditionen; das hat dem Land sehr geschadet. Die Zeit ließ es einfach hinter sich zurück, und das Erwachen war um so brutaler. Selbst wenn einige moslemische Länder ihre Abschließung aufrechterhalten oder noch verstärken, ändert das doch insgesamt, das heißt weltweit gesehen, nichts an der Tatsache, daß die Isolation abnimmt. In den letzten zwanzig Jahren habe ich viele Länder besucht. Und überall sagte man mir: Wir kennen uns jetzt besser.«

Zur Zeit der toleranten Tang-Dynastie, die vom 7. bis zum 10. Jahrhundert währte, gab es in Dunhuang in der nordwestchinesischen Provinz Turfan ein Forschungszentrum, in dem die zentralasiatischen Religionen – Taoismus, Buddhismus, Nestorianismus und Manichäismus (die beiden letztgenannten stammten aus dem Iran) – einander begegneten, ihre Schriften austauschten und sich darum bemühten, sich gegenseitig besser kennenzulernen.

»Dabei befolgte man den Grundsatz«, sage ich, »die Gemeinsamkeiten hervorzuheben und die Unterschiede zu übergehen.«

»Solche Zentren fehlen uns heute«, meint der Dalai Lama. »Und es wäre gut, wenn wir welche schaffen könnten. Was mich angeht, treffe ich, so oft ich kann, mit anderen Religionsführern zusammen; wir machen einen Spaziergang, besuchen eine heilige Stätte, gleich welcher Tradition sie angehören mag, und dort meditieren wir gemeinsam, wir teilen einen

Augenblick der Stille miteinander. Das bereitet mir stets ein Gefühl großen Wohlbehagens.«

Im März, ein paar Wochen nach unserem Gespräch, besuchte der Dalai Lama Israel; dort traf er mit Juden, Moslems, Christen, Drusen und sogar mit Bahais zusammen. Er besuchte christliche Kirchen, die Omar-Moschee, die Klagemauer und andere heilige Stätten. Er führte ausführliche – wenn auch getrennte – Gespräche mit Palästinensern und Israelis über die Notwendigkeit eines Friedens. Er sieht zwar, daß der Graben noch tief ist, dennoch glaubt er, auf beiden Seiten ausgezeichnete »Schwingungen« verspürt zu haben.

»Ich bin weiterhin der Ansicht«, sagt er, »daß wir auf religiösem Gebiet Fortschritte gegenüber dem Beginn dieses Jahrhunderts gemacht haben.«

»Viele Beobachter sind vom Gegenteil überzeugt. Es ist viel die Rede von einem wachsenden religiösen Fundamentalismus, selbst im Christentum und im Hinduismus.«

»Der zunehmende Fundamentalismus ist eine beunruhigende Realität«, erwidert er. »Manche sehen darin eine Reaktion auf alte millenaristische Ängste.«

»Oder einen heimlichen Ausgleich für die Auflösung der Ideologien. Manche fragen sich, weshalb die ökumenischen Hoffnungen der fünfziger Jahre offenbar einer zunehmenden Zersplitterung der Religionen gewichen sind. Überall schießen Sekten aus dem Boden, und allenthalben betont man die Unterschiede. Im vergangenen Jahr mußten wir erleben, daß in Amerika ein Sektenführer lieber mit seinen Anhängern verbrannte, als sich der Polizei zu ergeben.«

Ich führe ein Beispiel aus meiner persönlichen Erfahrung an:

»Im Dezember 1993 nahm ich in Bombay an einer Vortragsreihe französischer Wissenschaftler teil, die der Geschichte des Zoroastrismus gewidmet war. Dieser ursprünglich iranischen Religion hängen heute etwa fünfundvierzigtausend Menschen an, die zum größten Teil in Maharashtra in Indien leben.«

»Ja, die Parsen. Ich kenne sie.«

»Einer der Vorträge galt den Einflüssen, denen der Zoroastrismus während seines Exils in China ausgesetzt war, wohin er sich nach der Eroberung Persiens durch die Araber im 7. Jahrhundert geflüchtet hatte. Zu diesen Einflüssen gehörte auch der Manichäismus, eine gleichfalls ins Exil getriebene Religion. Um sich der stark vom Buddhismus geprägten Umwelt anzupassen, mußten beide Traditionen einen buddhistischen Wortschatz und bestimmte buddhistische Vorstellungen übernehmen.«

»Das ist häufig so.«

»Bei dem Vortrag handelte es sich um eine rein sprachwissenschaftliche Analyse, die sich auf Inschriften dieser Zeit stützte. Am Ende des Vortrags stand ein recht korpulenter Herr mit dem Aussehen eines Geschäftsmannes auf und erklärte in ausgezeichnetem Englisch, der Zoroastrismus habe sich niemals deformieren oder in irgendeiner Weise beeinflussen lassen; jedenfalls sei Ahura Mazda der einzig wahre Gott und Zarathustra sein einziger Prophet. In diese Erklärung flocht er noch einige Bemerkungen über Rasse und Politik ein, zum Beispiel: Wir sind die einzigen wahren Arier. Ich war verblüfft. Da stand ein fundamentalistischer Zoroastrist vor mir. Und ich wußte nicht, was ich ihm antworten sollte.«

Der Dalai Lama beugt sich leicht zu mir und fragt:

»Wieviel Prozent der Parsen repräsentierte er?«

»Soweit ich weiß, etwa acht Prozent.«

»Na, sehen Sie, zweiundneunzig Prozent sind die Antwort.«

Zum erstenmal lacht er, ein offenes, spontanes Lachen, das ich noch oft hören werde. Es ist, als träte da plötzlich eine andere, bisher verborgene Persönlichkeit hervor.

Dann fügt er hinzu:

»Die Menschen sind nun einmal so. Sie sind immer so gewesen. Lassen wir also diesen Verirrten in Ruhe. Und wenn die Mehrheit der Parsen nicht bereit ist, ihm zu folgen – um so besser.«

»Ist der Buddhismus gegen fundamentalistische Bestrebungen gefeit?«

»Der Fundamentalismus widerspricht den Grundprinzipien des Buddhismus, denn die Buddhisten sagen, wir werden von einem großen Strom getragen, und nichts bleibt auf ewig unverändert. Das schließt allerdings nicht aus, daß sich gerade jetzt in England ein hochgebildeter Lama ganz wie ein Sektenführer aufführt.«

»Ein fundamentalistischer Lama?«

»Jedenfalls hat er meine Bücher, jeden Kontakt mit mir und alle Bilder des Dalai Lama verboten. Er wirft mir die verschiedensten Dinge vor. Seine Anhänger, es sind ein paar Tausend, dürfen nur seine Schriften lesen und nur seine Fotografien aufhängen und verehren. Und so weiter. Aber was wollen Sie machen? Das ist nur zu menschlich. Wir sind uns alle ähnlich und zugleich verschieden. Wenn der Unterschied in den Vordergrund tritt, kann jeder seine eigene kleine Wahrheit entdecken und sich mit ganzer Kraft darin verbeißen.«

»Zuweilen bis in den Tod, den eigenen oder den der anderen.«

»Aber ja. So sind wir nun einmal. Dazu kommt noch die Machtgier, die uns korrumpiert.«

Ich sage ihm, daß wir dieselbe Erscheinung auch auf anderen Gebieten kennen, daß etwa die Geschichte der Kunst und der Ästhetik an die Geschichte der Religionen erinnert: dieselben Proklamationen, Ausschlüsse, Sekten, Erleuchteten.

»Wenn zum Beispiel ein Film, ein Buch oder ein Theaterstück herauskommt, wissen wir manchmal im voraus, was ein bestimmter Kritiker darüber schreiben wird. Wir brauchen seinen Artikel gar nicht mehr zu lesen, ganz gleich, ob er nun zustimmend oder ablehnend ausfällt. Dieser Artikel ist keine Reaktion auf das besprochene Werk, sondern auf dessen Autor oder Autorin. Und oft ist das dem betreffenden Kritiker nicht einmal bewußt.«

Noch einmal sagt er ruhig:

»Ja. Die Menschen sind nun einmal so.«

»Ich habe den Eindruck, der Buddhismus bietet da einen ganz anderen Weg, eine besondere Art von Toleranz. Vermag er sich besser als andere Traditionen an den Wandel der Zeit und der Sitten anzupassen? Kann er auch solchen Männern und Frauen eine Hilfe sein, die nicht so gut gerüstet, nicht so gebildet oder intelligent sind?«

Er denkt lange nach, bevor er antwortet.

Wir sitzen bequem an einem großen, niedrigen Tisch in dem hellen Raum, in dem er tagtäglich Besucher aus aller Welt empfängt. Mir gegenüber ein Bildnis des Buddha Shakyamuni, umgeben von weiteren Bildern und Statuetten, einige von ihnen mögen 1959 bei der dramatischen Flucht aus Tibet gerettet worden sein. Eine dieser Statuetten stellt Padmasambhava dar, den großen kashmirischen Prediger, der den Buddhismus im 8. Jahrhundert vor unserer Zeit in Tibet verbreitete.

Mitten im Raum ein Ofen. Draußen vor den Fenstern Bäume und die schneebedeckten Gipfel der ersten Ausläufer des Himalaya. Of sind die Schreie von Krähen zu hören. Der Dalai Lama ist stets in Begleitung zweier Assistenten; einer von ihnen, Lhakdor, betätigt sich als Dolmetscher, wenn mein Gesprächspartner unvermittelt vom Englischen ins Tibetische wechselt.

Zu Beginn jedes Gesprächs öffnet der Dalai Lama seine Sandalen, zieht sie aus und setzt sich im Lotussitz auf sein Kissen. Wie Lhakdor trägt er das schlichte rote Gewand der Mönche, das den rechten Arm unbedeckt läßt.

Jeden Tag, nach mehr als einer Stunde Gespräch, serviert uns ein anderer Mönch lächelnd Tee auf einem Tablett. Wenn dann der Dalai Lama später seine Schuhe wieder anzieht, signalisiert er damit, daß unser Gespräch seinem Ende entgegengeht. Alles ist voller Ruhe und Herzlichkeit. Keinerlei Spannung ist zu spüren. Der Lärm der Kriege, die unsere Welt erschüttern, findet nicht bis hierher.

»Im Buddhismus«, sagt er, »ist alles oft eine Frage der Ebene oder des Blickwinkels. Jede endgültige allgemeine Behauptung erscheint uns gefährlich, weil sie wahrscheinlich falsch ist. Sie fragen: Vermag der Buddhismus am Ende dieses Jahrhunderts allen Menschen Zuflucht zu bieten? Das hängt von der Einstellung und den Bedürfnissen ab. Jedenfalls müssen wir unterscheiden, ob man innerhalb der Struktur ist oder außerhalb.«

»Innerhalb der Struktur sein heißt, daß man einer buddhistischen Gemeinschaft angehört?«

»Genau. Es heißt, daß man zur *sangha* gehört, daß man eine besondere Lehre und eine besondere Disziplin akzeptiert.«

»Ist das überall möglich, nicht nur in Asien?«

»Das ist überall möglich. Anders als der Hinduismus hat sich der Buddhismus stets als universell verstanden. Er ist gegen Götter, die nur ein einziges Volk beschützen und deren Macht an den Grenzen eines bestimmten Landes endet. Der Buddhismus wendet sich an alle Menschen, an alle Wesen. Allerdings, das sei hier betont, nicht auf derselben Ebene, nicht auf dieselbe Weise. Wer der *sangha* angehören möchte, sollte sich das sehr sorgfältig überlegen. Das ist eine folgenschwere Entscheidung, die ein ganzes Leben bestimmt, ja sogar mehrere Leben. Man verzichtet nicht straflos auf die eigene Vergangenheit, die eigenen Wurzeln. Auf jeden Fall unternehmen wir nichts, um andere zu bekehren. Dieses Ziel ist uns fremd.«

»Der Gedanke einer apostolischen Mission, einer umfassenden Bekehrungsbewegung, den man im 19. und selbst noch im 20. Jahrhundert so nachhaltig verfolgt hat, scheint heute zu verschwinden.«

»Man sollte ihm keine Träne nachweinen.«

»Und die zweite Ebene?«

»Die zweite Ebene ist allen zugänglich. Jeder kann einzelne Lehren aus dem Buddhismus übernehmen, ohne sich ihm vollständig zu verschreiben. Man kann zum Beispiel Toleranz von ihm lernen, ohne die das Leben uneträglich ist, oder auch den Weg zu jenem inneren Frieden, der für rechtes Handeln unerläßlich ist. Dieser innere Frieden steht im Mittelpunkt unserer Suche. Er bestimmt unsere Einstellung zur Welt, deren Teil wir sind, zu unseren Mitmenschen und auch zu unseren Feinden.«

»Gibt es Techniken, die es uns ermöglichen, diesen inneren Frieden zu finden?«

»Sicher. Die wichtigste ist die Meditation, die im Zentrum unserer Praxis steht und zu unserer Ausbildung gehört.«

»Wir alle wissen, daß ein Augenblick ruhigen Nachdenkens helfen kann, ein Problem zu lösen, das unlösbar erscheint. Dasselbe gilt für die Arbeit in der Gruppe. Ein paar Minuten gemeinsamen Schweigens schaffen größeren Zusammenhalt als viele Stunden hektischer Betriebsamkeit. Doch wenn man zum Beispiel ein Theaterstück probt, kann man sich nicht mit Meditation begnügen. Man muß auch spielen, improvisieren, den Dingen lebendigen Ausdruck verleihen.«

»Das ist überall so.«

Und lächelnd fügt er hinzu:

»Man muß gleichzeitig meditieren und spielen. Und beides zusammen. Auch essen. Wir haben so vieles gemeinsam. Das Wasser. Die Luft.«

Er hört auf zu lachen und überlegt einen Augenblick, bevor er fortfährt:

»Zu den Dingen, die wir in der Meditation lernen können, wenn wir langsam in uns selbst hinabsteigen, gehört die Erkenntnis, daß der Frieden in uns ist. Wir alle sehnen uns danach, auch wenn dieser Wunsch oft verborgen, maskiert oder verzerrt ist. Die Buddhisten glauben, daß der Mensch von Grund auf gut ist, wenn man sein Wesen nur aufmerksam genug studiert. Und mir scheint, um auf Ihre erste Frage zurückzukommen, daß dieser Sinn für Harmonie, der Wunsch, in Frieden miteinander zu leben, heute immer stärker wird und bei immer mehr Menschen anzutreffen ist.«

»In dieser Hinsicht hat der Westen am Ende unseres 2o. Jahrhunderts eher den Eindruck, gescheitert zu sein. Vor zwei oder drei Jahrhunderten, zu Beginn jener Epoche, die wir die Moderne nennen, kam eine große Hoffnung auf. Philosophen wie Rousseau und andere behaupteten gleichfalls, der Mensch sei gut und seinem Wesen nach unschuldig. Die Schuld an der Verderbtheit gaben sie der Gesellschaft. An jener Verderbtheit also, welche die Buddhisten als ›Verunreinigung‹ bezeichnen.«

»Aus anderen Gründen.«

»Sie glaubten, wenn man die Gesellschaft änderte – durch Reformen, durch Gesetze und notfalls auch durch eine Revolution –, könne man die menschliche Natur in ihrer ursprünglichen Gestalt wiederherstellen und den Menschen zu einem besseren Leben, ja zum Glück verhelfen. Inzwischen sind mehr als zwei Jahrhunderte vergangen. In gewaltigen sozialen und politischen Kämpfen ist es ohne Zweifel gelungen, unsere Rechtsverhältnisse, unsere mittlere Lebenserwartung, unseren Lebensstandard beträchtlich zu verbessern. Im Prinzip hat in unseren Demokratien jeder seine Chance. Staat und Kirche, politische Macht und Rechtsprechung sind voneinander getrennt. Natürlich läuft nicht alles reibungslos; wir erleben zur Zeit eine tiefgreifende Wirtschaftskrise; aber insgesamt leben wir heute deutlich besser als früher.«

»Zweifellos.«

»Und dennoch scheint sich die menschliche Natur nicht im geringsten verändert zu haben.«

»Vielleicht kennen wir sie etwas besser.«

»Vielleicht. Und möglicherweise bieten die Regeln des gesellschaftlichen Zusammenlebens ihr bessere Entfaltungsmöglichkeiten. Aber bei der erstbesten Gelegenheit zeigt sich, daß sie dieselbe geblieben ist. Die Religionen haben zumindest bei uns jegliche Vormachtstellung verloren, die politischen Ideologien sind zumindest stark beschädigt. Aber das Glück ist immer noch fern, und letzten Endes müssen wir uns traurig eingestehen, daß wir genau dieselben geblieben sind.«

Er denkt eine Weile nach. Ich füge hinzu, daß diese Verwirrung einen guten Nährboden für rassistische und fundamentalistische Strömungen jeglicher Couleur bietet; und auf der anderen Seite erleben wir, daß der Zusammenbruch einer Ideologie immer nur den Kult des Geldes stärkt.

»Wer die anderen ausschließt, wird seinerseits ausgeschlossen«, sagt er. »Jeder Streit ist töricht. Die Behauptung, der eigene Gott sei der einzige Gott, ist gefährlich und verhängnisvoll, denn sie führt dazu, anderen den eigenen Glauben mit allen Mitteln aufzuzwingen.«

»Und sich zum auserwählten Volk auszurufen.«

»Das ist allerdings das Schlimmste.«

»Die Demokratie, wie wir sie kennen, glaubte eine wirksame Barriere zu errichten, als sie den – äußerst wichtigen – Gedanken der Trennung oder Teilung in die Tat umsetzte.«

»Wenn Sie auf die Trennung von Kirche und Staat anspielen, so halte ich das für einen ausgezeichneten Grundsatz.«

»Trotzdem sind Sie das beste Gegenbeispiel, da doch alle Gewalt in Ihren Händen liegt.«

»Nein. Schon der Begriff der Gewalt ist hier ein ganz anderer. Der Titel und die Institution des Dalai Lama können von heute auf morgen verschwinden. Es gibt keine äußere Macht, die sie den Menschen und dem Land für immer aufzwängen. Es gibt keinen Widerspruch zwischen Buddhismus und Demokratie.«

»Aber sprechen wir von der anderen Trennung, die den Gewalten innerhalb des Staates ihren Ort zuweist. Man hat gesagt, die Entscheidung, der Rechtsprechung den Status einer eigenständigen Gewalt einzuräumen, sei ein Geniestreich des Westens gewesen, selbst wenn diese Gewaltenteilung zu mancherlei Reibungen führt.«

»Um auf den Fundamentalismus, die Zersplitterung der Religionen und die selbsternannten ›auserwählten Völker‹ zurückzukommen – genau das ist einer der Gründe, weshalb der Buddhismus sich immer gehütet hat, die Existenz und Allmacht eines Schöpfergottes zu behaupten. Als man den Buddha Shakyamuni nach diesem und einigen anderen Punkten befragte, schwieg er.«

»Hat er nicht aber auch gesagt, wir sollten ›keine fremden Götter hofieren‹?«

»Das hat er gesagt. Und alle buddhistischen Schulen sind sich heute darin einig. Das bedeutet allerdings nicht, daß wir unseren Glauben in dem Sinne rationalisiert hätten, den Sie diesem Wort geben.«

»Das heißt?«

»Wir glauben an die Existenz höherer Wesen oder jedenfalls eines höheren Seinszustands; wir glauben an Orakel, Weissagungen, an die Deutung von Träumen und an die Reinkarnation. Doch wir versuchen niemals, diese Glaubensinhalte, die wir für Gewißheiten halten, anderen Menschen aufzudrängen. Ich wiederhole: Wir wollen nicht bekehren. Der Buddhismus hält sich vor allem an die Tatsachen. Er ist eine Erfahrung, sogar eine persönliche Erfahrung. Denken Sie an Shakyamunis berühmtes Wort: ›Erwartet alles von euch selbst‹.«

Wir denken einen Augenblick an die hohe Gestalt des Erleuchteten und an seinen Rat, der fünfundzwanzig Jahrhunderte überdauert hat: »Wie man Gold prüft, indem man es reibt, teilt und einschmilzt, so sollt ihr auch mein Wort wägen. Und wenn ihr es annehmt, so soll es nicht aus bloßem Respekt geschehen.«

Dann sprechen wir über Aggressivität, über Konrad Lorenz und einige andere. Lassen sich die Ergebnisse, die man in langer, geduldiger Forschung an Tieren gewonnen hat, auch auf den Menschen übertragen? Kann man behaupten, daß die Aggressivität konstituierender Bestandteil der menschlichen Natur ist? Ich erinnere daran, daß diese Aggressivität oft als positive Kraft, als Element des Überlebens dargestellt wird, möglicherweise sogar auf der Ebene der Gattung. Ohne sie wären wir vielleicht schon ausgestorben.

»Die Aggressivität ist ein Teil von uns«, sagt er. »Gerade deshalb müssen wir sie bekämpfen.«

In einem seiner Bücher (*Ainsi parle le Dalai-Lama*, entretiens avec Claude B. Levenson, Paris 1990) spricht der Dalai Lama über die blutigen Tragödien, die sich im 20. Jahrhundert in Asien und insbesondere im buddhistischen Asien ereignet haben, von Pol Pot in Kambodscha bis Suhke Bator in der Mongolei.

»Es war also möglich, daß Menschen, die in einer

von strikter Gewaltlosigkeit geprägten Umwelt aufgewachsen waren, sich zu den scheußlichsten Gewalttaten hinreißen ließen«, sagt er. »Das beweist, daß die unsinnigste Aggressivität auch weiterhin tief in uns steckt. Da kann es gar keinen Zweifel geben.«

Er unterstreicht seine Worte mit einer eindeutigen Gebärde seiner beiden Hände. Dann fügt er hinzu:

»Aber unsere wahre Natur ist friedlich. Deshalb gibt uns Shakyamuni den Rat, sehr tief in uns selbst zu suchen: weil wir dort ganz sicher den Wunsch nach Frieden finden werden. Wir wissen alle, daß der menschliche Geist unruhig und von beängstigender Sprunghaftigkeit ist. Aber diese Unruhe ist nicht die beherrschende Kraft. Es ist möglich und notwendig, sie zu meistern. Brauchen Sie in Ihrer Arbeit nicht auch Ruhe, wenn Sie sich eine Geschichte oder eine Szene ausdenken?«

»Ich brauche Ruhe und Unruhe.«

»Zur selben Zeit?«

»Fast zur selben Zeit.«

»Eine gewisse Unruhe ist unerläßlich, wenn man etwas erfinden will?«

»Viele Schriftsteller des 20. Jahrhunderts haben gerne in Cafés gearbeitet, mitten im Lärm und im Trubel. Der Kellner geht vorüber, jemand stößt ihn an und eine Tasse Tee fällt um. Dieser Vorfall kann eine Idee entstehen lassen, die sonst für immer unentdeckt bliebe. Danach braucht man natürlich Ruhe zum Nachdenken. Die Ruhe ist der Richter über die Unruhe. Was die Umgebung angeht, hat eigentlich jeder seine eigenen Vorlieben, und jeder hat seinen eigenen Rhythmus. Da gibt es keine absolute Regel.«

»Sie brauchen also Betriebsamkeit.«

»In gewisser Weise ja. Alles beginnt mit Figuren,

die auf unserer kleinen inneren Bühne erscheinen. Wir sind zugleich Schauspieler und Zuschauer. Und auch immer schon Kritiker. Von Zeit zu Zeit muß man sich ohne jede Einschränkung und fast blind in eine Szene hineinbegeben. Dann wieder braucht man Distanz und muß sie aus der Ferne betrachten, als hätte ein anderer sie geschrieben.«

Er hört mir zu, sieht mich an und nickt dabei leicht mit dem Kopf. Ich sage, daß es mir als Drehbuchautor und Schriftsteller unmöglich ist, ständig nur gute Gefühle zu haben. Ich muß in mir auch nach dem Lasterhaften und Kriminellen suchen. Wie Luis Buñuel einmal gesagt hat, muß der gute Drehbuchautor jeden Tag seinen Vater ermorden, seine Mutter schänden und sein Vaterland verraten. In seiner Arbeit gibt es keine sündigen Gedanken, und wenn er tief in seinem Innern sucht, stößt er dort nicht auf Ruhe, sondern auf Tumult, Konkurrenz, Gewalt und oft auch auf Blut. Es ist unerläßlich, daß er Verbrechen erfindet.«

»Immerhin begeht er sie nicht.«

»Manche behaupten, er rege die Zuschauer dazu an, Verbrechen zu begehen.«

»Ich kenne diese Frage«, sagt er. »Und sie ist nicht leicht zu beantworten. Vielleicht erstaunt es Sie, aber ich bin kein strikter Gegner der Darstellung von Gewalt. Es kommt ganz darauf an, welche Lehren man daraus zieht.«

Lächelnd fügt er hinzu, daß die Einstellung, die der Buddhismus gegenüber einer vielfach als »relativ« qualifizierten Realität empfiehlt (»Du solltest das Leid kennen, obwohl es daran nichts zu kennen gibt...«), manches mit einem *Spiel* gemein hat. Da der Mensch in einer Welt leben muß, die vielleicht gar nicht real, sondern nur Illusion ist, gleicht er einem Schauspieler, der sich zumindest scheinbar und vorübergehend mit einer Rolle identifiziert.

Trotz unserer Abschweifungen folgt der Dalai Lama einem festen Plan. Er nennt mir einen dritten Grund für seinen Optimismus:

»Wenn ich mit jungen Menschen zusammenkomme, vor allem in Europa, habe ich den Eindruck, daß der Gedanke *einer einzigen Menschheit* heute sehr viel stärker ist als früher. Wie Sie wissen, ist das ein ganz neues Gefühl, das es in der Vergangenheit nur selten gegeben hat. Früher war der andere der Barbar, der Andersartige.«

»Den man nicht als Seinesgleichen anerkennen kann.«

»Genau. Und ich sehe, daß dieses Mißtrauen und diese Feindseligkeit langsam abnehmen. Wir messen den Nationen und Grenzen immer weniger Bedeutung bei. Ich finde es ausgesprochen positiv, daß ein großer Teil Europas zur Einigung gefunden hat, daß die blutigen Kämpfe zwischen Franzosen und Deutschen der Vergangenheit angehören, daß immer mehr Ehen zwischen Frauen und Männern verschiedener Nationalität, Sprache und Kultur geschlossen werden. Man beginnt, die Dinge global zu sehen, finden Sie nicht?«

Das ist unbestreitbar. Dennoch kann man die beunruhigenden Erscheinungen nicht übersehen, all die Widersprüche, unter denen wir leiden. Noch nie haben wir so viele Güter produziert, und dennoch steht das Elend vor unseren Toren. Noch nie hat sich unsere Gattung so schnell vermehrt, und die Wüste wird Tag für Tag größer. Noch nie waren wir dem Goldenen Zeitalter, dem harmonischen Müßiggang so nahe, und dennoch wird die Arbeitslosigkeit unsere schlimmste Geißel. Noch nie haben wir unseren Körper so freizügig entblößt und uns so unbeschwert der angeblich freien Liebe hingegeben, und dennoch lagen Sexualität und Tod noch nie so nahe beieinander. Noch nie haben wir so großartige Techniken erfunden, um miteinander in Kontakt zu treten, und dennoch war die Einsamkeit kaum jemals bitterer als heute.

Und so weiter. Die Liste ist lang, und jeder kann seine eigenen Ängste anfügen. Auch hier antwortet der Dalai Lama mit derselben Überzeugungskraft und Beharrlichkeit:

»Das alles ist wahr. Aber nichts läßt sich von heute auf morgen regeln, wie durch Magie. Alles braucht Zeit, denn alles muß erst einen langen Weg durch die Köpfe der Menschen nehmen. Ein Beispiel: In der ersten Hälfte dieses Jahrhunderts empfanden die Bewohner der Erde keine Verantwortung für ihren Planeten. Vor allem im Westen überzogen sie die Erde mit Fabriken und entließen die Abfälle in alle vier Elemente. Seltsamerweise nahm niemand Notiz davon.«

»Heute beginnen wir, diese historische Blindheit zu untersuchen.«

»Das hatte zur Folge«, fährt er fort, »daß in kürzester Zeit zahllose Arten vernichtet wurden, und zwar in einem Umfang und mit einer Geschwindigkeit, wie es in den letzten fünfundsechzig Millionen Jahren noch nicht vorgekommen war. Für einen Buddhisten ist das eine beispiellose Schändlichkeit.«

»Die Vernichtung geht auch heute noch weiter.«

»Ich weiß. Aber zumindest ist uns die Gefahr ein wenig bewußt geworden. Es sind sogar politische

Parteien entstanden – meist bezeichnen sie sich als Grüne –, deren Programm vor allem auf den Schutz der Umwelt gerichtet ist. Noch vor dreißig oder vierzig Jahren wäre selbst dieser erste Schritt unvorstellbar gewesen. Oder ein anderes Beispiel: Immer öfter begegne ich Gruppen von Geschäftsleuten, die, wie Sie wissen, früher keinerlei Interesse für den Buddhismus gezeigt haben und die heute hierherkommen, um uns Fragen zu stellen. Sie zeigen ein echtes Interesse für unsere Werte. Sie kommen sogar zusammen, um unter unserer Anleitung ein spirituelles Leben zu führen, wenigstens für eine oder zwei Wochen.«

»Ist es nicht schon zu spät?«

»Ich hoffe, nein. Auf jeden Fall ist es besser als gar nichts. Wir stehen ständig in der Gefahr, den Kontakt zur übrigen Welt zu verlieren. Wir müssen alles tun, um diese Beziehungen zu bewahren oder noch zu festigen.«

»Man kann sich auch ein gutes Gewissen verschaffen, indem man sich ein oder zwei Wochen zurückzieht, um sich dann solcherart gestärkt wieder an die Ausbeutung der Erde zu machen.«

»Das ist mir klar.«

»Brauchen wir nicht eine Erleuchtung?«

Er lächelt und sagt:

»Das ist das Wort. Das ist genau das richtige Wort.«

2

Erziehung und Verunreinigung

Als Prinz Siddharta im Alter von neunundzwanzig Jahren, er war bereits verheiratet und hatte Kinder, einmal den prachtvollen Palast verließ, in dem er seit seiner Geburt lebte, umgeben von Blumen, von Wohlgerüchen, von Männern und Frauen, die sein Vater ihrer Jugend oder Schönheit wegen ausgewählt hatte, da unternahm er einen Spaziergang durch die Stadt Kapilavastu; dort begegnete er zunächst einem altersschwachen Greis, dann einem von der schwarzen Pest zerfressenen Mann und schließlich einem Leichenzug auf dem Weg zum Verbrennungsplatz.

Diese drei Begegnungen, die ihm Alter, Krankheit und Tod vor Augen führten – eine Schlüsselszene der Weltgeschichte –, und eine weitere Begegnung mit einem Mönch, der sich seine Nahrung erbettelte, veranlaßten Siddharta Gautama, heimlich seinen Palast, seine Familie und die königlichen Pflichten, die auf ihn warteten, hinter sich zu lassen. Er beschloß, sein Leben ganz der Suche nach einem neuen, bislang unbekannten Licht zu widmen, das es den Menschen ermöglichen sollte, sich von ihrem Leid zu befreien.

Das Leiden ist die eigentliche Offenbarung des Buddhismus. Körperliches Leid natürlich, aber auch geistiges Leid, das Gefühl der Ohnmacht, der Frustration und der Vergeblichkeit in dieser Welt. Leiden heißt für den Buddha »geboren werden, altern, krank werden, an Dinge und Menschen gebunden sein, die wir nicht lieben, von Menschen und Dingen getrennt sein, die wir lieben, die eigenen Wünsche nicht erfüllen können«.

Auf der Suche nach einem Heilmittel gegen dieses fundamentale Leiden, das im Sanskrit *dukha* genannt wird, wanderte Siddharta durch einen Teil Indiens, suchte Rat bei Männern, die als weise galten, und verbrachte sechs Jahre in strengster Askese im Gebirge. All das vergebens.

Die Antwort fand er schließlich in sich selbst, unter einem Feigenbaum im Gras sitzend. Diese Welt, die altert und stirbt und aufs neue geboren wird, um wieder zu altern und zu sterben, ist elend. Das war die erste Wahrheit. Auf der Suche nach der Ursache dieses Elends – von Anfang an verstand der Buddhismus sich als Suche nach Tatsachen und nach den Ursachen, die hinter diesen Tatsachen stehen – stieß er auf die Geburt und den Wunsch, geboren zu werden: »Der Ursprung all dieses Schmerzes ist der Durst nach dem Dasein, der Durst nach den Freuden der Sinne, der fünf äußeren wie des inneren Sinns, und auch der Durst nach dem Tod.«

Das Leid kam also aus dem Begehren. Das war die zweite Wahrheit. Das Begehren ist wie ein Feuer, das den Begehrenden entflammt. Alles steht in Flammen, sagt Buddha, das Auge steht in Flammen; was es sieht, steht in Flammen; was das Ohr hört, steht in Flammen; alles, was die Sinne berührt, steht in Flammen. Die Illusion verzehrt uns wie ein endloses Feuer. Und dieses Feuer des Lebens, das Gier, Zorn und Unwissenheit in uns entzündet, gilt es zu löschen.

Später ergänzte Siddharta Gautama, inzwischen der Buddha, das heißt der Erleuchtete, diese beiden Wahrheiten noch um zwei weitere Lehren. Es ist möglich, sagt er, dieses Feuer zu löschen und damit jedem Leiden ein Ende zu bereiten. Die vierte Offenbarung schließlich lautet, daß es einen ganz bestimmten Weg gibt, der dorthin führt. Und er beschrieb diesen Weg.

Dies sind die »vier edlen Wahrheiten«, die Ausgangspunkt und Grundlage allen buddhistischen Suchens bilden.

Diese beispiellose Erleuchtung, diese Offenbarung, die nicht von einem Gott stammt oder von einem Engel verkündet wurde, sondern die ein Mann aus seinem Innersten hervorholte, dessen Intelligenz und Beharrlichkeit uns heute noch mit Bewunderung erfüllen (obwohl die Berichte über sein Leben deutlich legendäre Züge tragen, scheint niemand die historische Existenz und sein langes Wirken in Frage zu stellen) – diese Offenbarung behauptet, daß all die Menschen, denen der Buddha seine Lehre in fünfundvierzig Jahren vermittelte, in Unwissenheit und folglich im Leid lebten. Selbst wenn wir uns für glücklich halten, wenn wir das Leben in den schönsten Farben malen, wenn wir etwas von der Welt zu wissen glauben, selbst wenn wir von irgendeinem Meister etwas gelernt haben und andere lehren – solange uns die innere Erleuchtung, eine ganz und gar persönliche Erfahrung, nicht zuteil geworden ist, leben wir in Unwissenheit. Sie ist unsere Natur und unser Gefängnis. Und wir müssen alles tun, um ihr zu entrinnen.

Die Erleuchtung selbst ist *per definitionem* nicht lehrbar, aber den Weg dorthin muß uns jemand zeigen. Deshalb hat die Lehre in der ganzen Geschichte des Buddhismus eine zentrale Rolle gespielt. Die Tibeter in Dharamsala sind heute zu recht stolz auf ihre Schulen und zeigen sie den Besuchern. Der Dalai

Lama hat sich persönlich um den Aufbau einer tibetischen Universität bemüht. Einerseits vermitteln die Mönche Schülern aus aller Welt den Buddhismus. Andererseits verfolgt der Dalai Lama die neuesten Entwicklung in den Wissenschaften und nimmt begierig jede Information auf. Er sagt, daß er jeden Tag etwas dazulerne.

Vielleicht sehen wir hier einen leichten Widerspruch, wenn es heißt, der Mensch sei gut und dennoch der Unwissenheit und dem Leid unterworfen, obwohl er nichts getan hat, womit er dieses Schicksal verdiente. Für einen Buddhisten ist das jedoch kein Widerspruch, sondern lediglich Ausdruck der *conditio humana*. Wir haben es in der Hand, uns davon zu befreien.

Der Dalai Lama nimmt seinen Optimismus ein wenig zurück und räumt nun ein, daß wir in einer kritischen und sogar sehr kritischen Phase leben. Und er betont die Bedeutung der Erziehung.

»Unser ganzes Bildungswesen ist in einer Krise. Es ist unfähig, sich anzupassen. Und diese Krise erstreckt sich auch auf Wirtschaft und Politik. Alles scheint sich unserem Denken und damit unserer Kontrolle zu entziehen.«

»Wie können wir darauf reagieren?«

»Wie stets auf zweierlei Weise. Wir können in Mutlosigkeit verfallen und uns dann sehr rasch dem Egoismus hingeben. Wir können uns sagen: Alles ist verloren, die Zeiten werden härter, die Welt weiß nicht mehr, wohin sie geht, der Kali Yuga hat die Oberhand gewonnen. Dann ziehen wir uns in unseren Winkel zurück, genießen, was wir haben zusammenraffen können, vergessen den Rest der Welt und lassen es uns wohlergehen.«

»Ich kenne Menschen, die so leben.«

»O ja, ich auch«, sagt er lachend.

»Und die andere Möglichkeit?«

»Die andere Möglichkeit ist eine sehr einfache Erkenntnis und eine klares Engagement. Die Erkenntnis unserer Lage und der zahllosen Gefahren, die uns bedrohen. Ein klares Engagement für die Befreiung aus dieser Lage. Diese Haltung scheint mir heute notwendiger denn je. Die Menschen müssen aufwachen.«

»Worauf warten sie?«

»Nichts geschieht plötzlich«, erwidert er. »Die wirklichen Veränderungen kommen langsam und unsichtbar. Nehmen sie zum Beispiel das neue, seit einigen Jahren erkennbare Interesse des Westens am Buddhismus; es beruht wahrscheinlich auf zwei Gedanken, die gar nicht spektakulär sind, aber tief empfunden werden. Der erste Gedanke ist *ahimsa*, die Gewaltlosigkeit, die langsam zu einer realen Macht wird. Der zweite Gedanke ist die *Interdependenz*, die wechselseitige Abhängigkeit der Dinge, die dem buddhistischen Denken von jeher selbstverständlich ist.«

»Und die in einem Zusammenhang mit unseren ökologischen Sorgen steht?«

»Ja, in einem unmittelbaren Zusammenhang.«

Den Gedanken, wonach Lebewesen und Dinge von Anfang an, seit das Wort des Schöpfers sie hervorgebracht hat, eine unabhängige Existenz besitzen, haben fast alle buddhistischen Schulen stets einmütig abgelehnt. Nichts existiert für sich allein. Vielmehr ist alles mit allem verbunden. Alles ist eingebunden in das riesige Netz Indras, des Königs der Götter in der hinduistischen Mythologie.

Diese wechselseitige Abhängigkeit aller Dinge – und auch unserer Wahrnehmung der Dinge – ist die erste Überraschung, die uns auf dem buddhistischen Weg erwartet. Sie läuft allem zuwider, was wir zu wissen glauben, und insbesondere unserer analytischen Sicht, die in der Welt nur lauter gesonderte Objekte erblickt: meine Hand; den Stift, den sie hält; das Papier, auf dem ich schreibe; den Tisch, auf dem das Papier liegt; das Haus, in dem der Tisch steht... Nichts von alledem, sagt uns der Buddhismus unermüdlich, hat gesonderte Existenz, kann *an sich* betrachtet werden.

Die wechselseitige Abhängigkeit der Dinge, die im Sanskrit als *pratitya-samutpada* bezeichnet wird, lehrt der Buddha selbst, insbesondere im *Avatamsaka-Sutra*. Es ist unmöglich, einen Gegenstand zu finden, der nicht mit allen anderen in Verbindung stünde, heißt es dort. Thich Nhat Hanh, ein Zen-Meister unserer Zeit, verdeutlicht diesen Sachverhalt am Beispiel eines Blatts Papier (in: S. Bercholz und S. Chödzin, *Pour comprendre le bouddhisme*, Paris 1993). Von Feder und Tinte ganz abgesehen, hat alles eine Beziehung zu diesem Blatt Papier. Es besteht aus lauter Elementen, die nicht Papier sind. Verfolgen wir alle diese Elemente bis zu ihrem Ursprung, die Faser bis zum Holz, das Holz zum Wald, den Wald zum Holzfäller, den Holzfäller bis zu seinem Vater und seiner Mutter und so weiter, stellen wir fest, daß das Papier in Wirklichkeit leer ist. Es besitzt keine gesonderte Existenz. Es besteht aus lauter Elementen, die nicht Papier sind. Nimmt man sie alle weg, hat das Blatt Papier kein unabhängiges Sein mehr.

Thich Nhat Hanh fügt hinzu: »Leer in diesem Sinne heißt, das Papier ist angefüllt mit allen Dingen, mit dem ganzen Kosmos.«

Was für ein Blatt Papier gilt, das gilt auch für ein Individuum. Wir bestehen aus Elementen, die nicht Individuen sind. Folglich sagt uns der Zen-Meister, daß jemand, der meditiert, sich in keiner Weise von der übrigen Welt trennt. Das Leiden, das er in sein Herz aufnimmt, ist nichts anderes als die Gesellschaft. Wenn er meditiert, tut er es für alle Lebewesen. Er tut es sogar für alle Dinge, die unfähig zur Meditation sind. Dieser uralte Gedanke führt uns mitten hinein in die moderne Ökologie.

»Keine Art«, sagt der Dalai Lama, »auch nicht die menschliche, kann sich außerhalb der Welt stellen, außerhalb des Rades des Universums. Wir sind einer der Zähne an diesem Rad.«

»Ein Rad, das allerdings immer lauter knirscht.« Ich erinnere ihn an die Klage Bhumis, der Erde, im *Mahabharata*: »Jeden Tag werde ich von hochmütigen Menschen zertrampelt... Ich werde verletzt, ich leide, und ich frage mich, was sie mir wohl morgen antun werden.«

Mit einem Kopfnicken stimmt er mir zu. Er kennt Bhumi und ihre Sorgen. Ich sage ihm, daß ich zu den ersten gehörte, die in Frankreich ein Buch über die fälschlich so genannte Umwelt veröffentlicht haben (fälschlich, weil das Wort den Eindruck vermittelt, wir wären von den Dingen umgeben, während wir in Wirklichkeit ein Teil von ihnen sind). Hier befinden wir uns auf einem Gebiet, das uns beide interessiert, auch wenn wir uns diesen Fragen auf unterschiedliche Weise nähern.

»Sie haben gesagt, wir befinden uns in einer Krise, und Sie haben auch gesagt, daß die Zeit drängt. Was denken Sie über die gegenwärtige Bevölkerungsexplosion?«

»Das ist ein äußerst wichtiges Problem.«

»Vielleicht unser wichtigstes Problem?«

»Ja. Das glaube ich.«

Wir sprechen über das gewaltige Wachstum der Weltbevölkerung in den letzten fünfzig Jahren.

»1987, so sagt man mir, hat die Weltbevölkerung die Fünfmilliardengrenze überschritten«, sagt er. »Seither sind sieben- oder achthundert Millionen Menschen dazugekommen. In weniger als dreißig Jahren wird die Weltbevölkerung sich nochmals verdoppelt haben.«

Ich verweise auf eine sehr genaue Schätzung der UNESCO aus dem Jahre 1992, die für die nächste Zeit gewaltige Zuwächse prognostiziert. China und Indien werden bald mehr als eineinhalb Milliarden Einwohner haben. Das nach der Bevölkerung drittgrößte Land wird Nigeria sein. Zur Zeit wächst die Weltbevölkerung jährlich um neunzig Millionen Menschen. Jedes Jahr kommt eine Bevölkerung von der Größe der mexikanischen hinzu.

Ich frage ihn:

»Was sollen wir tun?«

»Zunächst einmal müssen wir klar, ohne Heuchelei und ohne jede Voreingenommenheit über diese Dinge informieren. Wir müssen sagen: Sechs Milliarden Menschen sind zuviel. Moralisch ist das ein großer Fehler, weil das Mißverhältnis zwischen den reichen und den armen Ländern dadurch noch vergrößert wird. Und praktisch ist es eine Tragödie.«

»Schon morgen werden es sieben Milliarden sein, und es wird weitergehen. Um das Bevölkerungswachstum nachhaltig einzudämmen, benötigen wir mindestens sechzig Jahre intensiver Bemühungen.«

»Das ist ein wirklich kritischer Punkt, zumal die Experten voraussagen, daß die Ressourcen der Erde dafür nicht ausreichen werden.«

»Das ist strittig«, erwidere ich, »denn es hängt davon ab, was man unter ›Ressourcen‹ versteht. Experten (aber ›Experten‹ wofür?) können in der Tat ausrechnen, daß die Erde zehn oder zwölf Millarden Menschen ernähren kann. Manche sprechen sogar von fünfzig Milliarden. Die genbiologisch unterstützte Landwirtschaft verspricht uns einen gewaltigen Anstieg der Ernteerträge und wahre Wunder wie Riesensalatköpfe und endlos lange Karotten.«

»Ja, davon spricht man überall. Wir können sicher alle Menschen ernähren, wenn es uns gelingt, die Allmacht des Kommerzes zu brechen, und das ist gewiß nicht einfach. Ob alle genug zu trinken haben werden, ist schon weniger sicher. Aber besteht das Leben denn nur aus Essen und Trinken?«

»Gewiß nicht.«

»Wie steht es mit der Arbeit? Einer Arbeitsstelle? Mit der Freizeit? Zeit und Raum, sich zurückzuziehen und zu meditieren?«

»Darum kümmern sich die Experten nur wenig. Und sie kümmern sich auch nicht um die Frage, wie man denn das Bevölkerungswachstum zum Stillstand bringen soll, wenn die fünfzig Milliarden einmal erreicht sind. Bei einer so großen Bevölkerung steigt die Wachstumsrate ins Unermeßliche. Dann kommt nicht mehr jährlich die Bevölkerung Mexikos hinzu, sondern die eines ganzen Kontinents.«

»Und was ist dann mit dem wachsenden Abstand zwischen reichen und armen Ländern?«

»Dieser Abstand«, sage ich, »bestand schon zu Beginn des 18. Jahrhunderts. Damals soll er 1 zu 5 betragen haben. Manche europäischen Länder, zum Beispiel Holland, waren fünfmal so reich wie afrikanische oder asiatische Königreiche. In den sechziger Jahren unseres Jahrhunderts betrug der Abstand 1 zu 80. Heute soll er bei 1 zu 300 oder 400 liegen, und zwar immer noch zugunsten des Westens, zu dem sich nun Japan hinzugesellt hat.«

»Und der Abstand wächst weiter. Die Reichen werden noch reicher, die Armen immer ärmer.«

»In einem unerträglichen Ausmaß.«

»Beide Probleme hängen eng miteinander zusammen«, sagt der Dalai Lama. »Das Bevölkerungswachstum hängt mit der Armut zusammen, und die Armut führt ihrerseits zur Ausplünderung der Erde. Wenn Menschen vor dem Hungertod stehen, essen sie alles, Gras, Insekten. Sie fällen die Bäume und lassen den Boden austrocknen. Jede andere Tätigkeit gerät aus dem Blickfeld. Deshalb werden in den nächsten dreißig Jahren zweifellos die sogenannten Umweltprobleme die größte Herausforderung für die Menschheit darstellen.«

Diese Punkt hebt er besonders hervor. Mehrfach benutzt er den Ausdruck »absolut«.

»Ich gebe Ihnen ein einfaches Beispiel. Wenn ich irgendwohin ging, etwa zum Flughafen, sah ich auf der Straße, in den Auslagen der Geschäfte oder Restaurants niemals Geflügel. Jetzt sehe ich es überall. Obwohl es in Tibet unmöglich ist, vollkommen vegetarisch zu leben, widerstrebt es mir, Tiere zu töten. Soweit ich kann, ernähre ich mich von Gemüse und Obst. Aber warum diese Stapel massakrierter Hühner? Doch wohl nur, weil es zu viele Menschen gibt.

Je mehr Menschen es gibt, desto mehr töten sie.«

»Sie schaffen Leben, um es zu töten.«

»Ein weiterer Schlüssel ist natürlich das Geld, das ständige Streben nach Geld, bei den Reichen aus Gier, bei den Armen aus Notwendigkeit. Auch des Geldes wegen tötet man Tiere. Doch am Ursprung all der Gefahren und Bedrohungen, von denen ich spreche, steht noch vor dem Geld die Überbevölkerung.«

»Sie sind also für Verhütung?«

»Absolut. Wir müssen dafür sorgen, daß die Menschen darüber Bescheid wissen und sie anwenden.«

»Manche religiösen Traditionen stellen sich dem entgegen.«

»Das ist richtig, und es gibt solche Strömungen sogar innerhalb des Buddhismus. Aber es ist Zeit, diese Barrieren niederzureißen.«

Er überlegt einen Augenblick und neigt sich zu mir. Offenbar bewegt ihn dieses Problem zutiefst.

»Betrachten wir unsere Einstellung aus der Sicht des menschlichen Lebens, denn darum geht es hier. Das menschliche Leben ist zwar von Leid geprägt, dennoch ist es in unseren Augen etwas Kostbares, und zwar wegen des Geistes, der in uns lebt und der sich vervollkommnen läßt. Aus dieser Sicht ist Verhütung verhängnisvoll, denn sie verhindert menschliches Leben.«

»Individuell betrachtet.«

»Genau. Jeder einzelne ist eine wunderbare Chance. Betrachtet man die Dinge jedoch aus einer gewissen Distanz und bemüht sich um eine globale Sichtweise, die gar nicht so leicht ist, dann müssen wir ganz einfach erkennen, daß wir für diesen Planeten zu viele sind und daß diese Überlastung unserer Erde sich ständig verschlimmert. Hier geht es nicht um

Moral und auch nicht um die beglückende Schönheit unseres komplexen Geistes; es geht ums Überleben. Wir zählen heute auf dieser Erde mehr als fünf Milliarden kostbare Leben. Diese fünf Milliarden kostbare Leben werden unmittelbar von anderen kostbaren Leben bedroht, die wir zu Millionen hinzufügen.«

»Aber nicht nur das menschliche Leben ist bedroht.«

»Natürlich nicht. Auch wildlebende Tiere oder Bäume müssen unserem kostbaren Leben weichen. In Tibet hat man die Wälder in den vergangenen dreißig Jahren rücksichtslos abgeholzt. Und wie überall hat das zu einer Verarmung des Landes geführt. Die meisten Wildtiere, die ich in meiner Kindheit noch bewundern konnte, sind inzwischen verschwunden. Wir alle wissen, daß die Ausbreitung unseres kostbaren Lebens zur Ausrottung zahlreicher Arten führt.«

»Die für immer verloren sind.«

»Wenn wir das Leben und insbesondere die fünf Milliarden kostbaren Leben schützen wollen, die sich gegenwärtig auf der Erde drängen, wenn wir ihnen ein wenig mehr Wohlstand, Gerechtigkeit und Glück schenken wollen, dann müssen wir uns versagen, immer mehr zu werden. Das ist doch logisch, oder?«

Ich bedauere heute, daß diese Stimme – der man weder malthusianisches Denken noch Libertinage vorwerfen kann – auf der Weltbevölkerungskonferenz in Kairo vom September 1994 kein Gehör fand, weil man den Dalai Lama nicht eingeladen hatte. Auf dieser Konferenz, die er als »sehr wichtig« bezeichnet, haben sich die traditionsverhafteten rigoristischen Anschauungen lautstark zu Wort gemeldet: Man weigert sich, die Welt so zu sehen, wie sie ist; von den

Frauen verlangt man, daß sie schweigen und sich unterwerfen; man singt ein Loblied auf eheliche Treue und Enthaltsamkeit, also auf das Fehlen von Liebe.

Aber immerhin hat man die Probleme öffentlich angesprochen, und manches Richtige ist gesagt worden – das meint auch der Dalai Lama während unseres Gesprächs im September. Kaum jemand wird sagen können, er habe nichts gewußt.

Bei alledem haben wir den Buddhismus keinen Augenblick aus den Augen verloren. Denn wie das Blatt Papier, so hat auch das menschliche Leben für den Dalai Lama keine unabhängige Existenz.

»Es besteht aus Elementen, die nicht Leben sind«, sagt er, »es läßt sich unmöglich von der übrigen Welt trennen. Das menschliche Leben ist nicht das vollkommen Andere. Wenn es in unseren Augen einen gewissen Wert besitzt, so ist dieser Wert doch relativ und stets mit dem Geist verbunden. Es ist ein großer Irrtum, ein ›Grundirrtum‹, das menschliche Leben zu isolieren und ihm ein Wesen, ein An-sich, zuzuschreiben.«

Hinzukommt noch die Befürchtung, daß die Menschen aufgrund eines stets möglichen Nachlassens des Bewußtseins nicht mehr die Kraft und die geistige Stärke erreichen, die für eine Wiedergeburt erforderlich sind.

Ich berichte ihm von den Überschwemmungen, unter denen wir 1993 und 1994 in Europa zu leiden hatten.

»Wir hatten mehrere sehr trockene Jahre hinter uns. Dann normalisierten sich die Niederschläge wieder. Aber wir hatten die Landschaft so rücksichtslos und blind zubetoniert (mit Autobahnen, Flughäfen,

Parkplätzen und Gebäuden aller Art) und andererseits vor allem in den Bergen die alten Methoden der Verteilung des Wassers so radikal aufgegeben, daß der Regen nicht mehr einsickern, sondern nur noch an der Oberfläche ablaufen konnte. Das führte zu zahlreichen Katastrophen. Und es wäre lächerlich, dem Himmel die Schuld zu geben. Die Schuldigen sind hier wie anderswo allein wir selbst.«

Er pflichtet mir bei. Ich erzähle ihm von einem Erlebnis, das mich vor anderthalb Jahrzehnten sehr erstaunte. Ich war in Mexiko, als Papst Johannes Paul II. das Land zum erstenmal besuchte. Am Abend nach seiner Ankunft war ich bei einem befreundeten Arzt zum Essen eingeladen. Als ich mit einem Blumenstrauß ankam und an der Tür schellte, öffnete mir eine Frau, und ich sah, daß sie weinte. Ich trat verwundert ein. Drinnen fand ich mehrere Frauen und Männer (einige von ihnen Ärzte), denen die Niedergeschlagenheit im Gesicht stand. Zwei oder drei weinten ebenfalls. Ich fragte sie nach dem Grund ihrer Traurigkeit. ›Hast du denn nicht gehört, was er in seiner ersten Ansprache gesagt hat?‹ – ›Wer?‹ fragte ich. ›Der Papst‹.«

»Was hatte er denn gesagt?« fragt der Dalai Lama.

»Was er überall sagt: ›Mexikaner und Mexikanerinnen, ihr müßt alle Kinder haben, die Gott euch schickt.‹ Mit ein paar Sätzen hatte dieser alte, zur Ehelosigkeit verpflichtete Mann zehn Jahre geduldiger Arbeit dieser engagierten Frauen und Männer zerstört, denn sie hatten sich bemüht, den Gebrauch von Verhütungsmitteln in einem Land einzuführen, das unmittelbar von der ›B-Bombe‹ bedroht ist, wie amerikanische Ökologen es genannt haben: von der

Bevölkerungsbombe. Nun mußten diese Ärzte wieder ganz von vorn beginnen.«

Der Dalai Lama kennt besser als jeder andere die Verantwortung der religiösen Führer, in der Gegenwart wie in der Vergangenheit. In Europa und insbesondere in Italien mag der Papst an Einfluß verloren haben, in den katholischen Ländern der Dritten Welt ist sein Einfluß immer noch sehr groß. Und er läßt keine Gelegenheit ungenutzt, seine kompromißlose Haltung in dieser Frage zum Ausdruck zu bringen, womit er Millionen ›kostbarer Leben‹, deren Empfängnis und Geburt zu verhindern er verbietet, zu einem elenden Dasein verurteilt.

Umgekehrt habe ich 1992 im Iran, einem islamischen Land, das wir als fundamentalistisch bezeichnen, mit größtem Erstaunen eine Sendung des staatlichen Fernsehens gesehen, in der Frauen für den Gebrauch von Verhütungsmitteln eintraten und ihre Anwendung erklärten.«

»Im Iran?«

»Aber ja. Und ich glaube, so etwas gibt es auch in Ägypten. Solche Informationen hört man bei uns nicht gern. Denn in dieser Frage sind wir rückständig.«

»In Europa und den Vereinigten Staaten«, sagt er, »erleben wir zur Zeit sogar eine Rückkehr zu rigiden Moralvorstellungen.«

»Genau. Eine Rückkehr zur Zensur oder auch bei manchen Gruppen zu einer haßerfüllten Agitation, die gegen die Abtreibung – zweifellos ein Akt der Gewalt – noch größere Gewalt setzt. Als wollten sie das Unmögliche, nämlich in die Vergangenheit zurückkehren.«

Ich halte inne, und wir beide schweigen einen Augenblick; dann frage ich ihn:

»Sollte das Leben zum Feind des Lebens geworden sein?«

»Das menschliche Leben, ja. Denn es bedroht jegliches Leben.«

»Die überkommenen Gedanken zu dieser Frage können uns kaum noch weiterhelfen.«

»Nein«, erwidert er, »denn sie stammen alle aus einer Zeit, als das menschliche Leben noch etwas Seltenes, Gesuchtes war und von zahllosen Gefahren bedroht wurde. Die Kinder starben schon in jungen Jahren. Heute hat sich das alles verändert, vor allem in den letzten fünfzig Jahren.«

»Was soll man von den Versprechungen der Genetik für das kommende Jahrhundert halten. Etwa vom Klonen, das heißt der problemlosen Vervielfältigung vollkommen identischer menschlicher Wesen. Ein Traum, an dessen Ende die Unsterblichkeit steht.«

»Ja, aber diese problemlose identische Vervielfältigung setzt voraus, daß wir unserer Evolution ein Ende setzen. Wir erklären, daß wir vollkommen sind und dabei bleiben wollen. Andererseits, wenn wir die Unsterblichkeit verwirklichen, also den Tod ausschalten, müssen wir auch die Geburt ausschalten. Denn die Erde würde rasch übervölkert.«

»Schon die Verlängerung der durchschnittlichen Lebenserwartung stellt uns heute fast überall vor dieses unlösbare Problem«, sage ich. »Wie sollen wir mit den Alten umgehen? Wie sollen wir ihnen Beschäftigung geben oder ihre Rente zahlen?«

»Ja. Was sollen wir also mit der Unsterblichkeit anfangen? Unser Verhältnis zum Leben hat sich radikal verändert. Nun müssen wir unser Denken, also unsere Einstellung, ebenso radikal verändern.«

Zum erstenmal spricht er die Notwendigkeit an, unser Verhältnis zur Tradition zu überdenken, und er wird noch häufig darauf zurückkommen. Obwohl er – übrigens vollkommen unverkrampft – den Titel »Seine Heiligkeit« trägt, zeigt er sich erstaunlich flexibel und sogar offen für die Erschütterungen unserer Zeit.

»Sie haften nicht streng am Buchstaben der Schriften?«

»Im Gegenteil. Man müßte doch verrückt sein, wenn man in einer Welt, die dem Fluß der Zeit ausgesetzt ist, mit aller Kraft daran festhalten wollte. Wenn zum Beispiel die Wissenschaft beweist, daß die Schriften sich irren, muß man die Schriften ändern.«

»Jahrhundertelang hat die katholische Kirche einen langen, fruchtlosen Kampf geführt, um die historische Wahrheit der Bibel gegen die Entdeckungen der Wissenschaft zu verteidigen. Das muß Ihnen doch lächerlich erscheinen, oder?«

»Auf jeden Fall nutzlos. Denn der Buddhismus sagt uns das Gegenteil. Das ist ein zentrales, von allen Schulen akzeptiertes Thema: Wir sind wohl oder übel ins Unbeständige getaucht. Die Stabilität der Dinge ist ebenso Illusion wie ihr Wesen. Die Realität zerrinnt uns zwischen den Fingern, wir können sie nicht festhalten.«

»Rührt dieses Gefühl aus der Gewißheit unseres Todes?«

»Nein, denn der Tod ist bloß ein Übergang von einem Zustand in einen anderen. *In jedem Augenblick* lösen die Dinge sich auf und setzen sich neu zusammen. Die Welt ist im Fluß. Es gibt nichts Festes und Unveränderliches. Selbst die verehrungswürdigen heiligen Schriften sind relativ und vergänglich, wie alles übrige.«

Hier zeigt der Buddhismus ein Gesicht, das uns zunächst erstaunt und dann anzieht. In den monotheistischen Religionen, die unsere Tradition prägen, sind wir es gewöhnt, daß die heiligen Schriften von Gott offenbart und den Menschen entweder von einem Engel oder einem Propheten überbracht worden sind. Jedenfalls stammen sie nicht von uns. Der Mensch, der sie verkündet oder aufgeschrieben hat, war nur das Sprachrohr einer jenseitigen Macht. Unter diesem Umständen war und ist es vielfach noch heute unvorstellbar, an einem für göttlich gehaltenen Wort auch nur ein Jota zu ändern.

Ganz anders im Buddhismus. Denn wie schon erwähnt, schöpfte der Buddha die vier Grundwahrheiten und die darauf fußende Lehre allein aus seinem Innern. Immer wieder sagte er, diese Lehre müsse ständig an der Erfahrung und insbesondere an der persönlichen Erfahrung überprüft werden. Dabei bleibt der Buddha ein Mensch, auch wenn manche buddhistischen Strömungen und der Hinduismus ihn in die Nähe einer Gottheit rücken (für den Hinduismus etwa ist er der neunte *avatara* Vishnus, nach Krishna).

»In dieser Hinsicht«, sage ich, »hängt auch er von all dem ab, was ihn umgibt.«

»Natürlich. Er war keineswegs als einziger von allen Menschen mit einem auf wundersame Weise autonomen Leben gesegnet. Auch er bestand aus Elementen, die nicht Siddharta waren. Dasselbe galt und gilt für sein Denken.«

»Rührt daher diese Geschmeidigkeit der buddhistischen Tradition?«

»Diese Geschmeidigkeit, wie Sie sagen, hat ihren Grund vor allem in der Erfahrung. Unsere Erfahrung ist in der Tat alt und sehr reich. Sie hat uns immer wieder Gelegenheit gegeben, die Gefahren der Isolation, die Nutzlosigkeit dogmatischer Autorität und die Vergeblichkeit fundamentalistischer Auffassungen zu erkennen. Ich sage es noch einmal: Zuerst klären wir die Tatsachen, jedenfalls die unbestreitbaren wie die Zunahme der Weltbevölkerung. Dann versuchen wir, die Ursachen und Entstehungsbedingungen dieser Tatsachen zu klären. Ohne dabei jemals die wechselseitige Abhängigkeit und die Veränderlichkeit der Dinge aus den Augen zu verlieren. Und falls nötig, ändern wir dann schließlich unsere Einstellungen.«

Ohne Zweifel ist das der Grund, weshalb der Dalai Lama, ein Vorbild an Höflichkeit und Toleranz, zugleich den Eindruck eines äußerst wachen, aufmerksamen Menschen vermittelt, der begierig jede neue Erkenntnis aufnimmt und auch durchaus bereit ist, seinen Kurs zu wechseln, falls es nötig sein sollte. Er spricht kompetent über die Ozonschicht und den Treibhauseffekt. Obwohl er vom Dach der Welt stammt, vermag er sich sehr wohl die verheerenden Folgen eines Anstiegs des Meeresspiegels vorzustellen. Immer wieder kommt er zurück auf die Notwendigkeit der Aufmerksamkeit: für sich selbst, für die anderen und für die ganze Welt.

So sagt er:

»Es kann hilfreich sein, die Dinge aus einer alten Sichtweise zu überdenken. Neben der Erfahrung bietet das den Vorteil einer Doktrin und der Distanz. Sehr oft verlieren wir uns in den Wirren der Aktualität. Weil wir unsere Welt aus allzugroßer Nähe sehen, sehen wir sie gar nicht mehr. Es ist gut, immer wieder auf Distanz zu gehen.«

»Aber kann der ständige Rückgriff auf die Tradition uns nicht auch blind machen?«

»Ganz gewiß. Er kann uns lähmen. Vor allem gilt es, offen und empfänglich zu bleiben. Und dann müssen wir, falls wir es können, den anderen zeigen, was zu tun ist. Ohne Zweifel sind die alten religiösen Verbote manchmal schädlich für uns. Aber wie können wir gegen sie ankommen?«

Die zahlreichen Buddhafiguren, die durch die Jahrhunderte in den verschiedenen Ländern entstanden sind, beruhen auf einer komplizierten Symbolik. Die Körperhaltung, seine fünf Ebenen, die physischen Besonderheiten wie die langen Ohren, die breiten Schultern, die gewölbte Stirn – all das hat eine Bedeutung. Besondere Aufmerksamkeit schenkten die Bildhauer und Maler den verschiedenen Stellungen seiner Hände, die man als *mudras* bezeichnet. Es gibt deren acht. Unter diesen acht Positionen gibt es eine, die man die »Predigtstellung« nennt (*dharmatchakra mudra*): Eine Handfläche ist nach außen gewendet, die andere nach innen; Daumen und Zeigefinger berühren einander und zeigen das Rad des *dharma*, das heißt der Ordnung der Welt. Es handelt sich tatsächlich um ein Rad (*tchakra*), und dieses Rad dreht sich unablässig. Es wäre völlig sinnlos, gegen die universelle Kraft anzukämpfen, die es antreibt. So hartnäckig wir etwas aufbauen wollen, so sehr Dauer und Stabilität uns faszinieren, diese Gebärde erinnert uns an die Bewegung, die Herrin aller Dinge. Als Zeitgenosse Heraklits hat der Buddha dies rückhaltlos gesehen und zum Ausdruck gebracht. Ruhe ist eine Illusion, und der beste Beweis ist unser Körper. Unablässig, in jedem Sekundenbruchteil, ist unser Körper im Verfall begriffen. Seine letzten Worte begleitete der Erleuchtete mit einer Geste, die auf seinen verfallenen, von einer blutigen Ruhr gezeichneten Leib wies: »Alles Zusammengesetzte ist zur Zerstörung verdammt.«

Seine Nachfolger haben diesen Gedanken in vielfältigen Wendungen wiederholt und dabei auch benachbarte Denkrichtungen beeinflußt. So finden sich in einem shivaistischen Hymnus aus dem 6. Jahrhundert einige vollkommen buddhistische Wendungen:

Das Unbewegte zerstreut sich,
Und das Bewegte bleibt.

Der Dalai Lama hat sich oft über die Veränderlichkeit und den beständigen Wandel aller Erscheinungen geäußert (siehe zum Beispiel sein Buch *Gesang der inneren Erfahrung*, Hamburg 1993). Eine Bestätigung dafür findet er sogar in der unablässigen Bewegung der Elementarteilchen. Auch unser Bewußtsein besteht nur für den Augenblick. Das Bleibende, das stets da ist, nennen die Buddhisten das sechste geistige Bewußtsein, das tiefste, das weder Anfang noch Ende hat und nicht einmal den üblichen Kategorien des Raumes und der Zeit unterworfen ist. Auf dieses subtile oder »Feinbewußtsein« werden wir noch ausführlich zurückkommen, wenn wir uns mit dem Geist befassen.

Selbst wenn dieses Feinbewußtsein sich vorübergehend verändern kann – die radikalsten Schulen behaupten, daß es gleichfalls der universellen Täuschung unterliegt –, ist es in gewisser Weise doch von »bleibender Kontinuität«. Ebenso gibt es inmitten der Erschütterungen unseres alltäglichen Daseins etwas Kontinuierliches, die Gesellschaft nämlich. Doch diese Kontinuität ist die Grundlage des Wandels, der ansonsten gar nicht wahrnehmbar wäre.

»Manchmal habe ich den Eindruck«, sage ich, »als wollte der Papst das Rad der Welt anhalten. Gibt ihm die stumme Geste des Buddha nicht die richtige Antwort darauf?«

»Zweifellos. Der Papst steht natürlich unter dem direkten Einfluß der religiösen Traditionen, die er repräsentiert. So hält er an dem Grundsatz fest, wonach das menschliche Leben etwas Kostbares ist, das möglichst vielen zuteil werden soll. Doch dem steht ein anderes Prinzip entgegen, in dem eine andere Form der Achtung vor dem Leben zum Ausdruck kommt. Dieses Prinzip besagt, daß jegliches Leben zu schützen ist, nicht nur das menschliche. Und was das menschliche Leben angeht, das in der Tat kostbar ist, gilt es, dessen Qualität zu schützen. Hier stehen zwei Prinzipien gegeneinander. Wir sind der Ansicht, daß man Entscheidungen nicht im Absoluten trifft, aus servilem Gehorsam gegenüber einem Prinzip. Unser Verstand ist doch dazu da, so meine ich jedenfalls, daß wir uns anpassen. Alles ist relativ. Ein blockierter Verstand ist kein Verstand.«

Er zeigt mir seine Hände und fügt hinzu:

»Wenn ich einen Finger opfern muß, um die übrigen neun zu retten, dann zögere ich keinen Augenblick, ich schneide ihn ab.«

Wir sprechen eine Weile über einige Länder, die einer von uns beiden kennt, vor allem über Algerien, dessen Bevölkerung sich in dreißig Jahren verdreifacht hat; dort hat eine Gruppe von Fanatikern den schlechtesten Weg gewählt; sie ermorden Ausländer und ruinieren bewußt ihr Land.

»Immer wieder erlebt man«, sagt der Dalai Lama, »daß Menschen sich zu Verzweiflungstaten und oft auch zu kriminellen Akten hinreißen lassen, um die Zeit anzuhalten und einen Raum zu zerschneiden und zu schützen, der doch gar nicht teilbar ist.«

»Dazu kommen noch Begehrlichkeiten aller Art.«

»Selbstverständlich.«

»Was die Begrenzung der Geburten angeht, ist China doch wohl das einzige Land, das eine großangelegte, systematische Politik versucht hat.«

»Ja. Und das schon seit langem. Leider wurde diese Politik nach der Eroberung Tibets auch auf die annektierten Gebiete ausgedehnt, obwohl die einheimische Bevölkerung schon deutlich gelichtet war. Man ergriff rigorose Maßnahmen, die bis zur Zwangssterilisation tibetischer Frauen reichte. Zugleich verfolgte man eine Politik der Landbesetzung, indem man zahlreiche Chinesen nach Tibet deportierte.«

»Maskierter Kolonialismus?«

»Genau. Hinter der angeblichen Geburtenkontrolle in Tibet, die nach ihrer Behauptung ›im übrigen China‹ ebenso obligatorisch sein soll, verbirgt sich in Wirklichkeit eine forcierte und überaus wirkungsvolle Kolonialisierung. Auf dem Gebiet des unabhängigen Königreichs Tibet gibt es heute mehr chinesische Besatzer als Einwohner tibetischer Herkunft.« (Siehe dazu insbesondere die Autobiographie des Dalai Lama, *Das Buch der Freiheit*, Bergisch Gladbach 1992.)

Dabei kommt mir ein Ausspruch von Nietzsche in den Sinn, den ich nicht mehr wörtlich zitieren kann.

Danach ist die Erde ein Lebewesen; dieses Lebewesen hat eine Haut, diese Haut leidet unter einer tödlichen Krankheit, und diese tödliche Krankheit ist der Mensch.

»Das ist zweifellos eine äußerst pessimistische Vision«, sage ich. »Läßt sich die Krankheit heilen?«

»Hoffentlich«, erwidert er lachend. »Und hoffentlich, ohne die ganze menschliche Art auszurotten.«

Anfang der siebziger Jahre, also vor mehr als zwei Jahrzehnten, formulierte der amerikanische Arzt und Ingenieur James Lovelock die sogenannte Gaia-Hypothese. Seit mehreren Milliarden Jahren trägt unser Planet ein sehr seltenes und vielleicht sogar einzigartiges Phänomen, das Leben nämlich. Nach der Gaia-Hypothese reagiert die Erde in einer Art Wechselwirkung in ganz besonderer Weise auf dieses Phänomen. Auch wenn man ihr kein personales Leben zusprechen will, zeigt sie doch Reaktionen, wie sie sonst nur personalen Wesen eigen sind.

Während die Gaia-Theorie von den meisten Wissenschaftlern kühl aufgenommen wurde, fand sie beim Publikum großen und oft übertriebenen Anklang. Neben der fortschreitenden Zerstörung der Erde, die wir erleben (und an der wir uns nach Kräften beteiligen), dürften, wie Lovelock selbst bemerkt, sehr alte Gründe für diesen Erfolg verantwortlich sein. In zahlreichen Mythen finden wir eine Personifizierung der Erde, und oft in weiblicher Gestalt. In Indien heißt sie Bhumi, und wie auch andernorts ist sie unsere Mutter.

Im *Mahabharata*, dem großen Ursprungsepos, in dem ganz Indien sich wiederfindet, entbrennt zwischen sämtlichen damals bekannten Völkern ein schrecklicher Kampf, der das Überleben der Erde und den Fortbestand des ganzen Universums in Frage stellt. Einige der streitenden Parteien besitzen nämlich die Wunderwaffe *Parasurama*, deren gleißendes Feuer jegliches Leben in wenigen Augenblicken auszulöschen vermag. Deshalb zittern Pflanzen, Felsen und Götter gleichermaßen vor Angst.

Deshalb auch greift Bhumi trotz ihres friedfertigen Wesens schließlich in den Kampf ein. Mit ihren »schlammigen Händen« umfaßt sie die Räder des Kampfwagens, auf dem Karna daherkommt, einer dieser »hochmütigen Menschen«, die über die schreckliche Waffe verfügen. Sie hält seinen Wagen fest, so daß keine menschliche Kraft ihn freibekommen kann, und überantwortet den Krieger damit dem Tod.

Heute wünschen und fürchten wir manchmal, daß die Erde sich in unsere Kämpfe einmischt. Manche stellen sogar die gewiß etwas naive Behauptung auf, der Aidsvirus sei eine Antwort der »Natur« auf unsere grenzenlose Ausbreitung, und andere Viren warten bereits im Verborgenen, um ihre unvorstellbare Wirkung zu entfalten.

Solche Phantasien mögen kindisch erscheinen, aber sie zeigen doch, welche Ängste, und in gewisser Weise auch, welche Hoffnungen uns bewegen.

»Aber wir halten den Schlüssel in Händen«, sagt der Dalai Lama. »Wir brauchen ihn gar nicht anderswo zu suchen. Es stimmt, allein der Mensch hat die Macht, die Erde zu zerstören. Vögel und Kaninchen können das nicht. Doch wenn der Mensch die Macht hat, die Erde zu zerstören, dann hat er auch die Macht, sie vor der Zerstörung zu bewahren.«

»Aber für diesen Weg hat er sich nicht entschieden.«

Ich erzähle ihm von dem kleinen Fluß in meinem Dorf in Südfrankreich, der einst ein Ort für Freuden aller Art war, ein Treffpunkt für die Menschen; man badete darin, man angelte, und er diente zur Bewässerung. Heute ist er schmutzig und verlassen, und das schon seit dreißig Jahren; man hat ihn getötet.

»Selbst hier in Dharamsala habe ich mit Verwunderung auf meinen Spaziergängen in den Wäldern überall Haufen von leeren Konservendosen, Papier- und Plastikabfällen gesehen; anscheinend wirft jeder alles weg, wie es ihm gerade paßt.«

Er lacht.

»Das ist der Beitrag der tibetischen Gemeinde.«

»Gestern habe ich bei meinem Hotel eine Gruppe tibetischer Kinder beobachtet, die sich einen Spaß daraus machten, sämtlichen Abfall aus einer Mülltonne zu holen und überall zu verstreuen. Und ich habe mich gefragt: Was machen sie da? Warum?«

»Sie sind sieben oder acht Jahre alt«, erwidert er. »Sie sind in einer Abfallwelt geboren. Für sie ist die Natur voller Plastik, sie kennen gar nichts anderes. Sie wissen nicht, daß die Welt einmal schön war. Vielleicht werden sie niemals erfahren, was Schönheit ist.«

Wir sprechen natürlich auch über Malthus und einige andere, noch radikalere Denker wie den iranischen Propheten Mani aus dem 3. Jahrhundert, der die menschliche Fortpflanzung vollkommen verbieten wollte. Todessehnsucht, wie der Buddha sagte, ein dunkles Begehren, das Mani mit seinem Leben bezahlte.

Ich wiederhole meine Frage.

»Was können wir tun?«

»Wir haben nur eine Möglichkeit«, sagt er. »Erziehung. Das ist unsere einzige Waffe: das Beispiel, das wir anderen geben. Und diese Erziehung beginnt nach buddhistischer Auffassung mit dem Gedanken der wechselseitigen Abhängigkeit. Alles hängt von allem ab. Das Leben dieser spielenden Kinder ist unmittelbar mit dem schmutzigen Papier verbunden, das sie aus den Mülltonnen holen. Man muß es sagen, man muß es erklären, und vor allem muß man es beweisen.«

»Das ist eine mühsame Aufgabe.«

»Ja, eine Aufgabe, der wir uns Tag für Tag stellen müssen und die dennoch niemals beendet sein wird. Aber unser Überleben und die Qualität dieses Überlebens stehen auf dem Spiel. Diese gemeinsame Bewußtwerdung ist unerläßlich, wenn wir unsere Einstellung und unser Verhältnis zur Welt auch nur ein wenig verbessern wollen. Wir müssen die Isolation unseres Geistes überwinden und wieder eine Verbindung zum übrigen Universum aufnehmen. Sonst sind wir tatsächlich verloren. Verloren, weil abgesondert. Wir müssen unermüdlich aufzeigen, daß unsere Interessen die Interessen der anderen sind, daß unsere Zukunft die Zukunft der anderen ist. Und wenn ich ›die anderen‹ sage, dann meine ich nicht nur die anderen Menschen, die augenscheinlich unseresgleichen sind, sondern alle anderen Lebensformen auf dieser Erde und darüber hinaus.«

»Es geht also weder um Gefühle noch um Moral?«

»In erster Linie geht es um eine Tatsache.«

Jeder, der sich intensiv oder auch nur oberflächlich mit dem Buddhismus beschäftigt, wird auf die erstaunliche These stoßen, wonach das Mitgefühl, die Grundlage jeglichen Verhaltens, keineswegs nur in einem subjektiven Gefühl gründet. Selbst wenn wir uns nicht dagegen wehren können, hilft es praktisch gar nichts, Mitleid mit uns selbst oder dem Elend der anderen zu haben. Das buddhistische Mitgefühl hat nichts mit irgendwelchen Einzelschicksalen zu tun. Es gründet in einem sehr präzisen Wissen um unsere Zugehörigkeit zur Welt. In altehrwürdigen Texten heißt es, das Mitgefühl sei ohne Ursache, ohne Wärme, ohne Leidenschaft, unermüdlich und unwandelbar. Jacques Bacot schrieb 1925: »Es ist objektiv, kalt und metaphysisch. Es ist nicht spontan, sondern das Ergebnis langer Meditation... Es umfaßt alle Lebewesen, die durch ihre Leidenschaften in den Kreislauf der Wiedergeburt eingesperrt sind. Es ist universell, während unser Mitleid partikular ist.«

Es geht in erster Linie um eine Tatsache. Der Dalai Lama verweist auf das Offenkundige:

»Tatsache ist aber, daß wir nur eine Erde haben, daß sie unsere gemeinsame Mutter ist und daß jeder Schaden, den wir ihr zufügen, unvermeidlich auf uns zurückfällt. Wenn wir nicht auf die Erde achten, zerstören wir unsere eigene Zukunft.«

»Können wir unsere Zukunft noch retten?«

»Natürlich. Indem wir mit der Geburtenkontrolle beginnen und so rasch wie möglich für ihre Verbreitung sorgen. Zugleich können wir die Flüsse reinigen und die Böden und die Luft, die wir atmen. Wir können es schaffen. Es liegt nur an uns. Und das ist keine Frage des Gefühls oder der Moral. Unsere Zukunft steht auf dem Spiel.«

Ich erinnere ihn an die »jüdisch-christlichen« Wurzeln des Abendlandes und an jenen Mythos ganz zu Beginn der Genesis, in dem der Schöpfer dem Menschen die Macht über alle Lebewesen gibt, über die Fische im Wasser und die Vögel in der Luft, über das Vieh und sogar über die Tiere, die am Boden kriechen. Desgleichen über Pflanzen und Bäume. In einem zentralen Mythos, der, wie wir heute wissen, erst relativ spät aufgezeichnet wurde, spricht der Mensch sich in ein paar Sätzen die unbeschränkte Macht über die ganze Erde zu. Gewiß geschah das guten Glaubens und im Namen eines Gottes, der diesen Menschen als der eine und einzige Gott galt.

»Man kann nur schwer ermessen«, sage ich, »welchen Einfluß dieses alte Wort heute auf uns hat. Ich neige zu der Annahme, das es auf subtile Weise immer noch tief in uns fortwirkt und in all unserem Tun präsent ist.«

»Wirklich?«

»Die Menschen des Abendlands wiederholen seit Jahrhunderten, sie seien die Krone der Schöpfung und nach Gottes Ebenbild geschaffen. Und am Ende glauben sie es tatsächlich. Der Versuch, uns mühsam von diesem Mythos zu befreien, kommt nur langsam voran und muß immer wieder aufs neue begonnen werden. Noch vor zwanzig Jahren gab es nur wenige Menschen im Westen, die sich als untrennbaren Teil des Rades verstanden.«

»Die meisten von uns hielten und halten sich immer noch für jene, die das Rad in Bewegung setzen.«

»Gewiß. Sie haben von den Geschäftsleuten gesprochen, die hierherkommen, um einmal Ruhe zu finden und Sie um Rat zu fragen. Was sind sie schon im Vergleich zu den Millionen organisierter Manager mit Aktenköfferchen und tragbaren Computern, die nur das Ziel kennen, Bhumi noch stärker auszubeuten?«

»Es stimmt schon, daß der Westen von der Effizienz fasziniert ist. Und ohne Zweifel verdient diese

Effizienz in vielen Bereichen Bewunderung. Aber da möchte ich eine naheliegende Frage stellen: Warum verwendet man diese technische Effizienz nicht auf die Rettung allen Lebens? Das wäre ein großartige Aufgabe für die Menschheit, der es doch an einem großen Projekt, einem Ideal zu fehlen scheint.«

»Das ist schwierig. Die Gewißheit, daß wir allem anderen überlegen seien, kommt von so weit her...«

»Es ist schwierig, aber unerläßlich. Wenn wir das Problem des Überlebens nicht lösen, wird bald niemand mehr da sein, der das Problem auch nur formulieren könnte. Und der Buddhismus kann euch helfen. Zunächst einmal, wie gesagt, durch seinen ausgeprägten Sinn für die wechselseitige Abhängigkeit aller Lebewesen und Dinge. Das kann man gar nicht oft genug sagen. Und dann auch durch seine Haltung gegenüber der Wahrheit von Doktrinen.«

Darüber haben wir schon gesprochen, aber wir kommen darauf zurück (unser Gespräch ähnelt einem Geflecht, die Themen verschwinden und kommen wieder): Wenn die Wissenschaft den heiligen Schriften widerspricht, muß man die Schriften ändern. Der Dalai Lama räumt ein, daß dies nicht leicht ist, selbst innerhalb des Buddhismus. Aber es muß sein. Wir müssen sogar genau dort beginnen.

Wir müssen heilen. Sehr oft stellt Shakyamuni sich uns als Arzt dar: »Wie das ganze Meer vom Geschmack des Salzes durchdrungen ist, so hat meine Botschaft nur einen Geschmack: die Linderung.«

»Es kommt übrigens gar nicht so sehr auf die Identität des Arztes und das Heilmittel an, das er verschreibt«, sagt der Dalai Lama. »Der Buddha erzählt das berühmte Gleichnis des Mannes, der von einem Giftpfeil getroffen wurde. Er will sich nicht behandeln lassen, bevor er nicht weiß, wie der Mann heißt, der ihn angeschossen hat, welcher Kaste er angehört und aus welcher Familie er kommt, wie groß er ist und aus welchem Holz der Pfeil geschnitzt war. Und so stirbt er, bevor man sich seiner annehmen kann.«

Diese positive, pragmatische Einstellung, die unsere Denkweisen und Handlungsgewohnheiten ständig auf den Prüfstand stellt, ist das Rückgrat des Buddhismus, das Festigkeit und Geschmeidigkeit miteinander verbindet.

Obwohl der Buddhismus behauptet, jedes Ereignis habe seine Ursache und seine Wirkungen in dem großen Rad, das alles mit allem verbindet, weiß er theoretische Spekulationen notfalls auch hintanzustellen, wenn sie die rasche Versorgung einer Wunde verzögern.

Er akzeptiert sogar, daß bestimte Bereiche im Dunkeln bleiben. Der Buddha empfiehlt, besser gar nicht daran zu rühren: »Versucht nicht, das Unermeßliche mit Worten auszumessen und das Senkblei des Denkens ins Unergründliche hinabzulassen...«

Die Lehre hängt außerdem vom Verständnisniveau des Schülers ab. Immer wieder kommt mein Gesprächspartner auf den Gedanken des Niveaus, des Maßes, der Anpassung zurück. Shakyamuni scheint den Extrempositionen mißtraut zu haben, die im Sinne der Ewigkeit oder aber des Nihilismus interpretiert werden könnten (es gibt eine unabhängige Seele, die ewig ist, bzw. nichts existiert). Einer seiner Nachfolger, Maitreya, hat uns seine pädagogische Einstellung überliefert. Daraus ersehen wir, daß der Erleuchtete seinem eigenen Ansehen mißtraute und empfahl, nur dem Inhalt der Lehre zu vertrauen und nicht dem Lehrer; auch der Verführungskraft der Worte mißtraute er und gab einer schlichten, präzisen Sprache den Vorzug.

Und schließlich antwortete auf auf bestimmte Fragen mit Schweigen. Die Bereiche, die im Dunkeln belassen werden, in die das Senkblei des Denkens nicht eindringt, nennt man die »vierzehn unerklärbaren Sichten«.

Für uns westliche Wissenschaftler, die kein Gebiet der Erkenntnis unerforscht lassen wollen (selbst wenn dies gefährliche Folgen haben kann), sind diese vierzehn für immer unergründlichen Bereiche ein Mysterium und fast schon ein Skandal. Gott hat uns alles gegeben, sogar das Dunkle, damit wir Licht hineinbringen.

Zum Mysterium dieser uns so fernen Haltung, dieser auf immer unerforschlichen Fragen, kommt noch das Rätsel hinzu, das der Buddhismus an sich schon für uns darstellt. Da wir stets nach einer klaren Ordnung und nach präzisen Definitionen suchen, erscheint der Buddhismus uns oft zwiespältig; es ist, als bewegte er sich an der Grenze zum Widerspruch, wo alles verfließt. Ist der Buddhismus eine Religion? Ist er eine Philosophie oder ein ethisches System? Fragen, die ohne Antwort bleiben und fast schon deplaziert wirken. Der Buddhismus entzieht sich hartnäckig jeder Einordnung und bleibt letztlich ungreifbar. Manche fühlen sich davon abgestoßen (ist es zulässig, Probleme zu formulieren, für die es keine Lösung gibt?); andere kommen gut damit zurecht. All jene, die ihn praktizieren, betonen die Notwendigkeit der Erfahrung, da auch theoretisch Unentscheidbares dank des unerklärlichen Lebens seine Auflösung in der Erfahrung findet.

Ist unser Verhältnis zur Erde eines dieser Probleme, für die es keine Lösung gibt? Haben wir hier die fünfzehnte »unerklärbare Sicht«?

»Manche meiner Freunde«, sage ich, »sind anscheinend unfähig zu sehen, obwohl sie intelligent und gebildet sind. Bei einigen hat es sogar den Anschein, als erweiterte das angesammelte Wissen nur ihre Selbstgewißheit, so daß sie blind werden, statt aufzuwachen. Wie unerquicklich sind etwa die Debatten zwischen Wissenschaftlern, die sich weigern, Stellung zu beziehen, zum Beispiel in dem von Ihnen angeführten Fall der schwindenden Ozonschicht. Stets fehlt ihnen noch ein letztes Detail, eine kleine Berechnung. Die Zeit drängt, wie Sie sagen, das Gift des Pfeils tut seine Wirkung, aber sie sagen nichts dazu. Obwohl die Sache doch klar ist: Wir gehen überhaupt kein Risiko ein, wenn wir die Erde schützen, selbst für den Fall, daß sie gar nicht in Gefahr sein sollte.«

»Wenn wir dagegen gar nichts tun, wären alle Befürchtungen berechtigt.«

»Genau darum geht es. Wir müssen uns auf das Schlimmste gefaßt machen. Aber die Leute hören zu, nicken und sagen: Ja, ja, Sie haben recht...«

»Und dann vergessen sie es gleich wieder.«

»Die politischen Parteien, die die Ökologie für sich beanspruchen, zerfleischen sich gegenseitig.«

»Ja, der Wille zur Macht ist überall zu finden.«

»Und auch diese Frage bewegt uns: Muß die Umweltbewegung sich auf konkrete Aktionen beschränken, oder soll sie sich auf das Gebiet der Poltik wagen, wo die Entscheidungen gefällt werden, auch wenn sie damit Gefahr läuft, korrumpiert zu werden? Wir haben nicht alle dieselbe Antwort auf diese Frage.«

»Ich fürchte, wir stellen nicht einmal alle dieselbe Frage.«

»In einem Ihrer Bücher habe ich mit Freuden gelesen, daß Sie das Licht ausmachen, wenn Sie ihr Hotelzimmer verlassen.«

»Das ist richtig.«

»Ich mache es auch so, aus Gewohnheit. In meiner Kindheit galt Elektrizität noch als Luxus, und man hat mich so erzogen.«

»Ich weiß natürlich«, sagt er, »daß die Belastung der Erde dadurch nur in einem verschwindend geringen Maß abnimmt. Dennoch muß man dort beginnen. Man muß bei sich selbst beginnen, in der Hoffnung, daß einige in unserer Umgebung es uns nachtun und der Kreis sich dadurch langsam erweitert.«

»Dennoch haben die Generationen, die uns folgen und in der zweiten Hälfte des Jahrhunderts geboren sind, andere Gewohnheiten entwickelt. Die Elektrizität, die uns die alte Angst vor der Nacht vergessen läßt, ist zur Selbstverständlichkeit geworden. Nur wenige junge Leute in Europa oder den Vereinigten Staaten löschen das Licht, wenn sie ein Zimmer verlassen.«

»Sie haben die Nacht niemals kennengelernt, die dunkle Welt, den kostbaren Schein einer Kerze.«

»Sie sind wie diese Kinder, die gar nicht wissen, wie sauber und schön die Welt einmal war.«

»Und vergessen Sie nicht«, sagt er, »daß diese Unwissenheit den Stromproduzenten nützt.«

»Und denen, die ihn verkaufen.«

Wir haben noch weitere Gemeinsamkeiten. Wir beide sind in einem kleinen Dorf geboren. Wie alle Kinder auf dem Land angelte und jagte ich in meiner Kindheit. Ich wurde 1931 geboren, bin also vier Jahre älter als er. In seinen Memoiren berichtet er, vom Zweiten Weltkrieg habe er fast gar nichts bemerkt, während dieser Krieg für mich das große Ereignis meiner Kindheit darstellt. Er lebte damals in einer anderen Welt, die isoliert und voller Rituale war, schon als Kind auf geheimnisvolle Weise für die Funktion bestimmt, die er heute ausübt. Und dennoch habe ich manchmal das Gefühl, daß dieser Mann, der bald ernst, bald lächelnd zu mir spricht und oft sehr freundschaftlich meine Hand nimmt, zwei- oder dreitausend Jahre älter ist als ich. Er trägt einen ganzen Kontinent von Gedanken in sich, Bilder, Klänge, Empfindungen, die aus alter Zeit stammen und die er mit seiner Meditation lebendig hält.

Er ergreift wieder das Wort:

»Ich bin kein Fachmann für Erziehung. Tatsächlich kenne ich mich auf diesem Gebiet überhaupt nicht aus. Aber ich weiß, daß die eigentliche Antwort dort liegt. Die Formen unserer Erziehung wandeln sich ohne unser bewußtes Zutun. Im Westen übernimmt offenbar das Fernsehen langsam die Funktion, die früher der Lehrer innehatte. Ist das gut? Ist das schlecht?«

»Jedenfalls wird viel und lebhaft darüber diskutiert.«

»Man sagt mir auch, die jungen Leute in den Vereinigten Staaten und sogar in Europa würden immer egoistischer und grausamer; man spricht vom Dschungel der Vorstädte, von Banden junger, rauschgiftsüchtiger Gangster, von Steinen, die von Autobahnbrücken auf Fahrzeuge geworfen werden, und sogar von Kindern, die Verbrechen begehen. Ist das Ausdruck einer allgemeinen Dekadenz und der Wirtschaftskrise? Oder setzt das alltägliche Schauspiel der Gewalt unsere eigene Gewalttätigkeit frei?«

»Eine weitere Frage, die uns heute bedrängt.«

»Ich habe eine merkwürdige Beobachtung gemacht: Die jungen Tibeter, die in Indien geboren und aufgewachsen sind, scheinen mir sanfter zu sein als diejenigen, die in Tibet aufgewachsen sind. Sie gehören demselben Volk und derselben Kultur an, sie sprechen dieselbe Sprache, und dennoch sind sie verschieden. Aufgrund der unterschiedlichen Umwelt, nehme ich an.«

»Und dennoch ist Indien kein sonderlich friedliches Land.«

»Wer weiß? Überlegen Sie einmal. Ich weiß wohl, daß es in Indien Probleme gibt und daß sogar Blut fließt. Aber insgesamt kommen diese vielen Völker, die fast sechzig verschiedene Sprachen sprechen und den unterschiedlichsten Religionen anhängen, doch recht gut miteinander aus. Ich finde, das ist ein Beispiel, dem die ganze Erde folgen sollte. Man darf die Dinge nicht allzu schwarz malen. Auf Ihrem Weg hierher sind Sie durch den Pundjab gefahren. Dieses einstmals unruhige Land ist heute befriedet. Und es hat wieder zu seinem alten Reichtum gefunden. Denken Sie an die jungen Tibeter, die heute in Tibet jeden Tag dem Druck der chinesischen Besatzer ausgesetzt sind. Das ist zweifellos ein erster Grund für ihre Aggressivität: ein Leben ohne Glück, ein Leben, das ständig in Frage gestellt ist. Die systematische Unterdrückung führt zu Unzufriedenheit und dann sehr rasch zu Aggression.«

Er überlegt einen Augenblick, ohne daß ich ihn unterbreche, und fährt dann fort:

»Uns allen fehlt irgend etwas. Ich weiß nicht genau, was es ist, aber ich fühle es. Sie im Westen haben alles. Zumindest glauben Sie das. Auch wenn Sie gerade eine Krise erleben, sind die materiellen Güter doch alle da, und gewiß sind sie heute besser verteilt als früher. Jedenfalls behaupten Sie das immer wieder. Mir scheint aber, Sie leben in beständiger Anspannung, in unablässiger Konkurrenz, in einer endlosen Angst. Wer in solch einem Klima aufwächst, dem fehlt Zeit seines Lebens etwas.«

»Was fehlt ihm?«

»Etwas von unserer Tiefe, die zugleich angenehm und fruchtbar ist. Er bleibt an der aufgewühlten Oberfläche des Meeres und weiß nichts von der Ruhe, die darunter herrscht.«

Im Jahre 1973 besuchte der Dalei Lama erstmals den Westen. Seine Kenntnisse über unsere Lebensbedingungen und unser Denken sind wahrscheinlich ebenso begrenzt wie unser Wissen, wenn wir von einer Reise nach Indien oder China zurückkommen. Jede Realität ist komplex und in stetem Wandel begriffen. Wenn er mit wenigen Worten über den mechanistischen, merkantilen Westen spricht, greift er manchmal auch zu Klischees. Nicht alle im Westen haben Teil an dem unterstellten Komfort und den Wundern der Technik. Es gibt durchaus Lichtungen im Dickicht der vielzitierten Anspannung, der Hast und der gnadenlosen Konkurrenz. Auch wir haben unsere uneigennützigen Forscher, unsere Wohltäter, unsere Träumer. Wir haben sogar unsere Eremiten.

Auch begnügt er sich, wenn er über den Westen spricht, zuweilen mit kaum nuancierten Bildern. Wir machen es oft ebenso, wenn wir über die arabischen Länder, über Afrika oder über Japan sprechen; wir halten uns an die markanten Züge, die immer auch Vereinfachungen sind. Und der Buddhismus lehrt uns unablässig, daß jede Vereinfachung, die den Anspruch erhebt, eine Gesellschaft zu beschreiben, falsch und folglich gefährlich ist.

Als wir auf die Veränderungen zu sprechen kommen, die wir im Laufe unseres Lebens haben beobachten können, erzähle ich ihm von dem Buch *Der Konflikt der Generationen* der amerikanischen Anthropologin Margaret Mead, das Ende der sechziger Jahre für einiges Aufsehen sorgte.

Offenbar kennt er das Buch nicht.

»Weshalb sorgte es für Aufsehen?«

»Weil es in aller Klarheit die damals meistverbreiteten Gedanken aufnahm und weil es ein wirkliches Problem formulierte. In den traditionalen Gesellschaften, sagt Margaret Mead, veränderte die Welt sich von einer zur nächsten Generation nicht oder nur sehr wenig. Die Alten konnten all ihr Wissen über die Umwelt, das Leben, die Werkzeuge, die Sagen und die sozialen Beziehungen an die Jungen weitergeben. Und in einer unveränderlichen Welt waren die neuen Generationen auf dieses Wissen angewiesen. Als die Welt sich jedoch mit dem Anbruch der Moderne immer schneller zu verändern begann, wuchs der Abstand zwischen den Generationen. Und schließlich wurde ein Graben daraus. Die Jungen fragten sich, warum die Alten darauf bestanden, ihnen eine bestimmte Technik zu vermitteln, obwohl sie keine Verwendung mehr dafür hatten, oder warum sie bestimmte Bücher lesen sollten, obwohl sie ihnen langweilig erschienen.«

Er hört mir aufmerksam zu und nickt dabei mit Kopf.

»So habe ich noch mit acht Jahren von meinem Vater gelernt, wie man ein Pferd bei der Feldarbeit führt, und vieles andere mehr. Ich mußte alles über meine ländliche Umwelt lernen. Falls ich nicht allzuviel vergessen habe, bin ich heute wahrscheinlich einer der ganz wenigen europäischen Schriftsteller, die noch auf diese Weise zu arbeiten verstehen.«

Er lacht, und ich füge hinzu:

»Aber als wir 1945 vom Abwurf der Atombombe auf Hiroshima hörten, kamen die älteren Leute aus dem Dorf (ich war damals vierzehn) und fragten mich, was es denn mit dieser außergewöhnlichen Bombe auf sich habe, die mit einem Schlage eine ganze Stadt vernichten konnte. Ich ging aufs Gymnasium, und die Leute nahmen an, daß ich über diese Dinge Bescheid wüßte (was übrigens nicht der Fall war). Das Wissen ändert sich von Generation zu Generation. Heute sehen wir dasselbe auf dem Gebiet der Elektronik. Da muß ich dann oft meine Tochter um Rat fragen.«

Ich versuche ihm zu sagen, daß unser Bildungssystem seit dem Ende der sechziger Jahre nicht mehr recht weiß, was es vermitteln soll. Die alten Zitadellen des Wissens sind geschleift worden. Eine ganze Vergangenheit erschien uns plötzlich nutzlos. Das Lateinische geriet in Vergessenheit, die Mathematik trat in den Vordergrund. Die Schulausbildung erklärte sich für offen, flexibel, leicht und fast schon fakultativ. Es kam sogar vor, daß man die Schüler fragte, was sie denn lernen wollten. Diese Einstellung führte zu einer seltsamen, fast verkehrten Pädagogik; es fehlte nicht viel und sie hätte eine oder zwei Generationen von Ignoranten hervorgebracht. Danach kam der übliche Rückschlag und so weiter.

»Die Unsicherheit herrscht immer noch. Wie Sie sagen, spüren wir, daß das ganze System sich ändern muß. Aber in welche Richtung? Da gehen die Meinungen auseinander.«

Seine Antwort überrascht mich:

»Wenn die Polizei auf Flughäfen oder Bahnhöfen nach Rauschgift sucht, setzt sie Spürhunde ein. Und oft haben sie damit Erfolg, denn die Hunde haben bessere Nasen als die Polizisten. Das heißt aber nicht, daß die Polizisten nun von den Hunden lernen sollten.«

Ich kann ihm nur zustimmen. Und nach einiger Überlegung fügt er hinzu:

»Ich frage mich, ob der Wandel sich wirklich beschleunigt hat. Und welcher Wandel? Der Wandel der Technik ganz bestimmt. Wir haben all unsere Werkzeuge verbessert, manche sind ganz neu und erfordern ganz neue Fertigkeiten. Unsere Kleidung ändert sich mit der Mode, jedenfalls gilt das für Sie im Westen. Die Verkehrsmittel werden verbessert; unsere Weltsicht und unsere Glaubensvorstellungen ändern sich, denn wir leben alle in der Veränderlichkeit. Der äußeren Erscheinung nach verändern die Dinge sich also tatsächlich unablässig.«

Er schüttelt leicht den Kopf und fügt hinzu:

»Aber wir Menschen haben uns nicht verändert.«

3

Weder ich noch Gott

Auf der Grundlage einer persönlichen Erfahrung und jenseits jeder göttlichen Offenbarung bestreitet der Buddhismus in den Worten seines Gründers jegliche unabhängige Existenz des Ich. Hier stoßen wir auf ein einzigartiges Paradoxon in der Geschichte des Denkens: Was sämtliche Traditionen die »Seele« nennen, *atman* im Sanskrit, diese dauerhafte Entität, die uns überleben und ein oder mehrere andere Leben haben soll, diese vom Körper unterschiedene Realität, die dem Tod, dem Schlaf oder der Bewußtlosigkeit widersteht – diese Seele sucht der Buddhismus, ohne sie zu finden.

Selbst die moderne Vorstellung eines »ich« oder »Ego«, die nicht voraussetzt, daß die Seele nach dem Tode fortexistiert, sondern von einem greifbaren, abgegrenzten, dauerhaften Ich-Sein ausgeht, lehnt der Buddhismus energisch ab. Wenn wir »mein Körper« oder »mein Geist« sagen, dann setzen wir damit die Existenz eines personalen Wesens voraus, das diesen Körper und diese Seele besitzt und folglich von ihm unterschieden ist. Und ebenso ist es, wenn wir sagen: »meine Wünsche«, »mein Bedauern«, »meine Vergangenheit«, »mein Mut«. Dieses Wesen aber findet der Buddhismus nirgends.

Ja, er verdammt es sogar, denn in diesem illusorischen Glauben erblickt er die Ursache für Egoismus, Besitzstreben, Eifersucht, Dünkel und Mißgunst. Vom Streit zwischen einzelnen bis hin zum Ausrottungskrieg zwischen Nationen hat alles Leid, das uns bedrängt, seinen Ursprung in diesem absurden Traum, diesem Gefühl, etwas Anderes, Besonderes, Beständiges zu sein.

Wie das Blatt Papier, so stehen auch wir in Beziehung zu allen Dingen. Man kann uns in eine bestimmte Zahl von Elementen zerlegen, unsere Glieder, Teile unserer Glieder, die Atome, aus denen wir bestehen, die Tätigkeit unserer Verstandes; doch keines dieser Elemente kann den Anspruch auf die Totalität des Ich erheben. Dieses Ich entflieht, sobald wir es zu fassen versuchen.

Um diese Inkonsistenz zu beheben, die manche Dichter in wunderbarer Weise zum Ausdruck bringen, haben die Menschen – so sagt der Buddhismus – zwei Konzepte entwickelt, ein Schutzkonzept und ein Erhaltungskonzept. Das Schutzkonzept heißt Gott, es ist der allgegenwärtige, allmächtige Vater, der uns in unserer Schwäche Schutz bietet; das Erhaltungskonzept heißt Seele; sie soll ewig leben und uns in unserer Vergänglichkeit Trost spenden.

Die Gottesidee und die Idee der Seele sind beide tief in uns verankerte Grundirrtümer und zeugen nur von unserer Unwissenheit. Sie sind falsch und leer. Es sind »subtile geistige Projektionen«, die wir geschickt in Worte gekleidet haben. Sie haben eine nahezu unwiderstehliche Macht, weil sie aus unserer Lebensangst und unseren tiefsten Wünschen geboren sind. Der Mensch klammert sich so verzweifelt an diese Ideen, daß er Einwände dagegen nicht einmal hören möchte. Dennoch müssen wir uns von diesen Ideen freimachen, sonst ist Erleuchtung nicht möglich.

Der Buddha Shakyamuni wußte sehr wohl, wie

revolutionär diese Kritik an überkommenen Gefühlen und Gedanken war und wie schwer es den Menschen fallen mußte, sie zu akzeptieren. Er sagte es so: »Die Menschen, die von ihren Leidenschaften überschwemmt werden und in Dunkelheit gehüllt sind, können diese Wahrheit nicht sehen, die *gegen den Strom schwimmt*, die sublim, tief, subtil und schwer zu verstehen ist.«

»Gegen den Strom schwimmen« ist noch das mindeste, was man sagen kann, denn wir sind alle fest davon überzeugt, besondere, auf Dauer gestellte Individuen zu sein. Die meisten unserer Sätze beginnen mit »ich«. Alles sagt uns, daß wir aus unseren vergangenen Handlungen, unserem gegenwärtigen Zustand, unseren Projekten für die Zukunft bestehen, daß Veränderungen nur die Oberfläche betreffen und das Wesentliche in uns fortbesteht. »Du hast dich nicht verändert« ist einer der Sätze, die wir am häufigsten hören.

Man braucht nur in eine große Buchhandlung zu gehen und einmal all die Bücher zu zählen, die sich mit Problemen des Ich beschäftigen. Die Regale sind voll davon. Und trotz der großen Zahl sind all diese Bücher letztlich enttäuschend, denn wenn man sie liest, stellt man fest, daß seltsamerweise keines der dort beschriebenen Fallbeispiele auf uns zuzutreffen scheint.

Jedenfalls wird uns dieser Drang zur analytischen Zerlegung noch lange zu schaffen machen. Das westliche Recht etwa basiert hauptsächlich auf dem Gedanken eines von der Masse unterschiedenen, stets bedrohten und kostbaren Individuums, das eine wahrnehmbare und definierbare Realität darstellt.

Der Buddhismus behauptet hartnäckig das Gegenteil. Nichts in uns entgeht der Veränderung. Wir leben in einem unablässigen Strom von Beziehungen, die in jedem Augenblick unser Dasein bestimmen. Es ist gar nicht möglich, von unserem Ich oder unserem Sein zu sprechen. Die Buddhisten vermögen Descartes und seinem berühmten »also« nicht zu folgen. Nichts berechtigt uns, vom Denken auf das Sein zu schließen; beides sind nur Elemente im selben Strom der Veränderung. Statt »Ich denke, also bin ich« könnten wir geradesogut sagen, und zwar im Augenblick, da wir sprechen: »Ich denke, also denke ich«, oder wie Nietzsche: »Etwas denkt«.

Das Zerbrechen des Ego wird natürlich ergänzt durch eine vehemente Kritik am Gedächtnis und dem Begriff der Vergangenheit. Das dem Leben eigene Gefühl der Kontinuität ist nur eine weitere Illusion, ein nettes Spiel des Geistes. Die Vergangenheit – die wir im Geiste ständig rekonstruieren und modifizieren – ist wie die Zukunft eine Abstraktion, ein Konstrukt unseres Verstandes. Tatsächlich können wir kaum und allenfalls mit größter Vorsicht von Gegenwart sprechen.

Da wir dennoch eingestehen müssen, daß wir existieren (sonst wäre das Streben nach Erleuchtung unverständlich), räumt der Buddha ein, daß wir aus »fünf Aggregaten« bestehen. Ich kann hier nicht auf die komplizierten Einzelheiten eingehen, sondern will die fünf Aggregate, aus denen wir bestehen und auf denen unsere Gegenwart in der Welt basiert, nur aufzählen; es sind der Körper (das Stoffliche), die Empfindung, die Wahrnehmung, die Form (oder auch der Aufbau) und das Bewußtsein.

Aber Buddha fügt gegenüber seinen ersten fünf Schülern sogleich hinzu: »Der Körper ist nicht das

Ich, die Empfindung ist nicht das Ich, die Wahrnehmung ist nicht das Ich, der Aufbau ist nicht das Ich, und das Bewußtsein ist gleichfalls nicht das Ich...«

Keines dieser Aggregate kann also den Anspruch erheben, wir selbst zu sein (auch wenn einige Schulen das Gegenteil behaupten). Aber wenn man wählen muß? Wenn wir das tiefe Bedürfnis nach einer Grundlage, einem festen Halt verspüren? Dann, sagt der Buddha, wählt man am besten den Körper, denn zumindest zeigt er eine gewisse Beständigkeit, während »das, was wir den Geist nennen, ständig neu entsteht und vergeht«.

Ein tiefes Mißtrauen gegenüber unserem Denken also. Und ein absolutes Mißtrauen gegenüber unserer »Seele«.

Alle Nachfolger des Erleuchteten, gleich welcher Schule sie angehörten, haben diesen Punkt herausgestellt: Das Ich ist eine Illusion und die eigentliche Quelle des Leidens. Der Dalai Lama selbst hat diese hartnäckige Illusion als einen »überaus tief verwurzelten inneren Dämon« bezeichnet. Und er fügte hinzu:

»Der wahre Adept muß wie ein Soldat unablässig gegen seine inneren Feinde kämfen, deren Oberhaupt dieser Glaube an das Ich ist.«

Damit will ich nun zu seiner letzten Bemerkung zurückkehren:

»Aber wir Menschen haben uns nicht verändert.«

Wenn wir nur Unbeständigkeit und Illusion, nur ein unablässiger, unfaßbarer Strom sind, was in uns bleibt dann unverändert? Auf welche Elemente, aus denen wir bestehen, können sich unsere Anstrengungen richten? Was können wir in uns ändern?

Wir nehmen unser Gespräch dort wieder auf, wo wir es unterbrochen hatten. Heute ist ein anderer Tag. Seit gestern ist eine gewisse Zeit verstrichen, auf der Erde und ohne Zweifel auch anderswo sind inzwischen Milliarden von Dingen geschehen, deren unsichtbare Zeichen wir tragen.

Seit gestern ist die Weltbevölkerung um mehrere Millionen Menschen gewachsen. Der Dalai Lama kommt darauf zurück und fragt mich:

»Was kann ein aufrechter Katholik tun, wenn er die Bevölkerungsexplosion wie Sie und ich mit Sorge betrachtet und dennoch in seiner Tradition auf ein ernsthaftes Hindernis stößt, das er nicht ohne weiteres beiseite zu räumen vermag?«

»Sie meinen einen Katholiken, der wirklich an die Kraft der Wahrheit seiner heiligen Schrift glaubt?«

»Ja.«

»Das kommt selten vor.«

»Das heißt?«

»Ich habe kürzlich im französischen Fernsehen eine Reportage über eine aufrecht katholische Familie gesehen. Eine der Töchter, die sich als gläubige Katholikin bezeichnete, gab dennoch offen zu, daß sie vorehelichen Geschlechtsverkehr mit einem Freund hatte und die Pille nahm, um nicht schwanger zu werden. Es gibt überall Arrangements mit dem Himmel. Die Bibel erscheint den meisten Christen heute als archaisch. Ich spreche hier von Europa, wo das Bevölkerungswachstum äußerst begrenzt ist. In Afrika oder Südamerika stellt sich das Problem ganz anders dar.«

»Trotzdem die Frage: Gibt es innerhalb des Katholizismus einen Ausweg?«

»Ganz sicher, aber man verbirgt ihn. Wenn der

Papst den Afrikanern oder Mexikanern sagt, sie müßten alle Kinder haben, die Gott ihnen schickt (eine Redeweise, die dem Buddhismus ganz fremd ist), dann schmeichelt er damit vielleicht der Männlichkeit der afrikanischen Männer und nimmt ihnen in gewisser Weise etwas von ihrer Angst vor dem Alter. Viele Familien sind davon überzeugt, daß ein weiteres Kind – und vor allem ein Junge, so Gott will – eine weitere Stütze im Alter sein werde.«

»Ich weiß«, sagt er, »in Indien und China ist es genauso; auch hier denkt man, daß eine große Familie einen besseren Schutz vor dem Elend bietet.«

»Während die Erfahrung in Europa offensichtlich das Gegenteil beweist. Um gegen diese Vorstellung anzugehen, hat Cousteau, ein Franzose, den Sie gewiß auch kennen...«

»Wer?«

Seine Assistenten haben mich schon vorgewarnt: Seine Heiligkeit hat zwar ein ausgezeichnetes Gedächtnis für Gesichter, doch Namen vergißt er sehr leicht.

Lhakdor erinnert ihn auf Tibetisch, wer Cousteau ist.

»Ah ja, den kenne ich.«

»Um die Unsicherheit zu beheben, die den Menschen der Dritten Welt im Alter droht, hat er vorgeschlagen, jedem Familienoberhaupt eine ausreichende Altersversorgung zu garantieren. Dann könnte er darauf verzichten, möglichst viele Kinder als erhoffte Stütze seines Alters in die Welt zu setzen.«

»Aha.«

»Das ist eine einfallsreiche, indirekte, langfristig angelegte Lösung, die sich nur schwer verwirklichen läßt.«

»Woher soll das Geld kommen? Und wie soll man es verteilen?«

»Es werden viele Ideen produziert. Und viele wohlmeinende Menschen bemühen sich redlich. Wir beginnen langsam, Ökologie und Ökonomie miteinander zu vereinen: bleifreies Benzin, Reduzierung der Abgaswerte bei Automobilen, biologisch abbaubare Waschmittel, Recyclingpapier, Gemüse und Obst, die ohne chemische Hilfsmittel angebaut werden. Mit Mühe befreien wir uns von der Diktatur der Industrie, die unsere Eltern und Großeltern mehr als ein Jahrhundert lächelnd ertragen haben. Aber in Wirklichkeit liegt alles erst noch vor uns. Und nichts hat Aussicht auf Erfolg, wenn es uns nicht gelingt, das Bevölkerungswachstum einzudämmen. Das liegt auf der Hand, denke ich.«

»Ich sehe es genauso. Deutlich ist aber auch, daß die hohen religiösen Führer gewissermaßen unfähig sind, ihr Denken zu ändern.«

»Ganz offensichtlich.«

»Vor allem«, fährt er fort, »wenn es sich um eine brutale Veränderung handeln muß. Der Papst zum Beispiel sagt in seinen Botschaften an die katholischen Gläubigen immer nur dasselbe, und diese Äußerungen basieren auf sehr alten Glaubensvorstellungen. Selbst wenn er persönlich gewisse Veränderungen für erforderlich halten sollte (was wir nicht wissen), verbietet ihm die Institution, der er vorsteht, dies öffentlich zu sagen. Das ist einfach nicht möglich.«

»Was können wir hoffen?«

»Es muß alles von der sogenannten Basis ausgehen. Aus Gesprächen mit katholischen Mönchen und Nonnen weiß ich, daß es in dieser katholischen Gemeinschaft durchaus einzelne gibt, die unsere Befürchtungen teilen, die ähnlich denken wie wir und die auch sagen, daß möglichst schnell etwas getan werden muß. Von ihnen und vor allem von den Gläubigen muß der Impuls zur Veränderung ausgehen. Mit anderen Worten, sie müssen ein Klima schaffen, in dem solche Veränderungen möglich werden. Dann fielen die notwendigen Entscheidungen ihren Oberen auch sehr viel leichter.«

»Dann gibt es auch noch die Wissenschaftler.«

»Ja. Sie müssen den wichtigsten Beitrag leisten.«

»Aber auch die Wissenschaftler gehören Institutionen an. Die meisten leben gut. Aber sie haben große Schwierigkeiten, das Wort zu ergreifen, und die besten unter ihnen wissen das.«

»Sie müssen trotzdem sprechen, und zwar laut. Sie müssen klare Statistiken zusammenstellen und veröffentlichen. Sie müssen uns immer wieder sagen, mit welchen Zahlen wir zu rechnen haben.«

»Das haben sie durchaus schon getan, wenn auch recht selten. Wir lesen es, und dann vergessen wir es gleich wieder. Was kann es uns schon anhaben, daß etwa Nigeria in dreißig Jahren mehr als sechshundert Millionen Einwohner haben wird?«

»Aber die Wissenschaft hat nicht nur die Aufgabe zu forschen. Sie muß auch informieren, sonst ist die ganze Forschung zwecklos. Und das gilt nicht nur für die Weltbevölkerung, sondern auch für die Umwelt. Oder fällt Ihnen etwas anderes ein? Kennen Sie andere Mittel, mit denen wir die Hindernisse aus dem Weg räumen könnten?«

Ich weiß nicht, was ich darauf antworten soll. Ich sage, daß wir nur Vorschläge machen können; die Entscheidung liegt bei der Politik.

Er fragt mich:

»Könnte der Westen wirklich seine Lebensweise ändern? Wäre das vorstellbar?«

»Im Augenblick sind alle Augen auf die Arbeitslosigkeit gerichtet; dieses Problem verdunkelt alle anderen. Die Mittel, die man zur Bekämpfung der Arbeitslosigkeit vorschlägt, stammen sämtlich aus der Vergangenheit. Darin geht es immer nur um Wachstum und eine Wiederbelebung der Konjunktur, das heißt in jedem Fall um eine verstärkte Ausbeutung unseres bereits erschöpften Planeten. Neue, kraftvolle Ideen sind nicht in Sicht. Der Gedanke einer Änderung unserer Lebensweise erscheint da eher als eine Reise nach Utopia.«

»Sehen Sie in der Vereinigung Europas eine Hoffnung?« fragt er mich.

»In dieser Hinsicht ja.«

»Die Bedrohung der Umwelt macht nicht an Landesgrenzen halt.«

»Die weltweiten Wanderungsbewegungen auch nicht. Massen von Bettlern streifen heute durch Europa, das seine Dritte Welt zu Hause hat. Jedes Land des Westens hat heute seine zweite oder dritte Bevölkerung, die heimlich dort lebt. Auf mehr als zwanzig Millionen schätzt man zum Beispiel die Zahl der *indocumentados* in den Vereinigten Staaten, also der illegalen Einwanderer, die oft ohne feste Bleibe sind und von der Hand in den Mund leben. Was kann man da tun? Polizeiliche Maßnahmen sind weder moralisch wünschenswert noch erfolgversprechend. Jede Grenze hat zahllose Schlupflöcher.«

»Wir dürfen uns nicht entmutigen lassen und müssen es immer wieder sagen: Wir sind zu viele.«

Ich bin erstaunt – und erfreut –, welche Aufmerksamkeit der Dalai Lama den Problemen des Bevölkerungswachstums und der Umwelt schenkt. Ich hatte nicht erwartet, daß er sich so lebhaft dafür interessiert. Vielleicht zeigt sich hier eine erste Antwort auf das Paradoxon des Nicht-Ich. Auf der Suche nach seinem dauerhaften Ich entdeckt der Buddha die Gleichheit aller seienden Dinge, unter denen es keinerlei Rangordnung gibt.

Es kann keine Rede davon sein, daß der Buddhismus die Existenz der Welt oder unserer selbst leugnete. Tatsächlich führt das Ewigkeitsdenken (wonach das Wesen der Lebewesen und Dinge jenseits des Flusses allen Seins unveränderlichen Bestand hat), diese Einstellung radikalen Zweifels, letztlich zum Nihilismus und zu der Vorstellung, daß die Welt lediglich ein Konstrukt unseres Geistes sei.

Dieser Gedanke hat durchaus etwas Verführerisches. Selbst einige europäische Philosophen haben sich davon verführen lassen, etwa der Ire Berkeley (*Drei Dialoge von Hylas und Philonous*, 1712). Danach existiert die Welt nur durch unsere Wahrnehmung.

Die übergroße Mehrzahl der buddhistischen Schulen lehnt diese radikale Leugnung der Realität jedoch ab und stützt sich dabei auf einen Ausspruch Shakyamunis: »Es gibt sehr wohl etwas Ungeborenes, Ungewordenes, Nichtgemachtes, Nichtzusammengesetztes, und wenn es nicht existierte, könnten wir dem Geborenen, Gewordenen, Gemachten, Zusammengesetzten niemals entkommen.«

Der Dalai Lama sagt es auf seine Weise: »Wenn ich einmal an meiner Existenz zweifle, kneife ich mich.«

»Also keinerlei Besorgnis, daß wir nicht existierten?«

»Nein. Selbst wenn unser Wissen über die Welt und uns selbst nur Illusion ist, existiert doch ein ›Ungeborenes‹, ›Ungewordenes‹, ohne das wir nicht existierten. Aber unsere Existenzweise ist zugleich relativ (in bezug auf die Tätigkeit des Geistes) und bedingt (durch alle übrigenen Existenzen).«

»Es ist also unmöglich, das Ich außerhalb von Körper und Geist zu finden?«

»Unmöglich«, erwidert er. »Aber es ist auch unmöglich, unsere relative – und unausweichlich in einem Netz von Ursachen und Wirkungen gefangene – Existenz wahrzunehmen oder zu beschreiben, ohne zugleich auch die Existenz aller Dinge wahrzunehmen.«

»Mit denen wir untrennbar verbunden sind?«

»Genau. Unsere Existenz ist in keinerlei Hinsicht unabhängig. Aber zugleich ist sie alle Existenz.«

Und das gilt schon für den Körper, wie Shakyamuni sagt: »In unserem eigenen sterblichen Körper, der gerade einmal sechs Fuß in der Länge mißt, sind die Welt, ihr Anfang und ihr Ende und auch der Weg, der ins *nirvana* führt, beschlossen.«

Daher sind die »ökologischen« Positionen des Dalai Lama auch keineswegs bloß Ausdruck einer Mode oder die Frucht einer späten Einsicht in die drohende Zerstörung (wie es bei uns der Fall war). Sie gehören seit langem schon zum Kernbestand der buddhistischen Lehre, und vielleicht sogar zu seinen ursprünglichsten Momenten – mit dem Jainismus nämlich, einer anderen indischen Tradition, die um dieselbe Zeit entstand wie der Buddhismus und bis heute treu zu den Lehren ihres Gründers Mahavira steht. Ein wesentliches Moment dieser Lehre ist die Achtung vor jeglichem Leben. Auf den Straßen Indiens begegnet man Gruppen weißgekleideter Männer und Frauen, die bettelnd umhergehen und ständig einen Mundschutz tragen, damit sie nicht aus Versehen ein Insekt verschlucken. Bevor sie sich hinsetzen, streichen sie mit einem kleinen Besen über ihren Sitzplatz, um die winzigen Insekten zu verscheuchen, die sie sonst zerdrücken könnten.

In weniger extremer Form kennt auch der Buddhismus diese Grundeinstellung. Wir sind kein losgelöster Teil der Welt, wir sind die Welt.

Als der Dalai Lama mir sagte: »Aber wir Menschen haben uns nicht verändert«, da meinte er damit keinen irreduziblen Bereich, den wir – auf ewig unverändert – in uns trügen. Sein Ausspruch hatte eine scheinbar einfachere, in Wirklichkeit aber subtilere und umfassendere Bedeutung: Was sich nicht verändert hat, ist unser Verhältnis zur Welt. Nach zwei Jahrhunderten voll von Schießereien, Barrikaden, Streiks, sozialen Konflikten, atemberaubenden technischen Entwicklungen, ideologischen Wahnausbrüchen, wissenschaftlichen Erschütterungen, kleinen und großen Kriegen sind wir immer noch dieselben, hängen wir immer noch an dem, was wir zu wissen und zu beherrschen glauben. Und verwundert sehen wir eine schreckliche Gefahr auf uns zukommen, die wir nicht erwartet hatten, die Gefahr der Selbstzerstörung, die um so bedrohlicher ist, als unsere hartnäckigen Illusionen sie beständig nähren.

Und nun verstehe ich ihn ganz anders, als er energisch und mit wachsender Entschiedenheit fortfährt:

»Das eigentliche Problem der Dritten Welt ist die Unwissenheit. Denn neben der Bindung an die Sinne gehört auch die Unwissenheit zu den drei Behinderungen oder *kleshas*, die den Geist vergiften und am Grunde aller Geisteskrankheiten liegen. In der Dritten Welt ist die Unwissenheit zweifellos die schlimmste unter diesen Behinderungen. Ihnen im Westen wird unter dem Druck der Verhältnisse langsam klar, daß es so nicht weitergehen kann. Und auf Ihre Weise beginnen Sie, etwas zu tun und den Kampf aufzunehmen.«

»Einen Kampf, der allerdings zum Scheitern verurteilt ist, wenn er nicht weltweit geführt wird.«

»Genau. Die Menschen in der Dritten Welt brauchen Bildung, denn sie wissen nichts, das sehe ich hier um mich herum. Wir müssen diese Aufgabe energisch und ohne sentimentale Hemmungen anpacken. Das ist absolut notwendig. Auch auf die Gefahr hin, daß wir dadurch Mißverständnisse auslösen, müssen wir diesen Menschen sagen: Ihr seid auf dem falschen Weg; eure Bevölkerung wächst viel zu schnell; euer Elend wird dadurch nur noch schlimmer werden. Es ist richtig und ganz selbstverständlich, daß ihr bessere Lebensbedingungen wünscht. Aber das ist nicht für alle möglich. Ganz im Gegenteil.«

Ich erinnere ihn an einige Argumente der Gegner einer Eindämmung des Bevölkerungswachstums. Manchen Ländern wie Indien und vielleicht auch Mexiko scheint es besser zu gehen, seit ihre Bevölkerung eine Größe erreicht hat, die früher ganz unvorstellbar gewesen wäre. Die landwirtschaftliche Produktion hat sich verdoppelt, neue Produktionsbereiche sind hinzugekommen. Indien exportiert sogar Getreide.

Doch diese wirtschaftlich scheinbar günstige Situation ist nur eine Augenblickserscheinung. Jedes

Gleichgewicht, das man erreicht, wird sogleich wieder zerstört. Nichts vermag das Bevölkerungswachstum anzuhalten, nicht einmal in China, außer jenen kaum bekannten sozialen Mechanismen, die mit der Verbesserung der Lebensbedingungen zusammenhängen: Wer besser lebt, hat weniger Kinder. Aber offensichtlich handelt es sich hier um einen *circulus vitiosus*. Der Kuchen läßt sich nicht endlos vergrößern. Und die Verteilung des Kuchens erfolgt heute nicht gerechter als früher. Die Slums von Bombay und die Straßen von Delhi sind vollgestopft mit einer Zufallsbevölkerung, die keinen Zusammenhalt und keine Lebensgrundlage besitzt. Die Arbeitslosigkeit ist zu einer Geißel der ganzen Menschheit geworden, zusammen mit dem Betteln, ihrem alten Gefährten. Die alleingelassenen Indios von Chiapas erheben sich mit der Waffe in der Hand; die Völker von Ruanda massakrieren sich gegenseitig. Schon bald werden alle, die das »Glück« haben, überhaupt Arbeit zu haben, für zwei oder drei Menschen arbeiten. Hinzu kommt noch praktisch unausweichlich die wachsende Ausplünderung des Planeten.

Der Dalai Lama fährt fort:

»Die Menschen des Nordens (so nennt er den Westen: *the northeners*) sind niemals zufrieden. Sie haben alles und wollen ständig noch mehr. In anderen Länder wie Äthiopien leiden die Menschen an chronischer Unterernährung. Sie haben nichts, und morgen werden sie noch weniger als nichts haben. Wir müssen gegen diesen wachsenden Abstand kämpfen.«

Und mit großem Nachdruck fährt er fort:

»Das müßte unser Ziel sein: die beiden Welten einander anzunähern, bis sie beide ein ähnliches und wenn möglich gleiches Niveau erreicht haben. Ja, das müßte unser Ziel sein. Es ist ein gutes, sittliches Ziel, das jede Rechtfertigung hat.«

»Das ist leicht gesagt, oder?«

»Sicher. Aber zuerst müssen wir es einmal sagen, klar und deutlich sagen. Alle Probleme, über die wir hier sprechen und denen jeder einzelne in seinem alltäglichen Leben begegnet, Hunger, Arbeitslosigkeit, Kriminalität, Unsicherheit, psychische Krankheit, ansteckende Krankheiten, Rauschgift, Wahnsinn, Hoffnungslosigkeit, Terrorismus, all diese Probleme hängen mit dem immer breiter werden Graben zwischen den Völkern zusammen, den es aber natürlich auch innerhalb der reichen Gesellschaften gibt. In diesem Punkt ist der Buddhismus absolut kategorisch, und unsere jahrhundertelange Erfahrung gibt uns darin recht: Alles hängt zusammen, alle Dinge sind untrennbar miteinander verbunden. Deshalb müssen wir diesen Abstand verringern.«

»Und wie?«

»Wir müssen den Völkern der Dritten Welt mit Überzeugungskraft und gutem Willen, aber auch mit wissenschaftlicher Genauigkeit sagen: Wenn ihr wollt, daß eure Lebensbedingungen denen des Nordens ähnlich werden, müßt ihr eure Geburten beschränken. Wenn ihr das nicht wollt, braucht ihr alles übrige gar nicht erst zu versuchen.«

»Damit wären wir also wieder bei Erziehung und Bildung.«

»Zunächst geht es um Wissen und dann um Erziehung. Das läßt sich nicht voneinander trennen.«

»Aber die Zahl der Armen ist so groß, und sie können sich kein Gehör verschaffen. Wir vergessen sie nur zu leicht. Außerdem entscheidet der Westen bekanntlich über die Rohstoffpreise, von denen die labilen Volkswirtschaften der Länder des Südens abhängen.«

»Ich habe nicht gesagt, daß es leicht ist. Ganz und gar nicht. Ich habe nur gesagt, wo wir anfangen müssen.«

»Einige westliche Ethnologen und Denker, vor allem Claude Lévi-Strauss, haben sich gefragt, ob unsere Zivilisation nicht eine fatale, unwiderstehliche Anziehungskraft besitzt.«

»Das heißt?«

»Seit dem 18. Jahrhundert, seit Europa sich unter dem Druck der industriellen Entwicklung daran gemacht hat, die ganze Welt zu erobern, scheinen sämtliche Kulturen, die mit der unseren in Berührung kamen, dieser Verführungskraft sogleich erlegen zu sein. Sie wünschen sich unser Wissen, unsere technischen Fähigkeiten, unsere angebliche Herrschaft über eine unterworfene Natur und vor allem die Dinge, die wir produzieren. Lévi-Strauss fragt sich (in *Rasse und Geschichte*, Frankfurt am Main 1972), ob diese Verführungskraft nicht zu einer uniformen Einheitlichkeit der Welt führt, mit fatalen Folgen für beide Seiten. Eine einheitliche Weltkultur erscheint ihm unvorstellbar und in jedem Falle gefährlich. Er behauptet sogar – und steht damit keineswegs allein –, Kulturen lebten allein aus ihren Unterschieden und dem Vergleich oder Konflikt zwischen ihnen. Wenn eine dieser Kulturen alle übrigen verdrängte, wäre dies das Ende jeglicher Kultur im Sinne des anthropologischen Begriffs.«

Er bittet mich, diesen Gedanken noch etwas weiter auszuführen. Ich berichte ihm von einigen persönlichen Erfahrungen, von halbnackten, mit Federn geschmückten Indianern am Amazonas, die geschickt eine Videokamera handbaben. Wir meinen erkennen zu können, daß seit nahezu einem Jahrhundert alle Völker unsere »Mechanik« übernommen haben. Der persische Philosoph Daryusch Shayegan hat einmal gesagt, die außereuropäischen Völker hätten bis ins 19. Jahrhundert Dinge benutzt, deren Herstellung sie selbst kontrollierten (das gilt sogar für die Feuerwaffen); doch mit der Dampfmaschine und der Entstehung unabhängiger, steuerbarer Kraftquellen hätten sie sich an Motoren, Werkzeuge und sonstige Dinge gewöhnt, die sie nicht selbst herstellen (*Le Regard mutilé*, Paris 1989, und *Les Illusions de l'identité*, Paris 1992).

»Mir scheint«, sage ich ihm, »diese Entwicklung setzt sich fort und verstärkt sich sogar noch. Das ganze Wissen gehört dem Westen, der es abschirmt und ständig verfeinert.«

Er denkt lange schweigend nach. Bei diesem Schweigen glaube ich immer die Tiefe seines Denkens zu verspüren, als sammelten sich Jahrhunderte der Reflexion in diesem Mann und hülfen ihm, sich auszudrücken.

Dann sagt er schlicht:

»Ich bin nicht sicher, daß ich Ihre Auffassung teile.«

»Inwiefern?«

»Natürlich haben wir den Eindruck, daß alle Technik aus dem Westen kommt und aus Ländern, die mit dem Westen verbunden sind wie Japan. Aber ist diese mechanistische Zivilisation wirklich engstens mit dem Westen verbunden. Ich glaube nicht.«

Und als wäre es eine Selbstverständlichkeit, setzt er hinzu:

»Die Indianer am Amazonas wollen eine Kamera; und sie haben recht damit. Sie steht ihnen genauso zu wie einem Franzosen oder Deutschen. Die Kamera ist ihnen ja nicht schon deshalb fremd, weil sie sie nicht erfunden und gebaut haben. Sie tragen keine Kleider; das heißt aber nicht, daß ihnen Kleider fehlten. So ist das nun einmal; das ist alles.«

Hier begegne ich wieder dem konkreten, ganz an Tatsachen orientierten Denken, das den Buddhismus von jeher auszeichnet. Ich versuche einzuwenden, daß manche Indianer uns bis in die Kleidung hinein nachahmen. Sie bitten uns um ein Hemd und tragen es, ohne es jemals auszuziehen. Wenn es regnet, tragen sie es eben naß, so daß sie Gefahr laufen, Rheuma oder eine Lungenentzündung zu bekommen.

Aber ich finde gar keine Zeit. Der Dalai Lama fährt fort:

»Natürlich müssen wir die lokalen Traditionen achten und dürfen den Menschen nichts mit Gewalt aufzwingen. Aber die Not, die uns allenthalben begegnet, zwingt uns, etwas zu tun. Wir müssen für Nahrung, medizinische Versorgung und auch für technische Entwicklung sorgen. Wir können gar nicht anders. Die Technik an sich ist nichts Böses. Sie ist im Westen entstanden und hat sich rasch über die ganze Welt ausgebreitet. Dem Osten ist es nicht schwergefallen, sie zu übernehmen. In gewissen Dingen, zum Beispiel den Produktionskosten, ist er sogar effizienter. Offen gesagt glaube ich nicht, daß man die Technik mit dem Westen gleichsetzen kann. Sie ist unser gemeinsames Gut. Wer weiß, vielleicht sorgt sie sogar dafür, daß wir einander näherkommen und uns miteinander vermischen.«

»Es wäre also gefährlich, die Menschheit unter

dem Gesichtspunkt der Technik in zwei Teile zu spalten?«

»Ganz gewiß. Übrigens ist jede Aufspaltung der Menschheit gefährlich. Der Gesichtspunkt der Technik ist da nicht besser als andere. Was ein Mensch erfindet, ist gut für alle Menschen.«

»Bleibt noch die geistige Einstellung«, sage ich. »Das Gefühl der Überlegenheit.«

»Dieses Gefühl gibt es, das kann niemand bestreiten. Diese geistige Einstellung, wie Sie sagen, ist sogar untergründig mit dem jüdisch-christlichen Denken verbunden, mit der uneingeschränkten Macht über die Natur, die der Mensch sich selbst auf dem Umweg über Gott gegeben hat. Bei diesem Herrschaftsunternehmen, das bis zur heutigen Katastrophe der Umweltverschmutzung auch bestens funktioniert hat, ist die Technik ein unvergleichliches Werkzeug.«

»Zur Beherrschung der Natur und auch zur Beherrschung der Menschen.«

»Selbstverständlich. Und die Technik ist ganz einfach deshalb unvergleichlich, weil sie zu Ergebnissen führt. Und zwar sofort. Das ist nicht wie beim Gebet.«

Er lacht laut auf, dann fügt er hinzu:

»Wenn das Gebet zu Ergebnissen führt, so sind sie oft unsichtbar. Man muß ständig warten.«

Er nimmt seine Brille ab. Sein schönes, von einer hohen Stirn überwölbtes Gesicht erscheint plötzlich asiatischer, etwa so, wie man sich einen Zen-Meister vorstellt.

Einen Augenblick hält er die Brille in der Hand. Ebenso plötzlich, wie er zu lachen begonnen hat, hört er wieder auf und fährt fort:

»Die Menschen mögen es, wenn Ergebnisse sich sofort einstellen. Das ist ganz normal. Weshalb sollten sie darauf verzichten? Auch aufrechte Buddhisten haben Kameras und Uhren. Ich habe selbst eine. Schauen Sie nur.«

»Ich weiß sogar, daß Sie in Ihrer Jugend gerne Uhren repariert haben.«

Er lächelt bei dieser Erinnerung. In seinen Memoiren erzählt er, daß der Fund einer defekten Spieluhr – der Zar hatte sie einst seinem Vorgänger zum Geschenk gemacht – bei ihm schon in seiner Kindheit die Freude an solchen Bastelarbeiten geweckt hatte. Später zerlegte er dann gerne Uhren. Einige Staatschefs, darunter Roosevelt, schickten ihm Uhren zur Reparatur. Es gelang ihm nicht immer, sie wieder zum Laufen zu bringen.

»Andererseits«, fährt er fort, »wird ein Mensch mit einer ausreichenden spirituellen Grundlage nicht der Verführung durch die Technik und dem Wahn des Besitzstrebens verfallen. Er wird das rechte Gleichgewicht finden und nicht noch mehr haben wollen. Er wird sagen: Ich habe eine Kamera, eine zweite brauche ich nicht. Die Gefahr ist stets, daß man der Habgier Tür und Tor öffnet, und die Habgier gehört zu unseren schlimmsten Feinden. Auf diesem Gebiet muß sich die Arbeit des Geistes besonders bewähren.«

»Die spirituelle Grundlage, von der Sie sprechen, ist nicht gerade weit verbreitet.«

»Das ist schon richtig, aber wir arbeiten ständig daran, daß sie größere Verbreitung findet, auch in diesem Augenblick jetzt. Denn wem dieses aus Reflexion und heiterer geistiger Arbeit geborene Gleichgewicht fehlt, der ist zum Sklaven der Technik und der Habgier prädestiniert.«

»Sie glauben sogar, die wirkliche Arbeit des Geistes sei es, solche mechanischen Objekte zu produzieren. Darin erblicken sie den Triumph des Denkens und unser schönstes Werk. Sie verteilen Diplome und Auszeichnungen, streichen ihren Profit ein und sind rundum zufrieden.«

»Noch einmal: Die Technik an sich ist nicht böse. Sie ist nicht sündig, wie man bei Ihnen sagt (schon der Begriff der Sünde ist dem Buddhismus fremd). Dasselbe gilt für den materiellen Fortschritt wie auch für den Fortschritt im Bereich des Wissens. Aber ist der menschliche Geist so, wie er uns erscheint, überhaupt fähig, sich an diese Technik anzupassen, ohne sich daran zu berauschen?«

»Jede Technik hat etwas Faszinierendes. Es kommt immer der Tag, da behaupten jene, die sie beherrschen, daß sie sich selbst genüge und ohne das Denken auskomme.«

»Ein Grund mehr, auf diesem Punkt zu bestehen«, erwidert er. »Es ist unerläßlich, zu einem Gleichgewicht zu finden. Aber wir dürfen dieses Gleichgewicht nicht dadurch zu erreichen versuchen, daß wir das technische Niveau absenken. Das wäre absurd und wahrscheinlich auch nicht durchführbar. Wir müssen das Gleichgewicht suchen, indem wir das geistige Niveau erhöhen.«

Wir nähern uns immer mehr jenem Kernbereich, auf den der Buddhismus von jeher den größten Teil seiner Anstrengungen konzentriert, dem Bereich der geistigen Operationen nämlich. Alles führt uns unvermeidlich dorthin. Doch ich möchte nichts überstürzen. Ich spüre, daß mein Gesprächspartner die Entwicklung seiner Gedanken in die Länge zieht. Auch wenn er sich zu diesen Fragen schon geäußert hat, schätze ich es, daß er nach neuen Formulierungen sucht – die uns wieder an die Tore der Utopie führen, jenes Traums weltweiter Bildung und Erziehung, ohne die alles unmöglich erscheint, auch wenn man sie selbst für ein Ding der Unmöglichkeit zu halten versucht ist.

Er kommt auf den Gedanken zurück, wonach der Technik, diesem unausweichlichen menschlichen Werk, kein Vorwurf zu machen ist. Ihr Gebrauch sei gewiß oft verderblich, aber die Schuld treffe allein den Anwender. Schließlich verdamme man nicht das Streichholz statt des Brandstifters.

»Ich finde es erstaunlich«, fährt er fort, »daß technisch hochentwickelte Länder wie Ihres häufig einen anderen Mangel verspüren, gleichsam eine Leere, von der man mir oft berichtet hat. Eine geistige, eine spirituelle Leere.«

»Dieser Ausdruck erscheint mir zweideutig. Niemand kann behaupten, der Westen ließe seine Gehirne nicht arbeiten. Wir gehen sogar so weit, sie uns zu kaufen und untereinander abzuwerben.«

»Ich meine etwas anderes. Natürlich arbeiten die westlichen Gehirne, sie arbeiten sogar viel, aber stets nur in Richtung größerer Effizienz. Damit stellt der Geist sich in den Dienst der Ergebnisse. Und wie jeder Diener verzichtet er auf seine Unabhängigkeit. Ich spreche von einer anderen, tieferen Art spirituellen Lebens, die sich nicht so obsessiv an Zwecke bindet. In gewisser Weise schwächt die weltweite Invasion der Technik dieses geistige Leben überall dort, wo sie stattfindet.«

»Es gilt also, dieses geistige Leben wiederherzustellen?«

»Ja. Das ist ein dringende Aufgabe. Schon aus

rein egoistischen Motiven: Wir brauchen nicht mehr Technik, wir brauchen mehr Geist. Der Wunsch nach Konkretem ist dem Menschen angeboren. Das ist ganz normal. Wir wollen sehen, wir wollen fühlen, wir wollen Dinge haben. In dieser Hinsicht hat das 20. Jahrhundert wahrscheinlich noch unsere ältesten Träume weit überflügelt. Die Menschen haben Dinge geschaffen, über die sie sich selbst wundern. Das ganze Spektrum der Wünsche ist erkundet und vielfach auch erfüllt worden.«

»Zumindest in der Theorie. Aber man muß sich diese Dinge auch leisten können.«

»Natürlich. Außerdem ist nichts für die Ewigkeit; nichts ist stabil. Der Buddhismus ist in diesem Punkt äußerst nützlich. Er hilft den Menschen, sich auf den Zusammenbruch der Reiche und der überkommenen Ideen vorzubereiten. Auch auf den Zusammenbruch unserer Wünsche.«

»Ende der sechziger Jahre glaubten wir, die körperliche Liebe sei wie durch ein Wunder von den alten Zwängen befreit. Die Medizin hatte die Geschlechtskrankheiten unter Kontrolle gebracht und vor allem den Frauen die Angst vor ungewollter Schwangerschaft genommen. Dann tauchte aus dem Nichts plötzlich Aids auf. Seitdem ist Sexualität wieder eine schrecklichere Bedrohung als jemals zuvor.«

»Es kann geschehen, daß die Macht, die wir über die Dinge haben, uns in einen Rausch versetzt. Dann können wir unseren Appetit nicht mehr zügeln. Wir wollen immer mehr. Statt das Feuer zu drosseln, fachen wir es an. Statt nach innerer Abrüstung zu streben, der einzigen, auf die es ankommt, vermehren und perfektionieren wir unsere Eroberungswerkzeuge. Und wir vergessen sogar zu prüfen, ob die Erfüllung unsere Wünsche tatsächlich unseren Erwartungen entspricht.«

»Ja, das ist ein wichtiger Gedanke, der viel zu wenig Beachtung findet. Oft geben wir uns mit beliebigen Dingen zufrieden. Es genügt schon, wenn das *Bild* des gewünschten Objekts unserem Wunsch entspricht. Dabei vergessen wir die wahre Qualität.«

»Und wir vergessen, daß die Wünsche meines Nachbarn nicht notwenig dieselben sind wie meine eigenen.«

»Ja«, sage ich, »unsere Welt scheint immer gleichförmiger zu werden, und dennoch ist es schwieriger denn je, etwas Universelles darin zu finden...«

»Wie den Buddhismus!«

Und er lacht.

Wir sprechen eine Weile über Afrika, einen Kontinent, den manche schon fast für verloren halten. Bedrohlich ist nicht nur die wirtschaftliche Abhängigkeit, auch die Kultur ist gefährdet. Ich erzähle von den Proben, die etwa ein afrikanischer Regisseur zu bestehen hat, wenn er einen Film drehen möchte. Ein initiationsähnlicher Weg, der nur selten ans Ziel führt. Dieser Kontinent, in dem das gesprochene Wort und die erzählte Geschichte aus dem Munde des Sängers und Geschichtenerzählers von jeher eine große, unverzichtbare Rolle gespielt hat, dieser Kontinent hat heute Schwierigkeiten, sich seine eigenen Geschichten mit den modernen Mitteln des Radios, Fernsehens oder Buches zu erzählen. Die Bewohner jener afrikanischen Länder, in denen es Fernsehen gibt, sehen ständig nur amerikanische Serien, Geschichten, die anderswo fabriziert worden sind und niemals von ihnen handeln. Eine Form des modernen Ausschlusses:

das Fehlen eines Spiegels. Und dieser Ausschluß ist um so verhängnisvoller, als das Bild der Vereinigten Staaten, das die Serien zeichnen, gleich doppelt falsch ist. Die Welt reduziert sich nicht auf Kalifornien, das liegt auf der Hand, aber Kalifornien, selbst ein komplexes Land, das voller Kontraste steckt und sich ständig verändert (in Los Angeles gibt es mehr Obdachlose als in Dakar), läßt sich keineswegs auf die ewigen sentimentalen Konflikte zweier Blondinen am Rande eines Swimming-pools oder die stets siegreichen Abenteuer zweier lässiger Polizisten und Weiberhelden reduzieren.

Afrika ist unfähig, seine heutigen Gebrauchsgegenstände wie Kameras, Traktoren, Flugzeuge oder Computer selbst herzustellen – und der Westen tut offenbar alles, um diese Unfähigkeit aufrechtzuerhalten. Es steht zu fürchten, daß dieses Unvermögen von Dauer sein wird. So fragt sich denn, ob Afrika uns irgend etwas im Austausch für diese Dinge zu geben vermag. Etwas von seiner Weisheit, seiner Phantasie und auch von seiner Spiritualität, die tiefer ist, als wir meinen.

Ich bin nicht sicher, und mein Gesprächspartner ebensowenig, ob solch ein Austausch noch möglich ist. Wir erhalten immer weniger von Afrika. Immer mehr Stimmen verstummen, weil sie sich kein Gehör verschaffen können. Ein ganzer Kontinent droht in Schweigen und Vergessenheit zu versinken. Zum physischen Elend kommt noch die Isolation hinzu – und das Schweigen.

»Was können wir von Asien erwarten?«

Ich sehe, daß es keine präzise Antwort auf meine Frage gibt. Sie ist zu unbestimmt. Geradesogut könnte ich fragen, welche Beziehungen heute zwischen

Asien und Afrika bestehen. Niemand auf der Welt könnte diese Frage beantworten.

Während der Dalai Lama mich anschaut, ohne meine Frage zu beantworten, sage ich:

»Seien wir ehrlich: Im Westen ist das Christentum nur noch eine oberflächliche Angelegenheit. Ein Stück gesellschaftlicher Verpflichtung oder bloßer Zierrat.«

»Das ist ein Teil des Problems«, erwidert der Dalai Lama. »Die Religion erfüllt ihre Aufgabe nicht mehr.«

»Falls sie diese Aufgabe überhaupt jemals erfüllt hat. In seiner ganzen Geschichte hat das Christentum sich eher mit den Problemen dieser Welt oder gar mit der Ausübung von Macht beschäftigt als mit dem eigentlich spirituellen Bereich.«

»Der sogenannte spirituelle Bereich«, sagt er, »beschränkt sich in allen Religionen vielfach auf das Vorlesen und Kommentieren der heiligen Schriften, als wäre die ganze Wahrheit des Geistes seit zweitausend Jahren gegeben, so daß man sich damit begnügen könnte, sie ständig zu wiederholen.«

»Während das Wesen des Geistes, wenn ich Sie richtig verstehe, gerade darin liegt, sich ständig aufs neue zu befragen.«

»Jedenfalls hat der Geist die Fähigkeit, das zu tun.«

Ich weiß natürlich, daß die alten heiligen Schriften auch im Buddhismus beträchtliche Macht besitzen, doch mein Gesprächspartner hat mir bereits zweimal gesagt, wenn eine moderne Entdeckung den Schriften widerspreche, müsse man diese ändern.

»Ich suche nach etwas«, sage ich, »das ich bei uns, in unseren religiösen Traditionen und Schriften, nicht mehr finde. Wenn ich den Hl. Thomas oder den Hl. Augustinus lese, habe ich nie das Gefühl, daß sie von mir sprechen. Auf jeder Seite tritt mir mit erdrückender Gewalt das Göttliche entgegen. Da ist es mir unmöglich, unser Credo zu vertreten.«

»Credo?«

Offenbar kennt er das Wort nicht. Mit meiner Unterstützung erklärt Lhakdor ihm die Bedeutung.

Ich fahre fort:

»Ich kann nicht einmal mehr in einem allegorischen Sinne glauben, daß Gott den Himmel und die Erde, dann das Licht, dann Tag und Nacht, die Sterne *et cetera* geschaffen hat.«

Er lächelt, während er mir zuhört.

»Ich frage mich: Was war denn der Himmel ohne die Sterne? Was war das Licht ohne den Tag? Ich kenne Millionen von Fragen, die diese mythischen, lange Zeit – und von manchen sogar noch heute – für historisch gehaltenen Texte aufwerfen. Aber das interessiert mich gar nicht. Ich finde in diesen mühsamen Entschlüsselungsversuchen nichts, das mir des geistigen Lebens, wie Sie es genannt haben, würdig erschiene. Übrigens möchte ich Sie fragen: Ist es nicht ein schwerer Irrtum, gewissermaßen ein Grundirrtum, das spirituelle Leben mit dem religiösen Leben zu verwechseln?«

»Dies sind verschiedene Dinge, da gibt es gar keinen Zweifel. Ich hatte schon oft Gelegenheit, darauf hinzuweisen [insbesondere in *Die Bodhgaya-Interviews*, 1989]. Unsere Schriften behaupten, der Mond befinde sich hundert Meilen über der Erde, und der Mittelpunkt der Erde sei der Berg Meru. Wenn es diesen Berg gäbe, hätten wir ihn schon längst finden müssen oder zumindest ein paar Hinweise auf seine

Existenz. Da dem nicht so ist, müssen wir von der Wortbedeutung der Schriften abrücken.«

»Und wenn manche sich weigern?«

»Dann ist das ihre Sache. Es wäre nur Zeitverschwendung, mit ihnen darüber zu diskutieren.«

Ein Jahr vorher hatte ich im französischen Fernsehen einen recht beunruhigenden Bericht über eine Rabbinerschule mitten in Paris gesehen. In Übereinstimmung mit den jüdischen Schriften bringen die Lehrer dort ihren Schülern bei, die Erde sei vor etwas mehr als sechstausend Jahren von Gott geschaffen worden, und all die angeblichen paläontologischen Funde, die von Wissenschaftlern erforscht und ausgewertet werden, habe der Teufel ausgelegt, um uns in die Irre zu führen. Eine seltsame Vorbereitung auf das 20. Jahrhundert. Was würde wohl Margaret Mead davon halten? Arme Kinder, die einen Großteil ihres Lebens damit zubringen werden, wieder zu verlernen, was sie zu wissen glaubten...

Anders als die meisten Religionen und insbesondere die monotheistischen, die auf einem von der Vernunft nicht anzutastenden, oft als »blind« bezeichneten Glauben basieren, betont der Buddhismus immer wieder die Bedeutung der Erscheinungen, die wir sehen, berühren und verstehen können. Das Sanskritwort *sraddha*, das wir gewöhnlich mit »Glauben« übersetzen, bedeutet eigentlich »in Überzeugung gründendes Vertrauen«.

»Der Glaube in dem Sinne, wie Sie ihn verstehen«, sagt der Dalai Lama, »spielt im Buddhismus nur eine begrenzte Rolle. Schon der Gründer verweist uns immer wieder auf unsere eigene persönliche Verifikation, und seine Lehre fordert uns ständig auf, ›selbst zu sehen‹. Sie verbindet uns nicht die Augen und fordert bedingungslosen Glauben, sondern bemüht sich im Gegenteil, uns jede Beschränkung zu nehmen und unseren Blick zu schärfen. Der Glaube beginnt erst dort, wo der Blick endet.«

Einem Schüler, der ihn nach der alten, durch die Brahmanen von Generation zu Generation weitergegebenen Wahrheit fragte, antwortete Shakyamuni, daß keiner dieser Brahmanen die Wahrheit jemals persönlich gesehen und berührt habe. Alle begnügten sich damit, sie wie eine gut gelernte Lektion zu wiederholen. Und er verglich diese Generationen von Brahmanen mit einer lange Kette von Blinden: Jeder klammert sich an den vorangehenden, und keiner sieht.

Natürlich müssen wir dieses Bild ein wenig nuancieren. Denn hinsichtlich der Worte des Erleuchteten hat sich solch ein »Vertrauen« entwickelt, daß man durchaus sagen kann, die Wahrheit dieses Wortes sei Gegenstand eines Glaubens geworden, zumindest im Volk. Übrigens hat der Buddhismus den Begriff des Glaubens ebenso analysiert und erklärt, wie er es mit all unseren Begriffen tut. Doch auf höherem Niveau, dort, wo Spekulation, methodischer Zweifel und ausgefeilte Rededuelle ihren Platz haben, verliert das Autoritätsprinzip zunehmend an Bedeutung. Während all unserer Gespräche hat der Dalai Lama mir nie eine Behauptung entgegengehalten, die man als dogmatisch bezeichnen könnte. Er hat nie gesagt: Das ist so, weil es so ist oder weil der Buddha es gesagt hat oder weil es in dieser oder jener Schrift steht.

Die einzige Ausnahme bildet hier vielleicht das Thema der Reinkarnation.

Wir werden darauf zurückkommen.

Im Innern bin ich dir ähnlich

In der Ausgabe vom April 1925 findet sich in der Zeitschrift *La Révolution surréaliste* folgender Gemeinschaftstext mit dem Titel »An den Dalai Lama«:

Wir sind Deine treuen Diener, Großer Lama, schenke uns Dein Licht, in einer Sprache, die unserem unreinen europäischen Geist verständlich ist, und wenn es nötig sein sollte, ändere unseren Geist, sorge dafür, daß unser Geist sich ganz jenen Gipfeln der Vollkommenheit zuwendet, auf denen der menschliche Geist nicht mehr leidet.

Schenke uns einen Geist ohne Gewohnheiten, wirklich gefroren im Geist, oder mit reineren Gewohnheiten, den Deinigen, wenn sie denn gut für die Freiheit sind.

Wir sind umgeben von groben Päpsten, von Literaten, Kritikern, Hunden, unser Geist ist unter die Hunde gefallen, deren Denken sich nicht über den Boden erhebt und unabänderlich der Gegenwart verhaftet bleibt.

Lehre uns, Lama, die materielle Levitation des Körpers, lehre uns, wie wir vom Boden abheben können.

Denn Du weißt sehr wohl, Du annehmbarer Papst, Du Papst im wahren Geiste, welche transparente Befreiung der Seele, welche Freiheit des Geistes im Geiste wir meinen.

Mit meinem inneren Auge schaue ich Dich, o

Papst, auf dem Gipfel des Inneren. Im Innern bin ich Dir ähnlich, ich, Drang, Idee, Lippe, Levitation, Traum, Schrei, Verzicht auf die Idee, in der Schwebe zwischen allen Formen und nur noch auf den Wind hoffend.

Dieser jungenhafte Text (Breton, Aragon, Artaud, Éluard, Desnos, der den Text redigierte, und die übrigen Mitglieder der Gruppe waren damals zwischen fünfundzwanzig und dreißig Jahren alt) zeigt noch heute in aller Deutlichkeit, was uns am Buddhismus faszinieren kann: nicht der Glaubenswechsel und auch nicht der bloße Austausch eines Rituals durch ein anderes, sondern eine wirkliche Metamorphose des Geistes, die den Surrealisten zutiefst am Herzen lag. »Im Innern bin ich dir ähnlich« ist in dieser Hinsicht der klarste Satz.

Wir können uns die Mitglieder der Surrealistengruppe zwar kaum beim Drehen von Gebetsmühlen vorstellen, wohl aber auf der Suche nach »reineren Gewohnheiten« und einer immer höheren Qualität des Geistes, die sie auf den »Gipfel des Inneren« führt. Gerade auf diesem Gebiet läßt der Buddhismus unermüdlich seinen Ruf ergehen.

Ich bin bei diesem »annehmbaren Papst«, und wir nehmen unser Gespräch wieder auf.

Dieses Gespräch führt uns immer wieder zum Problem der Unwissenheit und der Erziehung. Fern von jeder magischen Erleuchtung betont der Dalai Lama die Geduld, die Schwierigkeiten und die mühsame tägliche Arbeit.

Wir sprechen auch über die geistige Unordnung,

die im Westen herrscht; in seinen Augen fehlt uns eine Dimension, da wir uns bereitwillig der Oberhoheit der Materie überlassen. Unsere Päpste sind in der Tat grob; es fehlt ihnen an Lächeln und Gastlichkeit. Sie weisen den Wind ab; Träume und Schreie sind ihnen ganz offensichtlich lästig.

Ich sage dem Dalai Lama, daß nicht nur unsere Religion uns monoton und steril erscheint, auch im Bereich der neueren republikanischen Traditionen sind inzwischen manche bürgerlichen Lehrstoffe aus unseren Schulen verschwunden. Alles, was unserem Leben einen gewissen Halt geben könnte, verbannen wir nach und nach zugunsten eines konkreten, nutzbaren Wissens. Vielleicht glaubt man, Republik und Demokratie seien hinreichend verankert und bedürften keiner Unterstützung durch die Schule mehr. Aber da habe ich meine Zweifel. Ich sehe vielmehr, daß die Demokratie bedroht ist. Ich glaube zwar, daß sie stark ist und daß die Erfahrung diese Stärke beweist. Aber nicht alle sind meiner Meinung. Auch denke ich manchmal, unser politisches System braucht Mythen, Symbole und vielleicht sogar einen Katechismus. Und dann sage ich mir, daß diese Elemente wie auch in anderen Bereichen notwendig einem unerbittlichen Verfall ausgesetzt sind und sehr schnell veralten. Deshalb nehme ich es wie die meisten meiner Zeitgenossen einfach hin, daß sie verschwinden.

Der Dalai Lama kommt auf meine Frage nach dem spirituellen und dem religiösen Leben zurück.

»Die Frage, die Sie da aufgeworfen haben, ist äußerst wichtig. Wir müssen darauf zurückkommen. Viele glauben, spirituelles und religiöses Leben seien dasselbe. Viele religiöse Oberhäupter erklären den spirituellen Bereich hochmütig zu ihrer ureigensten

Domäne. Wenn jemand die Religion ablehnt, lehnte er danach auch jegliche spirituelle Erfahrung ab.«

»Und das ist keineswegs gerechtfertigt. Weshalb sollte das spirituelle Leben notwendig mit einem Glauben an Übernatürliches verbunden sein? Genausogut könnten wir das Gegenteil behaupten und sagen, wer glaubt, der gebe den Geist auf.«

»Das könnte man tatsächlich sagen. Ich möchte niemanden von seinem Glauben abbringen, sofern er ihn tolerant ausübt. Aber sehen Sie nur, wohin es führen kann, wenn man Religiosität und Spiritualität miteinander verwechselt: Stellen Sie sich einen Menschen vor, der über Wohlwollen oder Vergebung oder auch über das Mitgefühl spricht, diese Einstellung, die, wie Sie wissen, zu den Grundlagen des Buddhismus gehört. Ein anderer, der keine religiösen Gefühle kennt, hört ihm zu und meint achselzuckend: Das ist ja alles Religion, das interessiert mich nicht.«

»Und damit hat er offensichtlich unrecht.«

»Absolut. Er ist den Worten aufgesessen. Die Worte ›Mitgefühl‹ oder ›Barmherzigkeit‹ haben ihn blind gemacht. In Wirklichkeit geht es um rein menschliche Qualitäten. Wir brauchen keine göttliche Offenbarung, um das zu erkennen. In der Theorie treten natürlich alle Religionen für Mitgefühl ein und auch für Toleranz, Großzügigkeit, Liebe zur Erkenntnis und für alle guten menschlichen Eigenschaften.«

»Aber sie können sie nicht für sich allein beanspruchen.«

»Keinesfalls. Dazu haben sie kein Recht. Sehen Sie sich nur die Tiere an. Man kann sagen, in gewisser Weise helfen sie sich gegenseitig, sie zeigen eine gewisse Toleranz und sogar Mitgefühl. Aber natürlich dürften die menschlichen Gefühle auf diesem Gebiet tiefer und dauerhafter sein. Wenn Menschen den höchsten Grad menschlicher Qualität erreichen, können sie vollkommen uneigennützig handeln, und das scheint mir bei Tieren sehr viel seltener oder sogar niemals vorzukommen. Auf dieser spezifisch menschlichen Grundlage habe wir nach und nach bestimmte Konzepte geschaffen, die von Kultur zu Kultur variieren, zum Beispiel den Schöpfergott, das Paradies, die Hölle...«

»Das ewige Leben.«

»... *nirvana*, *moksa*, also die Befreiung von allen Beschwernissen, und noch viele andere. Es kann vorkommen, daß man für diese Konzepte universelle Geltung beansprucht, also für alle Menschen ohne Ansehung der Rasse, der Tradition, des Charakters.«

»Beansprucht und oft auch mit Gewalt durchsetzt.«

»Ja, leider. Aber man kann auch wie der Buddhismus sagen, daß nur die wahren Gläubigen diese Konzepte strikt zu beachten haben. Den anderen kann man sie vorschlagen, ohne sie ihnen aufzuzwingen. Obwohl wir sie für universell halten, respektieren wir doch, daß die Eigenheiten der anderen es ihnen verbieten, sie zu akzeptieren. Jeder muß die Freiheit haben, einen Glauben oder bestimmte Konzepte zu akzeptieren oder abzulehnen.«

»Der Mensch hat die Freiheit, selbst zu bestimmen, woran er glaubt?«

»Natürlich.«

»Der Westen hat sich lange mit dieser angeblichen Freiheit auseinandergesetzt. Sind wir nicht durch unsere Umwelt bestimmt, durch den Glauben, der dort herrscht, durch unsere Kindheit, durch all die mehr oder weniger deutlichen Elemente, aus denen wir zusammengesetzt sind?«

»Ganz gewiß. Deshalb ist die Aufgabe so schwierig. Aber ich kann sagen, daß der Mensch auf einem gewissen Reflexionsniveau stets die Wahl hat. Er kann diese Freiheit erwerben und sich von allem befreien, was ihn hemmt. Und er muß es tun. Ich habe einmal gesagt, daß Gott, wie ich ihn sehe, irgendwann eingeschlafen sein muß. Sie denken sicher, das war ein Scherz, denn wir kennen keinen Schöpfergott. Aber es stimmt schon: Wenn Gott schläft, ist es an uns, aufzuwachen.«

»Wir können nicht all unser Leid Gott zuschanzen.«

»Und auch nicht dem Schicksal oder dem *karma*, also unserem Gesetz der Verkettung von Ursachen und Wirkungen. Das wäre doch allzu feige. Wenn es stimmt – wie ich glaube –, daß die Vielfalt der religiösen Einstellungen Ausdruck der menschlichen Vielfalt ist, dann können wir unsere Einheit nicht in einem einheitlichen Glauben finden.«

»Sondern im Handeln?«

»In verantwortlichem, überlegtem Handeln. Schon der gesunde Menschenverstand sagt uns, daß wir auf einem Gebiet wie der Umwelt, über die wir uns so ausführlich unterhalten haben, zu einem gemeinschaftlichen Handeln finden müssen.«

»Kann man ohne Religion leben?«

»Aber natürlich. Rechnen Sie einmal nach: Fünf Milliarden Menschen leben auf der Erde. Davon haben drei Milliarden überhaupt keine Religion. Von den zwei Milliarden, die sich zu einer bestimmten Religion bekennen, dürfte in meinen Augen allenfalls die Hälfte wirklich gläubig sein. Also gerade mal ein

Fünftel, eine Minderheit. Es liegt auf der Hand, daß wir für die restlichen vier Milliarden arbeiten müssen.«

»Und wie?«

»Das liegt an uns. An jedem von uns. Unerläßlich dafür sind innerer Friede und Mitgefühl. Ohne diese Eigenschaften brauchen wir es gar nicht erst zu versuchen. Sie sind unerläßlich und auch unvermeidlich. Ich habe ja schon gesagt: Wenn wir nur genug suchen, werden wir sie auch in uns finden. Wir können jegliche Religion ablehnen, aber Mitgefühl und inneren Frieden können wir nicht aus uns verbannen.«

»Manchen scheint das aber problemlos zu gelingen.«

»Natürlich, und dies aus mehreren Gründen, zu denen auch die Unwissenheit gehört. Ich spreche nie von der ganzen Menschheit, denn ich weiß, daß es große Unterschiede gibt, die zuweilen bis hin zu extremen Verzerrungen reichen. Ich spreche von Männern und Frauen, die guten Willens sind und den Wunsch haben, etwas aus ihrem Leben zu machen.«

»Wenn man einem unerkennbaren und unerreichbaren Gott anhängt, schiebt man dann nicht die Verantwortung, von der Sie sprechen, von sich?«

»In manchen Fällen vielleicht. Aber nicht unbedingt. Die Gottesidee kann auch zu sehr schönen Akten von Mitgefühl führen.«

»Und zu Verboten, Ausschluß oder Mord.«

»Diese Gefahr birgt jeder Glaube in sich.«

»Diese innere Verpflichtung, mit den anderen um jeden Preis zu teilen, was man für eine universelle Wahrheit hält und was doch immer nur relativ ist...«

»Wie jede Wahrheit.«

In seiner geschmeidigen und doch überzeugten

Art kommt er immer wieder auf kaum wahrnehmbaren Umwegen zurück auf einen buddhistischen Grundgedanken, als wären in diesem Labyrinth, durch das wir uns in unserem Gespräch bewegen, hier und dort Laternen aufgestellt. Diesmal kommen wir an der Laterne der Relativität vorbei. Sie erhellt einen Augenblick unseren Weg.

Im Vorübergehen kann man bemerken, daß die These einer gewissen Relativität der Welt zur Auslöschung Gottes beiträgt. In einem religiösen Zusammenhang veranlaßt uns die sichere Existenz einer Welt, die sich gegenüber unserem Blick gleichgültig verhält und undurchdingbar bleibt, zu der Frage, warum und von wem dieses Gebilde geschaffen worden ist. Gott ist offenbar die erste Antwort.

Ich bekunde meine Bewunderung für Shakyamunis Ausspruch: »Erwartet von niemandem etwas, außer von euch selbst.« Er erinnert mich an eine Empfindung, die mich vor fast anderthalb Jahrzehnten in Erstaunen versetzte, als ich an einem Stück mit dem Titel *Die Konferenz der Vögel* arbeitete, das sich von einem Poem des persischen Dichters Farid-oddin Attar inspirieren ließ und von Peter Brook inszeniert wurde. Ihres mittelmäßigen, nutzlosen Daseins überdrüssig, machen die Vögel sich auf die Suche nach ihrem Gott, den sie Simorgh nennen. Ermüdet, enttäuscht oder verführt von den Überraschungen der Reise und den Götzen, denen sie unterwegs begegnen, geben die meisten von ihnen auf. Eine kleine Gruppe unbeugsamer Vögel unter Führung des Wiedehopfs durchquert die Wüsten und die sieben Täler der Wunder und des Schreckens. Müde und mit angesengten Flügeln gelangen sie schließlich zum Vogelkönig. Hundert Vorhänge öffnen sich, ein strahlendes

Licht leuchtet auf, aber sie sehen nur einen Spiegel. Eine Stimme sagt, dieser Spiegel sei die einzige Wahrheit. Der Simorgh, den jeder dieser Vögel sucht, ist er selbst. Erwartet von niemandem etwas, außer von euch selbst. Und die Stimme sagt noch einen weiteren Satz, der noch lange in der ganzen persischen Dichtung nachhallen wird: »Ihr habt eine lange Reise unternommen, um zum Reisenden zu gelangen.«

Ich frage mich manchmal, ob Prinz Siddharta im Verlauf seiner beschwerlichen sechsjährigen Suche wohl dieselbe Reise unternommen hat und am Ende dieselbe Stimme hörte, die aus ihm selbst sprach. Eine Offenbarung, die nur schwer zu akzeptieren ist und sich nur an wenige wendet, weil sie schwer zu verstehen und schwer zu ertragen ist (der Buddha sagt es immer wieder), die man aber weder leugnen noch abwandeln kann, wenn man sich nicht selbst verraten will.

»Vielleicht gibt es einen Gott«, sagt der Dalai Lama lächelnd, »aber man sollte nichts von ihm erwarten.«

»Anders gesagt, ob Gott nun existiert oder nicht, in jedem Fall existiert er nicht?«

»Ja«, und sein Lächeln verwandelt sich in ein Lachen, »aber vielleicht hat er uns hier zusammengeführt.«

»Ja, wer weiß?«

»Ah, Sie haben es gesagt.«

Er ergreift meine Hände und lacht noch lauter, als wollte er mir sagen: Jetzt habe ich Sie.

Gewöhnlich heißt es, der Buddhismus habe sich in Indien zwei Jahrhunderte nach Buddhas Tod entwickelt, vor allem in der Regierungszeit des Königs Ashoka (273-232 v. Chr.), und zwar als Reaktion gegen die überkommene Religion des Brahmanismus. Wir wissen jedoch nur wenig über den Brahmanismus im 5. Jahrhundert vor unserer Zeit. Die parallele Geschichte dieser beiden Traditionen, die im 7. Jahrhundert unserer Zeit endete, weil der Buddhismus immer schwächer wurde und schließlich in Indien fast ganz verschwand, während er sich ansonsten in ganz Asien ausbreitete – diese Geschichte besteht aus Gegensätzen, aber auch aus wechselseitigen Einflüssen und Austauschbeziehungen.

Eine vergleichende Analyse ist hier natürlich nicht möglich; dazu bedürfte es mehrerer Bände; aber ich möchte auf einige Unterschiede hinweisen. Der Brahmanismus, den man auch als Hinduismus bezeichnet, kennt zahlreiche Götter und Mythen. In der zugehörigen Überlieferung wird die Schöpfung der Welt auf verschiedene Wcisc dargestellt. Die indischen Götter besitzen nicht die Allmacht, die dem Gott der monotheistischen Religionen zugesprochen wird; sie sind den großen Kreisläufen der Zeit, den *yugas*, unterworfen, können sich in die menschlichen Angelegenheiten einmischen und gelten zum Teil als sterblich. Jenseits des Volksglaubens benutzt man die sechsunddreißigtausend Gottheiten des indischen Pantheons heute vielfach als ein umfangreiches Vokabular, das uns hilft, über die Mysterien der Welt zu sprechen.

Das menschliche Leben hat es mit vier Grundtatsachen oder Aktivitäten zu tun, die im Sanskrit *dharma, artha, kama* und *moksa* heißen.

Dharma ist das große Weltgesetz, die Ordnung, der wir uns beugen müssen. Zu den Besonderheiten der hinduistischen Tradition gehört die Auffassung, daß dieses Weltgesetz sich in jedem von uns wiederfindet, daß wir ein individuelles *dharma* besitzen, dem wir umsichtig und streng folgen müssen. Anders gesagt, wir müssen wissen, wer wir sind (hier haben wir also die Idee eines dauerhaften Ich), und wir müssen dem, was wir sind, treu bleiben. Wenn wir unser individuelles *dharma* respektieren, tragen wir damit auch zur Erhaltung des universellen *dharma* bei. Damit führt der Hinduismus gleichsam eine Solidarität zwischen Mensch und Kosmos ein. Als man Vyasa, den legendären Schöpfer des großen altindischen Epos *Mahabharata,* fragte, was ihn zur Abfassung dieses Werkes veranlaßt hatte, antwortete er: »Ich wollte das *dharma* ins Herz der Menschen senken.«

Diese spezifisch indische Vorstellung hat der Buddhismus übernommen. Das buddhistische *dharma* ist weiterhin die Gesamtheit der Phänomene, die dem Gesetz unterworfen sind. Doch in einem präziseren Sinne steht das Wort nun für die Doktrin, die Lehre des Buddha, die vorgeschriebenen Pflichten. Auch wenn das kosmologische Moment hier hinter den Gedanken der menschlichen Pflichten zurücktritt, bleibt das *dharma* die Richtschnur jeglichen Lebens, das unerläßliche Wissen.

Der zweite Begriff, *artha*, steht allgemein für die Güter, die guten Dinge der Erde. Anders als verzichtorientierte Lehren neigt der Hinduismus zu der Auffassung, die Güter dieser Welt seien dazu da, genossen zu werden, und der Verzicht sei nichts wert, wenn man gar nicht wisse, worauf man verzichtet. So empfiehlt der Hinduismus, die Gesellschaft erst dann zu verlassen und als *sadhu* ein Leben des Verzichts zu führen, wenn man die Kinder seiner Kinder gesehen hat. Im Buddhismus kommt es vor, daß Kinder schon in jungen Jahren für ein mönchisches Leben bestimmt werden (das sie allerdings ohne weiteres wieder aufgeben können).

Der dritte Grundbegriff, *kama*, steht für die Liebe, die treibende Kraft der Welt, und insbesondere für die geschlechtliche Liebe. Der Gott Kama ist eine Art Cupido, der oft mit Flügeln und einem Bogen dargestellt wird, mit dem er blumengeschmückte Pfeile verschießt. Kama bestimmt in den meisten Fällen den Kreislauf unserer Wiedergeburten (*samsara*). Er »vergiftet« und »erregt« den Geist und »ergreift unsichtbar Besitz« von uns. Im Hinduismus kann sich diese Kraft auch auf das Universum erstrecken. Der Buddhismus ist da im allgemeinen etwas zurückhaltender – mit Ausnahme der tantrischen Tradition.

Der vierte Grundbegriff schließlich, *moksa*, bedeutet die Befreiung und Erlösung aus dem Kreislauf der Wiedergeburten, die auf dem höchsten Niveau der Bewußtseinsentwicklung erfolgt. Im Hinduismus führt diese Befreiung zur Verschmelzung mit Brahman, dem Weltwesen. Im Buddhismus verweist das Wort, wo es benutzt wird, auf *nirvana*. Auf dem höchsten vorstellbaren Bewußtseinsniveau, dort, wo der Geist subtil wird, kann ihm die Erleuchtung zuteil werden, der Zustand des Buddha, den wir eher schlecht als recht auch als »Buddhaschaft« bezeichnen.

Unter den vollkommenen Wesen, die sich leidenschaftlich nach dieser Erleuchtung sehnen und auch alle Chancen haben, sie zu erlangen, finden sich in der buddhistischen Tradition des großen Fahrzeugs

(*Mahayana*), die uns hier besonders interessiert, weil der tibetische Buddhismus dazugehört, auch die *bodhisattvas*. Sie sind gleichsam Vermittler zwischen uns und der Buddhaschaft; sie könnten die ewige Seligkeit des *nirvana* erreichen, verzichten aber darauf, um uns zu helfen. Solange das menschliche Leid anhält, können wir auf sie zählen. Ihr Handeln ist allein durch Mitgefühl mit uns bestimmt.

»Kennen Sie die *bodhisattvas*?« fragt er mich.

»Nicht persönlich.«

Er lacht; dann prüft er kurz mein Wissen (es ist keine wirkliche Prüfung, er möchte lediglich wissen, auf welchem Niveau er sprechen kann, wenn er sich dem eigentlichen Buddhismus zuwendet).

Vor seiner Inkarnation als Prinz Siddharta war der Buddha im Laufe seiner früheren Leben der Bodhisattva *par excellence*. Viele andere folgten ihm. Die größte Verehrung unter diesen *bodhisattvas* genoß Avalokiteshvara; er war der Inbegriff des Mitgefühls (die übrigen *bodhisattvas* gelten manchmal sogar als seine Manifestationen). Er ist der populärste unter all diesen Mittlergestalten: »der den Durstigen zu trinken gibt«, »der strahlende Herr, der auf uns herabblickt«, »die Stimme des Lichtes der Welt«, »der den Lotus trägt«. Er wird in vielfältiger Weise dargestellt und kann in den unterschiedlichsten Gestalten auftreten. In diesem Augenblick bezweifelt niemand in Dharamsala, daß er die Gestalt dieses Mannes angenommen hat, der da bei mir sitzt, mit mir spricht, mich ansieht und gelegentlich meine Hände ergreift.

Von den verschiedenen Bildwerken in dem Raum, in dem wir uns befinden, sind einige alt, andere sind hier angefertigt worden; vergoldete, von kleinen Sträußen künstlicher Blumen umgebene Statuetten, die ein Gefühl der Ruhe und Sicherheit vermitteln. Unter all diesen Bildwerken findet sich keine Abbildung Avalokiteshvaras. Er ist wirklich hier, in Fleisch und Blut.

»Wenn wir einmal die nichtverifizierbare Idee eines Schöpfergottes und großen Richters beiseite lassen, gelangen wir zu einer Vorstellung, die man als ›menschliche Religion‹ bezeichnen könnte [er sagt auch manchmal ›humanistisch‹], das heißt einer Religion, die aus der menschlichen Reflexion geboren ist und den Bedürfnissen der Menschen dienen soll. In diesem Sinne ist der Begriff des *bodhisattva* vielleicht wissenschaftlicher als alle theologischen Konstruktionen.«

Die Wissenschaft im modernsten Sinne des Wortes (das heißt eher im Sinne von Forschung als von Wissen) findet immer häufiger Eingang in unser Gespräch. Und das ist kein Wunder, denn der Buddhismus spricht ständig von Erfahrung und Verifikation. Was die *bodhisattvas* angeht, bleibt diese Erfahrung den nichtbuddhistischen Traditionen und insbesondere uns im Westen fremd. Hier ist sie die Frucht minutiöser Untersuchungen. Als anerkannte Tatsache ist sie untrennbar mit dem alltäglichen Leben verbunden.

Er fährt fort:

»Die gelebte Vorstellung des *bodhisattva* ist zweifellos ein Element, das heute immer mehr aufgeschlossene Menschen zum Buddhismus hinzieht. Ich bin zutiefst davon überzeugt, daß der Buddhismus tiefer und komplexer ist als andere Religionen oder Denkschulen.«

Und in seinem Mißtrauen gegenüber jeglicher Propaganda fügt er sogleich hinzu:

»Das heißt nicht, daß der Buddhismus überlegen oder besser wäre. Und erst recht nicht, daß er auf jedermann anwendbar wäre. Für manche Gläubige ist der Schöpfergott ein stärkeres, vielleicht auch zugänglicheres Konzept, das zu manchen Völkern oder Kulturen auch besser paßt.«

»Weswegen?«

»Wegen der Kraft der Gewohnheit und der Tradition. Es wäre eine absurde Vorstellung, eine ganze Tradition könnte mit einem Schlage zusammenbrechen und alle Menschen hätten wie durch ein Wunder plötzlich dieselben Hoffnungen, denselben Glauben, dieselben Gedanken. Wenn wir einem Glauben begegnen, der ganz anders und sogar entgegengesetzt, aber tief im Denken und Fühlen der Menschen verwurzelt ist, dann müssen wir ihn respektieren.«

Er zeigt auf das Tablett, das auf dem Tisch steht.

»Es ist wie mit der Ernährung. Man kann nicht behaupten, eine bestimmte Nahrung sei für alle Menschen gut. Das hängt vom Klima ab, von den Ernährungsgewohnheiten, von der Höhe, in der man lebt, vielleicht auch vom Alter.«

»Oder von Krankheiten.«

»Ja, von sehr vielen Umständen.«

Mit Blick auf die vegetarische Ernährung, die für Buddhisten die ideale Ernährungsform darstellt, hat er einmal erzählt, daß er zu Beginn seines Exils in Indien versucht habe, Vegetarier zu werden. Aber er wurde krank und mußte sich erst langsam an diese Ernährungsweise gewöhnen.

»Dasselbe gilt für die Idee des *bodhisattva*. Ich bin zutiefst davon überzeugt, daß sie besser durchdacht ist und besser in die heutige Welt paßt als viele andere religiösen Konzepte. Viele meiner Besucher sprechen dies an; sie fühlen sich dieser Kraft des Mitgefühls sehr nahe, die zum Beständigsten in unserer unbeständigen Natur gehört und die der *bodhisattva* gewissermaßen personifiziert. Unter diesen Besuchern befinden sich oft auch Wissenschaftler. Doch solches Interesse berechtigt uns keineswegs dazu, die anderen aufgrund unserer partikularen Vorstellungen zu beurteilen. Wir sind nicht im Besitz der universellen Wahrheit; wir können lediglich die Früchte eines sehr langen Nachdenkens anbieten, die Früchte unserer Reflexion.«

»Demnach ist auch der Begriff des *bodhisattva* relativ?«

»Aber sicher. Wir haben kein Recht, ihn zu verallgemeinern und ein universelles Dogma daraus zu machen. In meiner Lehrtätigkeit bin ich immer sehr vorsichtig und sage: Seid auf der Hut, wichtige Entscheidungen darf man nicht überstürzen. Seine Religion, sein Leben oder sein Denken zu ändern bedeutet einen tiefen Einschnitt. Überlegt es euch gut!«

Diese – recht ungewöhnliche – Einstellung stützt sich gleichfalls auf eine Episode im Leben Shakyamunis. Als er in Nordindien predigte, lehrte dort auch der Gründer des Jainismus, Mahavira, eine eindrucksvolle Persönlichkeit und zweifellos älter als Siddharta.

Als Mahavira von den Lehren dieses Neuankömmlings hörte, die sich von seinen eigenen unterscheiden sollten, schickte er einen seiner Schüler, einen wohlhabenden Laien namens Upali, zu Shakyamuni, damit er ihn zu einem öffentlichen Streitgespräch über den Begriff des *karma* herausforderte.

Im Verlaufe dieses Streitgesprächs ließ sich Upali

schon bald von Shakyamunis Argumenten überzeugen und kam zu dem Schluß, daß die Lehren, die er seit Jahren aus dem Munde Mahaviras gehört hatte, falsch waren. So bat er den Buddha, ihn als Laienschüler anzunehmen.

Shakyamuni antwortete ihm, er habe diesen Entschluß allzu hastig gefaßt, und riet ihm, erst einmal in Ruhe darüber nachzudenken. Als Upali auf seinem Wunsch bestand, lehnte Buddha seine Bitte ab, schickte ihn zu Mahavira zurück und bat ihn, seinen alten Meister zu achten und zu unterstützen.

Der Buddhismus betont immer wieder, daß die Wahrheit kein Etikett trägt. Darin folgt er einem alten Beispiel, dem Beispiel des Erleuchteten nämlich, der jede Form überhasteter Konversion ablehnte, und auch dem Beispiel des Königs Ashoka, des ersten indischen Fürsten, der sich zum Buddhismus bekehrte, ohne deshalb jedoch den übrigen Glaubensrichtungen sein Wohlwollen zu entziehen.

Als die römischen Kaiser sich in der Nachfolge Konstantins zum Christentum bekehrten, verhielten sie sich gegenüber Heiden und Juden völlig anders. Sie schlugen nun ihrerseits den Weg der Verfolgung ein.

Das heißt jedoch nicht, daß die Geschichte des Buddhismus stets frei von Gewalt gewesen wäre. Vor allem in China kam es im Mittelalter zu heftigen Auseinandersetzungen. Obwohl gerade die Kaiser der Tang-Dynastie für ihre Toleranz bekannt waren, zögerten einige von ihnen nicht, den Buddhismus für brutale politische Zwecke einzusetzen; dazu gehörte etwa die Kaiserin Wu (684-705).

So sind die Menschen nun einmal, würde der Dalai Lama sagen. Deshalb müssen wir trotz der offiziellen Toleranz stets auf der Hut sein, vor allem uns selbst gegenüber.

Woher kommt die Intoleranz? Von innen oder von außen? Aus einer leidenschaftlichen, aufrichtigen Bindung an eine Überzeugung oder aus der Freude am Pomp, an der Macht, an der Beweihräucherung, mit denen man sich über die breite Masse erhebt?

Wie können wir uns vor diesen Versuchungen schützen? Wie können wir – um die Worte der Surrealisten aufzugreifen – »einen Geist ohne Gewohnheiten« erlangen und »vom Boden abheben«?

Auf dem Weg zu einer Wissenschaft des Geistes

Der Umgang mit hinduistischen und buddhistischen Begriffen ist nicht einfach, nicht nur weil sie schwer zu transkribieren sind, sondern auch weil wir ihnen eine präzise Bedeutung in anderen Sprachen geben und Äquivalente in anderen Denksystemen für sie finden möchten. So lassen sich die Ausdrücke *dharma* und *bodhisattva* gar nicht ins Französische oder Deutsche übersetzen. Die Wurzeln dieser Worte finden keinerlei Echo in uns. Der Sinn, den wir ihnen geben, ist trocken, farblos, ohne Fleich und Blut. Belassen wir sie dagegen in ihrer Ursprungssprache, Sanskrit oder Pali, brauchen wir viel Geduld, bis wir sie verstehen und ein Gespür dafür entwickeln. Selbst ein scheinbar universeller Begriff wie »Mitgefühl« nimmt im Buddhismus eine eigentümliche Färbung an. Es handelt sich keineswegs um das natürliche, sentimentale, letztlich recht banale oder gar kitschige Gefühl aus Freundlichlichkeit und Milde (für den eiligen Leser mag der Buddhismus sich in einem einzigen Satz zusammenfassen lassen: »Es ist besser, freundlich als böse zu sein«), sondern bildet den Gegenstand präziser Untersuchungen. Nach einem Wort von Sogyal Rimpoché gibt es eine »Logik des Mitgefühls«, deren Stufen, Operationen und Auswirkungen (auf die anderen, aber auch auf uns selbst) sich gleichsam wissenschaftlich erforschen lassen (siehe *Le Livre tibétain de la vie et de la mort*, Paris 1992).

Als wir über das Konzept des *bodhisattva* sprachen, machte sich mein Gesprächspartner Sorgen wegen des Vokabulars, das immer schwieriger wird, je tiefer wir in die Materie eindringen. Ich versuchte, ihm diese Befürchtungen zu nehmen, und drängte ihn, nicht vor Themen zurückzuschrecken, die für ein einfaches Buch allzu schwierig erscheinen mögen. Wissenschaftler stehen bekanntlich vor ganz ähnlichen Problemen, wenn sie sich an ein breiteres Publikum wenden. Ich erzähle ihm von einem Buch, das ich zusammen mit den beiden Astrophysikern Jean Audouze und Michel Cassé geschrieben habe und in dem sich uns dieselben Probleme stellten (*Conversations sur l'invisible*, Paris 1988). Wie zum Beispiel sollen wir uns ein Atom vorstellen? Und wie die Teilchen, aus denen es besteht?

Ich berichte ihm von einem Bild, das die beiden Wissenschaftler zur Verdeutlichung der Größenordnungen benutzten. Stellen wir uns eine Orange von der Größe der Erde vor, die vollständig mit Kirschen gefüllt ist; dann entspricht die Zahl der Kirschen etwa der Zahl der Atome, aus denen eine reale Orange besteht. Die Zahl ist gewaltig; sie liegt bei etwa 10^{20}.

Wenn wir uns nun auf die Ebene der Elementarteilchen begeben wollen, stellen wir uns vor, die Kirschen seien so groß wie die Kuppel des Petersdoms in Rom und mitten in dieser Kuppel befinde sich ein Reiskorn. Dann entspricht dieses Reiskorn der Größe des stabilen, aus Protonen und Neutronen zusammengesetzten Atomkerns, um den herum (im leeren Raum der Kuppel) die Elektronen kreisen. Und in diesem Reiskorn wohnt eine der Grundkräfte des Universums, die Kernkraft.

»Das ist nur ein Trick, der es dem Geist ermöglichen soll, sich Unvorstellbares vorzustellen, in diesem Falle unendlich Kleines. Außerdem zeigt uns das Beispiel, daß die modernste Wissenschaft ganz wie der Buddhismus am Ende auf das Leere stößt.«

Er hört mir aufmerkam zu und lacht.

»Dafür gibt es noch einen Beweis«, sage ich. »Die Astrophysik lehrt, daß uns beständig ein Strom winzig kleiner Teilchen durchdringt, die man ›Neutrinos‹ nennt.«

»Woher kommen sie?«

»Von der Sonne und von anderen Sternen. Und sie durchdringen völlig unbeeinflußt unsere Materie, ganz so, als existierten wir gar nicht. Sie durchdringen auch härtesten Fels und den ganzen Erdball und andere Himmelskörper, ohne angehalten oder auch nur abgebremst zu werden.«

Sehr interessiert bittet er seinen Assistenten, die genaue Schreibweise des Wortes »Neutrino« zu notieren (das vom lateinischen *neutrum* abgeleitet ist). Ich erzähle ihm, daß Michel Cassé sie einmal »Engel« genannt hat.

Wir sinnieren eine Weile über diese Übereinstimmung, diese rätselhafte Leere, das wir in unseren eigenen Augen sind, und auch über die Unbeständigkeit, die alle Dinge zu beherrschen scheint, selbst diese unaufhaltsamen Ströme von Elementarteilchen, die unablässig das ganze Universum durchziehen. Ich denke an einige Sätze aus einem der schönsten Texte des japanischen Buddhismus, dem *Kegonkyo,* dem Sutra der Kegon-Doktrin: »Von seinem eigenen Licht erleuchtet, erleuchtet der Buddha die ganze Welt. Sein reiner Blick erkennt und durchdringt alles. Er enthüllt sich im Unendlichen, und das Unendliche ist er...«

Etwas später heißt es im selben Text, daß er »im

Zentrum des kleinsten Atoms wohnt«. Hier begegnen wir einer alten und sehr beständigen Vorstellung. Im Gegensatz zu den beschränkten Anschauungen des Westens und insbesondere des Aristoteles, der unser Bild des Kosmos zumindest bis Galilei geprägt hat, verstand der Osten das Universum von jeher als unbegrenzt. Es enthält unzählige Welten. Der Buddhismus beschreibt das Universum als lange Folge riesiger Ringe, die auf einer unsichtbaren Achse, dem berühmten Berg Meru, aufgereiht sind. Der Hinduismus nennt diese Achse *dharma* und sieht Vishnu als deren Träger. Auch hier beschränkt sich das Universum nicht auf das Himmelsgewölbe, sondern ist von unvorstellbarer Größe, die von den Dichtern in vielfältiger Weise besungen wird. Indra, der König der Götter, wohnt in einer prachtvollen Hauptstadt namens Amaravati, die sich unablässig durch den Raum bewegt.

Außerdem heißt es schon in den ältesten buddhistischen Texten, daß die Welt aus winzigen Teilchen besteht, den *anu*; wir übersetzen den Ausdruck gewöhnlich mit »Atom«. Diese Teilchen sind stofflicher Natur und unzerlegbar (siehe L. Renou und J. Filliozat, *L'Inde classique*, Bd. II, S. 526f., Hanoi 1953). Manche Schulen vertreten sogar die Auffassung, daß diese Teilchen einander nicht berühren und nur durch die Kraft des Elementes »Wind« in ihren jeweiligen Konfigurationen zusammengehalten werden. Der Wind sichert den Zusammenhalt der Teilchenaggregate; diesen Begriff übersetzen wir gewöhnlich mit dem Ausdruck »Molekül«. Die Moleküle, die (wie alle zusammengesetzten Körper) stets instabil sind, enthalten alle stofflichen Elemente und besitzen sämtliche Eigenschaften, die daraus resultieren (Geschmack, Geruch, optische, akustische und taktile Eigenschaften). Außerdem sind jeweils alle Elemente in diesen Molekülen oder Molekülgruppen enthalten; so enthält das Wasser auch Feuer und Erde, weil es sich sonst weder erhitzen noch gefrieren könnte.

Und schließlich (ich zitiere wörtlich): »Auf diese Weise werden die Körper, die sie [die Moleküle] bilden, wahrnehmbar, und zur Wahrnehmung kommt es, wenn die Moleküle des Objekts von gleichartigen Molekülen in den Sinnesorganen, beim Gesichtssinn etwa in der Pupille, berührt werden.«

Das erinnert mich an einen Satz von Michel Cassé, in dem es über die Sonne und ihren prägenden Einfluß auf unser Auge heißt: »Das Atom der Sonne spricht in der Sprache des Lichts zum Atom des Auges.« (*Nostalgie de la lumière*, Paris 1990.)

Ich frage den Dalai Lama:

»Ist der Buddhismus nicht eine Wissenschaft? Eine Wissenschaft des Geistes?«

Und er antwortet ohne zu zögern:

»Genau das ist er.«

»Erzählen Sie mir vom Geist.«

Er lacht auf und faßt mich am Ärmel meines Pullovers.

»Dazu müßten Sie andere Kleider anziehen. Das rote Mönchsgewand.«

»Und mir den Schädel rasieren?«

»Und mindestens zwölf Jahre lang studieren, ausschließlich.«

Die Wissenschaft des Geistes und seiner Funktionsweise ist eine alte und bemerkenswert verfeinerte Betätigung in der Geschichte des Buddhismus. Da wir ohne den Geist nichts sehen oder erfassen könnten und da für manche Schulen alle Dinge der Welt Manifestationen des Geistes sein können, ist diese

Wissenschaft notwendig. Und sie bildet den Kern jeglichen Studiums.

Wenn die Dinge nur eine relative, auf Konvention beruhende Existenz besitzen und wenn es unmöglich ist, sie an sich, das heißt als unabhängige, stabile Entitäten zu betrachten, dann ist die Erfassung dieser Dinge durch unsere Sinne eine prekäre, von zahllosen Täuschungen bedrohte Angelegeneheit. Einer der Gründer des Mahayana-Buddhismus, Nagarjuna – den der Dalai Lama häufig als einen seiner Lieblingslehrer zitiert –, schrieb zu Beginn des dritten Jahrhunderts:

Je weiter wir von der Welt entfernt sind,
Desto wirklicher erscheint sie uns;
Je näher wir ihr kommen,
Desto weniger sichtbar wird sie
und entzieht sich uns wie eine Luftspiegelung.

In diesem Text finden wir sowohl die gebieterische Notwendigkeit des »Sehens« und die unvermeidliche Täuschung, die jeder Versuch, etwas »aus der Nähe zu sehen« mit sich bringt. Schon der Buddha sagte: »Die Form gleicht einer zauberischen Täuschung, und auch die Empfindungen, die Wahrnehmungen, die Gebilde des Verstandes und des Bewußtseins sind zauberische Täuschungen.«

»Mir scheint«, sage ich, »diese Schwierigkeit, die Wirklichkeit zu erfassen, steht im Mittelpunkt der buddhistischen Auseinandersetzung mit dem Geist.«

»Ja, zweifellos. Daher die zahlreichen Vorsichtsmaßnahmen, Teilungen und Untergliederungen in unseren Verfahren zur Erfassung der Wirklichkeit. Bei der unmittelbaren Wahrnehmung etwa (die nicht die einzige ist) unterscheiden die buddhistischen Traditionen drei Arten: die sinnliche, die geistige und die yogische Wahrnehmung. Letztere läßt sich nur durch Meditation erreichen.«

»Aber diese drei Wahrnehmungsarten sind wiederum in mehrere Kategorien unterteilt?«

»Ja, in mehrere Ebenen, die ihrerseits zu den sechs Bewußtseinsformen und den einundfünfzig nur gelegentlich präsenten geistigen Faktoren in Beziehung gesetzt werden müssen. Sie sehen also, warum Sie sich den Schädel rasieren müssen, wenn sie alles erfahren wollen.«

Schon das rein rechnerische Spiel der möglichen Kombinationen führt sehr schnell zu einer eindrucksvollen Zahl von Wahrnehmungsoperationen. Und jede dieser Operationen wurde über Jahrhunderte hinweg minutiös beschrieben und analysiert – aber oft auch kritisiert und in Frage gestellt. Dasselbe gilt für die übrigen geistigen Operationen wie die Erkenntnis, das begriffliche Denken oder das Gedächtnis. Die Liste scheint gar kein Ende zu nehmen, so daß heute kein einzelner Mensch diese Wissenschaft in ihrer Gesamtheit beherrscht. Kein Geist vermag den ganzen Geist zu erfassen.

Zur Faszination, die der menschliche Geist auf sich selbst ausübt, kommt noch ein weiteres Gefühl hinzu, das sich leichter ausdrücken läßt und unablässig wiederholt wird: Der Körper ist zum Verfall verurteilt, und wir können nichts dagegen tun. Immer wieder und fast schon genüßlich schildern buddhistische Autoren, daß uns die Haare ausfallen, die Augen schwächer und unsere Glieder immer schwerer werden. Doch während unser Körper unausweichlich verfällt, können wir unseren Geist ständig verschönern, und dies bis in unsere Todesstunde hinein. Es heißt sogar, daß uns bei entsprechender Vorbereitung im Augenblick des Todes die wesentlichen Offenbarungen zuteil werden können.

Noch verwirrender werden die Dinge durch die Tatsache, daß unser Geist von Natur aus zügellos ist. Im *Bhagavadgita*, ohne Zweifel dem schönsten Text, den der Hinduismus uns hinterlassen hat, fragt der Held Arjuna, der mitten in der Schlacht ratlos vor der Frage steht, ob er kämpfen soll oder nicht, seinen Freund und Streitwagenlenker Krishna: »Da mein Herz von schlimmer Ratlosigkeit heimgesucht und mein Sinn im Unklaren über die Pflicht ist, so frage ich dich. Was mit Sicherheit das bessere sein würde, das sage mir... Denn unstet ist der innere Sinn, o Krishna, aufregend, gewalttätig und trotzig; dessen Zügelung halte ich für überaus schwer, ebenso wie die des Windes.«

Krishna pflichtet ihm bei, der Geist sei »unwahrnehmbar und unergründlich« und ganz gewiß »höher als die Sinne«. Wer die verborgene Funktionsweise des Geistes erkenne, der finde durch den »dichten Wald der Täuschung« und erfasse zugleich den ganzen Gang der Welt.

Der Gedanke eines wirren, von Unordnung heimgesuchten Geistes ist im Buddhismus tausendfach beschrieben worden, teils direkt, teils in Bildern. »Der Geist entsteht und vergeht in ständigem Wandel«, sagt Shakyamuni. »Wie ein Affe seinen Weg durch den Wald nimmt, indem er sich an einen Ast klammert und ihn losläßt, um sich sogleich an den nächsten zu klammern, so entsteht und vergeht unablässig, was wir ›Geist‹, ›Denken‹ oder ›Erkenntnis‹ nennen.«

Durch seine Zügellosigkeit wird der Geist unwiderstehlich zu allen Formen der Täuschung hingezogen. Er irrt sich beständig hinsichtlich der Wirklichkeit. Immer wieder begegnet uns das Bild des umherspringenden Affen. Unser Geist gleicht einem Affen, der in einem leeren, nur mit wenigen Fensteröffnungen versehenen Haus eingeschlossen ist. Diese Öffnungen sind unsere Sinnesorgane. Der Affe wirft einen Blick aus einem Fenster und sieht einen Ausschnitt der äußeren Welt, dann springt er zum nächsten Fenster, ohne nachzudenken und ohne sich um eine Kritik oder Synthese zu bemühen. Daraus ergibt sich eine bruchstückhafte, verstümmelte, notwendig falsche Wahrnehmung, die uns zu übereilten, brutalen und stets unheilvollen Aktionen verleitet.

Der Geist selbst hat keine besonderen Eigenschaften. Jenseits des irreführenden Einflusses der Sinne ist er so indifferent wie ein Spiegel, der nur das einfallende Licht zurückwirft. Tilopa, ein indischer Meister des 11. Jahrhunderts, hat es so ausgedrückt: »Der leuchtende Geist hat weder Farbe noch Form. Er ist weder dunkel noch hell, weder böse noch gut.« Es wäre sinnlos, ihm eine ursprüngliche, untrennbar mit ihm verbundene Eigenschaft zusprechen zu wollen. Er steht jenseits der Möglichkeit einer solchen Zuschreibung von Eigenschaften.

Letztlich ist der Geist aufgrund seiner Funktion vielleicht der einzige wirkliche Schöpfer. Deshalb kommt man nicht daran vorbei, sich mit ihm zu befassen. Es ist unmöglich, die Täuschungen aufzuheben, ohne sich mit dem Geist zu beschäftigen. Wie es ein anderer großer Meister, Shantideva, ausdrückt (der im 7. Jahrhundert lebte): »Solange man nicht das Phänomen des Geistes begriffen hat, kann man seine Nichtexistenz nicht beweisen.«

Die Phänomene, die der Geist hervorbringt, lassen sich um so schwerer fassen, als dieser Geist einen geheimnisvollen Bereich umfaßt, den wir heute das Unbewußte nennen. Diese überraschende Entdeckung hat schon der Buddha gemacht. Er nannte diesen unergründlichen Bereich *amushaya*. Wie die physiologischen Aktivitäten unseres Körpers, etwa die Verdauung, in uns ablaufen, ohne daß sie uns bewußt würden, so kann auch unser Denken gefährliche Aktivitäten und Bindungen in sich verbergen – und gerade diese Verborgenheit macht sie um so gefährlicher. Selbst wenn wir äußerlich ein friedfertiges Bild bieten, brodelt in uns doch ein Vulkan.

Shakyamuni hat uns in wenigen Worten eine Definition für *amushaya* gegeben, der wir nichts hinzufügen können: »die untergründige Gewohnheit der Abhängkeit und der Abneigung«.

Nachdem der Dalai Lama mir abgeraten hat, den Schädel zu rasieren und das *bhiksu* anzulegen, sagt er mir: »Wir können durchaus über den Geist sprechen. Ich habe dieses Thema schon recht oft mit Wissenschaftlern besprochen, mit Neurologen und Psychiatern. In den letzten Jahren habe ich an fünf oder sechs Treffen dieser Art teilgenommen.«

»Und wie sind sie verlaufen?«

»Anfangs zögern sie ein wenig. Ich spüre ihre Skepsis. Sie befürchten offenbar, ich würde mich auf ein paar dogmatische Äußerungen zurückziehen. Im Laufe unserer Diskussion, am zweiten oder dritten Tag, läßt diese Skepsis nach, und manchmal verschwindet sie ganz. Manche erkennen, daß der Buddhismus keine rigide Religion ist, sondern, wie Sie sagen, eine Wissenschaft. Und daß diese äußerst komplexe Wissenschaft wie alle Wissenschaften auf Erfahrung beruht.«

»Welche Wissenschaftler zeigen nach Ihrem Eindruck das größte Interesse?«

»Die Psychologen, die Neurologen, alle, die sich mit dem Gehirn beschäftigen, und auch Physiker oder Astrophysiker, die sich mit der Materie und den Elementarteilchen befassen.«

»Haben Sie sich mit der Quantenmechanik beschäftigt?«

»Ja, so gut ich konnte.«

»Dann wissen Sie, daß der Geist auf der Ebene des unendlich Kleinen auf einen Bereich der Unschärfe stößt.«

»Man hat es mir gesagt. Und es hat mich nicht sonderlich erstaunt.«

Ich erinnere daran, daß diese von Heisenberg und Niels Bohr behauptete Unschärfe mehr als fünzig Jahren Forschung widerstanden hat. In der Physik des unendlich Kleinen ist es unmöglich, zugleich die Position und die Geschwindigkeit eines Elektrons zu bestimmen. Der Geist muß zwischen beidem wählen. Diese unüberwindliche Grenze der Erkenntnis, die auch durch andere Beobachtungen gestützt wird, scheint das gewohnte Verhältnis des Geistes zur Realität in Frage zu stellen.

Im Unterschied zur östlichen Tradition hat der Westen die Existenz der realen Welt niemals radikal in Frage gestellt. Nach unserer klassischen Tradition hat Gott der Natur Gesetze gegeben, und nach Descartes ist es unsere Aufgabe, diese Gesetze zu entdecken. Seit dem Beginn des 20. Jahrhunderts, seit der Entdeckung der Relativitätstheorie und der Quantenmechanik, stellt der Westen diese Auffassung in Frage. Nicht ohne Verwirrung und Erstaunen. Die heutigen Forscher stellen zwar die Realität der Welt nicht radikal in Frage und verzichten auch nicht auf die Entdeckung ihrer Gesetze, auch wenn diese Gesetze in manchen Bereichen mit einer gewissen Unschärfe versehen sind, aber sie führen eine völlig neue Dimension in ihre Arbeit ein, das Verhältnis zum Geist nämlich. Allein schon durch seine Anwesenheit und durch den kleinsten Eingriff verändert der Beobachter das beobachtete Objekt. Das muß heute jegliche Forschung berücksichtigen. Die Relation wird wichtiger als das Objekt.

Auf diesem Gebiet ist uns das östliche Denken vorausgegangen, wenn auch auf anderen Wegen. Ich erzähle dem Dalai Lama von einem Erlebnis, das ich hatte, als ich mit Michel Cassé zusammenarbeitete. Eines Tages rief ich ihn an, um ihm einen Satz vorzulesen: »So oft irgendein Wesen entsteht, ein unbewegliches oder ein bewegliches, so wisse, daß dieses aus der Verbindung des ›Feldes‹ und des ›Kenners des Feldes‹ hervorgeht.« Der Astrophysiker erwiderte: »Aber das ist eine der schönsten Definitionen der Quantenmechanik, die ich kenne.« Erst dann sagte ich ihm, daß ich ihm einen Satz von Krishna aus der *Bhagavadgita* vorgelesen hatte, einen Satz, der im 19. Jahrhundert oft schlecht übersetzt worden ist (mit »Vereinigung von Materie und Geist « etwa, während es sich im Sanskrit um dieselben Worte handelt, um *kshetra*, das wörtlich »Feld bedeutet, und um *kshetrajna*, »Kenner des Feldes«); erst die Quantenmechanik ermöglichte eine korrekte Übersetzung (siehe *Die Bhagavadgita*, hg. von Richard Garbe, Darmstadt 1978, XIII, 26). Natürlich dürfen wir daraus nicht den Schluß ziehen, Krishna oder die Autoren der *Bhagavadgita* hätten die Heisenbergsche Unschärferelation und die Geheimnisse der Teilchenphysik gekannt. Das wäre nichts als Träumerei. Aber man kommt auch nicht an der Tatsache vorbei, daß ein alter, in der indischen und tibetischen Tradition häufig formulierter Gedanke die Behauptung aufstellt, unser Geist, unsere Sinne und die Dinge seien untrennbar miteinander verbunden. In diesem Punkt ist der Buddhismus besonders kategorisch.

Der Dalai Lama hat das CERN besucht und an wissenschaftlichen Diskussionen in Harvard und Grenoble teilgenommen. Diese Dinge sind ihm keineswegs fremd, und er akzeptiert sie ohne sonderliche Verwunderung, ganz so, als fände unsere Naturwissenschaft heute zu einem uralten Weg zurück – ein Vorgang, den man allerdings nicht als Begegnung von Techniken und Erkenntnissen mißverstehen darf. Die alte östliche Welt besitzt keine technischen Geheimnisse, die uns verloren gegangen wären. Auf diesem wichtigen Gebiet des Verhältnisses zwischen dem Geist und dem von ihm erforschten Objekt (das er auch selbst sein kann) haben die genannten Traditionen sich lediglich geweigert, beides voneinander zu trennen. Heute gelangen Osten und Westen allein schon durch den Lauf der Zeit, der auch unsere Ideen prägt, zu einem wechselseitigen Verständnis und manchmal sogar zu einer Verschmelzung.

Jedenfalls rät der Dalai Lama als überzeugter Anhänger des Mittelweges uns nachdrücklich, Extrempositionen zu meiden. Er fragt sich, ob das westliche Denken, das so begierig nach Gewißheit strebt, in der Spannung zwischen dem klassischen Dualismus und der heutigen Verwirrung nicht dazu neigt, die »Grauzone« zu vernachlässigen, jenen mittleren Bereich nämlich, in dem der Geist den Dingen Rechnung trägt.

Ohne jeden Übergang sagt er mir:

»Ich bin zutiefst davon überzeugt, daß wir alle zusammen eine neue Spiritualität finden müssen.«

»Die nicht ›religiöser‹ Art wäre?«

»Ganz sicher nicht. Dieses neue Konzept müßte neben den Religionen entwickelt werden, so daß alle Menschen guten Willens es akzeptieren könnten.«

»Selbst wenn sie ohne Religion oder religionsfeindlich eingestellt wären?«

»Absolut. Ein neues Konzept, eine profane Spiritualität. Wir müßten dieses Konzept mit Hilfe der Wissenschaftler verbreiten. Es könnte uns helfen, etwas zu schaffen, wonach wir alle suchen: eine *weltliche Moral* (er selbst betont diese Worte). Ich glaube zutiefst daran. Für eine bessere Zukunft.«

Dieser Gedanke mag theoretisch und vielleicht sogar undurchführbar erscheinen (wie sollte man die Anwendung dieser Moral durchsetzen?), aber er gibt sogleich ein persönliches Beispiel:

»Ich mache jeden Tag die Erfahrung, welchen Segen innerer Friede bringt. Er ist sehr gut für den Körper. Ich bin ein recht beschäftigter Mann, ich habe viele Aufgaben und Pflichten, ich muß viel reisen und viele Erklärungen abgeben; all das ist ganz gewiß eine große Belastung, und dennoch ist mein Blutdruck wie der eines Babies.«

»Da haben Sie Glück.«

»Letztes Jahr«, sagt er und zeigt mir seinen rechten Arm, der unbekleidet ist, »hat man mir in einem Militärhospital in Washington den Blutdruck gemessen, und der Arzt meinte, so einen Blutdruck hätte er auch gerne.«

Er lacht und fährt fort:

»Was für mich gut ist, das ist auch gut für andere. Daran habe ich gar keinen Zweifel. Gute Ernährung, der Kampf gegen jede übermäßige Begierde und tägliche Meditation kann inneren Frieden herbeiführen, und dieser innere Friede ist gut für den Körper. Trotz aller Schwierigkeiten des Lebens, die auch mir nicht erspart geblieben sind, haben wir alle die Möglichkeit, diese segensreiche Wirkung zu spüren.«

»Und der Weg dorthin ist das Mitgefühl?«

»Genau. Das Mitgefühl. Dieses logische Gefühl, das wir in uns finden, wenn wir nur tief genug danach suchen. Und das jeglichem anderen Leben gelten soll. So bemühe ich mich im Augenblick, Mitgefühl für jene zu empfinden, die man meine ›Feinde‹ nennt, für die Chinesen, die Tibet besetzt halten. Was sie meinem Land angetan haben und weiterhin antun, bringt ihnen ein schlechtes *kharma*, und irgendwann einmal werden sie dafür büßen.«

Das *kharma* – der Begriff stammt aus dem Hinduismus, wurde aber vom Buddhismus beträchtlich weiterentwickelt – ist bekanntlich ein »Gesetz für das Handeln«. All unsere Taten und all unsere Gedanken (der Buddhismus geht grundsätzlich davon aus, daß es keine Wirkung ohne Ursache und keine Ursache ohne Wirkung gibt) bilden eine Art Energie oder Kraft, deren Wirkungen wir eines Tages, in diesem oder einem anderen Leben, spüren werden. Für jeden einzelnen bestimmt diese Kraft die Qualität seiner zukünftigen Reinkarnationen. Ein schlechtes, ein negatives *kharma* entfernt uns von der endgültigen Verwirklichung, dem ersehnten Ausbruch aus dem Kreislauf der Wiedergeburten, dem *samsara*.

Manche fragen – unter ihnen etwa Jorge Luis Borges, der das *kharma* in seinem Essay über den

Buddhismus eine »unvorstellbare Struktur« nennt –, auf welche Autorität sich dieses »Gesetz für das Handeln« stützt, da doch kein Schöpfergott über die Einhaltung der von ihm selbst gesetzten Gesetze wacht. Wer hat das *kharma* eingesetzt? Wer garantiert seine Wirkung? In welcher Form stellt sich diese Kraft dar, da es im Buddhismus doch keine individuelle Seele gibt, die von einem Körper in den anderen übergehen könnte. Die Antworten variieren mit den Schulen. Der Dalai Lama wird mir seine Antwort ein andermal geben.

Im Augenblick verweilt er beim Mitgefühl, das wie ein Leitmotiv immer wieder in seinen Äußerungen auftaucht – was ihm ohne Zweifel gelegentlich den Verdacht einer gewissen Naivität einbringt, wenn er sich nebenher in einem Gespräch darüber äußert. Wenn man sagt: »Wir müssen Mitgefühl mit den anderen haben«, dann kann das in der Tat als banaler Leitspruch aus dem Katechismus erscheinen, leicht daherzusagen, aber letztlich utopisch.

Damit übersieht man jedoch, daß dieser Satz keineswegs eine oberflächliche Maxime oder ein Gemeinplatz ist, sondern das Ergebnis einer äußerst tiefgründigen Forschung. Dieses Mitgefühl ist in uns, und wenn wir genau hinsehen, stellen wir fest, daß es sogar stärker ist als unsere destruktiven Triebe. Aber zahlreiche negative Kräfte, die wir allenthalben um uns her und auch in uns selbst am Werk sehen, verdunkeln diese innere Energie und entziehen sie unserem Blick. Wir müssen ständig nach dem Mitgefühl in uns suchen, wir müssen es erkennen und entsprechend handeln.

»Und zwar schon aus rein egoistischen Motiven«, sagt er. »Denn das Mitgefühl, das ich anderen entgegenbringe, trägt auch mir Gutes ein. Es ist der beste Schutz, den man sich vorstellen kann, und ich bin sein erster Nutznießer. Das Mitgefühl bringt mir inneren Frieden, körperliche Gesundheit, glückliche Tage, ein langes Leben. Von den späteren Leben ganz zu schweigen.«

»Sprechen wir zunächst von diesem Leben.«

»Sie haben recht. Übrigens hängen die anderen Leben von diesem ab. In dem Leben, das Sie und mich in diesem Augenblick beseelt, wünschen wir uns alle eine einträchtige Gemeinschaft, Gesundheit, eine harmonische Familie, ein glückliches Leben...«

»Einen glücklichen Tod...«

»Ja.«

»Was zweifellos das schwierigste ist.«

»Und eine glückliche Wiedergeburt.«

Wieder lacht er, weiß er doch, daß ich keineswegs von einer Wiedergeburt und einem anderen Leben überzeugt bin. Ich erinnere ihn, daß wir im Westen zumindest seit zweihundert Jahren der Idee anhängen, daß Glück schon in diesem Leben möglich ist. Saint-Justs Satz: »Das Glück ist eine in Europa neue Idee«, zeigt deutlich, daß das Glück eine Revolution darstellte. Es ging darum, das Leben zu verändern, dieses einzige Leben, von dem wir mit Sicherheit wissen. Indem unsere Religionen das Glück oder dessen spirituelles Gegenstück, die »Glückseligkeit«, in ein »anderes«, vollkommen hypothetisches und dennoch für ewig erklärtes Leben verlegten, sorgten sie dafür, daß wir uns mit unserem irdischen Schicksal in diesem Jammertal abfanden. Solche Behauptungen ermöglichten eine lange Folge brutaler, tyrannischer, durch nichts eingeschränkter Regimes, die sich in manchen Fällen und zuweilen sogar aufrichtig auf religiöse Vorstellungen stützten.

Im *samsara* finden wir durchaus Elemente dieser zukünftigen Belohnungen und Strafen. Die Vorstellung, das Leben sei Leiden, bildet, selbst wenn wir sie falsch interpretieren, ohne Zweifel ein großes Hindernis für ein besseres Verständnis des Buddhismus im Westen. Es fällt uns schwer, auf ein anderes Leben zu hoffen, wenn wir sehen, wie unser jetziges Leben heute wie gestern im Namen religiöser Dogmen verhöhnt und mit Füßen getreten wird. Dem nebulösen Versprechen einer fernen Belohnung (in einem anderen Leben, einem anderen Bewußtsein) ziehen wir den entschiedenen Einsatz für den Schutz und die Verbesserung dieses jetzigen Lebens vor. Mit den Ergebnissen, die wir um uns her sehen und von denen bereits die Rede war. Erstaunlicherweise findet der Dalai Lama, der an andere Leben glaubt, daß die Welt, in der wir leben, weniger bedroht ist und sich in einem weniger beklagenswerten Zustand befindet, als es den Menschen im Westen erscheint. Sollte auch das eine Frage der Perspektive sein?

Er hört mir aufmerksam zu – diese Gedanken sind ihm wohlvertraut, denke ich – und greift seinen eigenen Faden wieder auf.

»Wir verdanken viel dem inneren Frieden. Für uns handelt es sich um eine Tatsache. Das heißt, wir verdanken viel dem Geist. Die ganze Geschichte des Buddhismus führt uns zum Geist, zu unserem Geist. Der Geist hat eine beträchtliche Arbeit auf den Geist verwendet. Und wir fahren darin fort.«

»Bis selbst der Geist als Täuschung erscheint?«

»Für manche Schulen trifft das zu.«

»Doch welche Bedeutung hat das Wort ›Täuschung‹ genau? Kann man sich Täuschung ohne einen Täuschenden vorstellen?«

»Wir sagen, der Geist täuscht sich ständig selbst in der oberflächlichen Wahrnehmung der Welt. Und diese falsche Wahrnehmung gilt es zu korrigieren, sofern wir nicht im Irrtum leben wollen. Wir sagen, unsere natürliche Erregung führt uns in die Irre, und wir können kein wirkliches Verhältnis zur Welt finden, wenn wir nicht zum inneren Frieden gelangen.«

Shakyamuni war der erste, der dem Geist mit gnadenloser Logik nachstellte, und Hunderte anderer Denker und Meditierender folgten ihm darin (der Denker darf kein Mitleid mit seinem eigenen Denken haben): Denn die äußere Welt, die wir mit den Sinnen wahrnehmen, ist ohne jede innere Wirklichkeit, und ihre Wirkung auf unsere Sinne ist gleichfalls leer und illusorisch. Deshalb sind auch unsere Ideen, die aus unseren Sinneswahrnehmungen erwachsen, ohne jeden wirklichen Sinn, ohne Wahrheit. Und schließlich entbehren auch unsere Willensentscheidungen, die aus unseren Ideen hervorgehen, jeglicher soliden Grundlage.

Maurice Percheron schreibt dazu in *Le Bouddha et le Bouddhisme* (Paris 1974): »Die Synthese dieser verschiedenen Gruppen von Elementen (die wir das Bewußtsein nennen) ist also reine Täuschung.«

Wir können auch den berühmten Satz aus dem *Unvergänglichen Sutra* zitieren: »Die Erscheinungen des Lebens gleichen einem Traum, einem Trugbild, einer Luftblase, einem Schatten, dem glänzenden Tau, dem Schein des Blitzes, und so müssen wir sie betrachten.«

Wie soll man ein Trugbild zur Ruhe bringen? Wie

auf eine Entität – den Geist – einwirken, die aus ihrer eigenen Täuschung hervorgeht und diese Täuschung fortsetzen will?

In seiner langen Geschichte hat sich der Buddhismus leidenschaftlich mit diesem scheinbaren Paradoxon auseinandergesetzt, und dabei gelangte er zunächst zu der Erkenntnis, daß der Geist zwar vielleicht nicht existiert, daß die geistigen Operationen jedoch wie Kettenglieder ineinandergreifen. Daran können wir gar nicht zweifeln, sofern wir nicht im Absurden enden wollen.

Den inneren Frieden nun – das betont der Dalai Lama immer wieder – brauchen wir nicht zu erfinden, wir finden ihn vielmehr in uns und mit ihm den Weg der wahren Erkenntnis. So sagt es auch ein Autor namens Coomaraswami: »Er ähnelt einer Lampe, die es uns in einem dunklen Zimmer ermöglicht, die darin befindlichen Dinge zu erkennen.« Wir warten auf diesen Frieden, der notwendig und nützlich ist. Ohne ihn ist kein positives Handeln möglich. Aurobindo hat ihn folgendermaßen definiert: »Die von außen kommenden Tätigkeiten durchqueren dann die Stille des Geistes wie ein Vogel windstille Luft.«

Der Dalai Lama fährt fort:

»Dieser innere Friede ist wie gesagt eine Tatsache. Es hat keinen Sinn, das zu bestreiten und uns als Spielball ausschließlich aggressiver oder nach Herrschaft und Besitz strebender Kräfte darzustellen. Natürlich gibt es all diese gefährlichen Strebungen in uns, aber unter ihnen, in der Tiefe und weitaus dauerhafter, liegt der Friede. Wenn wir diesen Frieden als Tatsache erkennen und nutzen, können wir das Los der Menschheit wirklich verbessern. Aber zuerst müssen wir ihn erkennen, erreichen und bewahren.«

»Trotz allem, was Sie um sich her sehen und was Sie selbst erlebt haben, halten Sie daran fest, daß der Mensch von Natur aus gut und hilfsbereit ist?«

»Das denke ich nicht nur, es ist keine bloße Meinung, es ist eine Tatsache. Natürlich gibt es zahlreiche Umstände, die uns ungerecht, ehrgeizig oder aggressiv machen. Alles um uns her drängt uns in diese Richtung, und oft sind materielle Interessen dafür verantwortlich: Ich muß eine bestimmte Sache besitzen, sonst ist mein Leben nichts wert. Um diese Sache zu besitzen, muß ich mehr Geld verdienen. Um mehr Geld zu verdienen, muß ich kämpfen und mich gegenüber anderen durchsetzen. Und schon tritt wieder die Aggression auf den Plan.«

»Im Geschäftsleben gilt sie als positive Eigenschaft.«

»Ich weiß. Es heißt oft, die Welt sei durch Wettbewerb bestimmt, sie sei in ›Gewinner‹ und ›Verlierer‹ aufgeteilt, aber auch das ist eine falsche, eine grundfalsche Sicht. Eine vorschnelle, oberflächliche Sicht, die verkennt, daß es auch Selbstversenkung, Meditation und Reflexion gibt.«

»Wir sind also gar nicht so, wie wir uns sehen?«

»Das Bild, das wir von uns entwerfen, ist oft allzu gefällig. Wir behandeln uns selbst gerne mit Nachsicht. Wenn ein Mißgeschick uns trifft, geben wir die Schuld daran gerne anderen oder dem Schicksal oder einem Dämon oder einem Gott. Wir weigern uns, in uns selbst hinabzusteigen, wie der Buddha es empfohlen hat.«

»Und wenn wir in uns selbst hinabsteigen, finden wir das Mitgefühl, von dem Sie gesprochen haben?«

»Unvermeidlich. Sie selbst haben ja nur dank der Zuneigung anderer Menschen überlebt. Von der Wiege an und vielleicht schon im Mutterleib, denn man sagt, daß wir schon vor der Geburt für die Umwelt und die Gefühle, die man uns entgegenbringt, empfänglich sind. Ich bin sicher, daß eine glückliche Mutter auch ein glückliches Kind trägt. Wenn sie Ruhe und inneren Frieden ausstrahlt, wird auch das Kind davon beeinflußt.«

»Das sagt man in der Tat. Und zwar seit langem schon.«

»Und diese Zuneigung ist spontan, natürlich (er benutzt das englische *genuine*, das man auch mit ›authentisch‹ oder ›ursprünglich‹ übersetzen kann). Und die Mutter erwartet keine Gegenleistung von ihrem Kind. Es ist eine reine Liebe ohne jede Berechnung. Aber ohne diese Liebe könnte das Kind nicht leben.«

Er schweigt einen Augenblick, dann betont er noch einmal die segensreiche Wirkung dieses uneigennützigen Gefühls:

»Für uns alle war zu Beginn unseres Lebens die Liebe unser erster Halt. Kinder, die in dieser Liebe aufwachsen, lächeln öfter und sind freundlicher. Und allgemein sind sie ausgeglichener. Bei Kindern, die solche Liebe entbehren mußten, ist es umgekehrt. Sie sind härter und haben mehr Probleme.«

»Es gibt Ausnahmen, wie Sie sicher wissen. Die Einflüsse, unter denen unsere Persönlichkeit sich entwickelt, sind vielfältig und komplex. Manchmal können auch schlechte Bedingungen uns abhärten.«

»Uns aggressiver und härter machen.«

»Nicht zu vergessen die Vererbung, über die wir keine Kontrolle haben, obwohl die Biologen daran arbeiten. Manche Einflüsse kommen von sehr weit her. Einige behaupten sogar, aus Zeiten, als wir noch gar keine Menschen waren.«

»Das ist möglich. Wie schon gesagt, müssen wir akzeptieren, was die Wissenschaft uns lehrt. Aber generell können wir davon ausgehen, daß Hast und Eile, Konkurrenz, der sogenannte ›Streß‹ und das ehrgeizige Streben nach Erfolg oder Geld nicht gut für unseren Körper, unseren Organismus sind.«

»Für unseren Blutdruck?«

»Unter anderem auch für unseren Blutdruck. Wir müssen begreifen, daß die Liebe, von der ich spreche, keine Zwecke verfolgt, daß sie keine Gegenleistung erwartet. Es handelt sich nicht um Sentimentalität. Wirkliches Mitleid kommt ohne Gefühlsbindung aus. Auf diesen Punkt müssen Sie besonders achten, denn er läuft unseren Denkgewohnheiten zuwider. Nicht ein bestimmter Fall, ein bestimmter Mensch weckt unser Mitleid. Wir schenken unser Mitgefühl nicht infolge einer Wahlentscheidung. Wir schenken es vielmehr spontan, universell und ohne eine Gegenleistung zu erwarten.«

Schon der Hinduismus lehrte diese Uneigennützigkeit und Loslösung des Handelns. In der *Bhagavadgita* sagt Krishna, man dürfe sich in seinem Tun nicht um die »Frucht der Werke« kümmern, das heißt um die Ergebnisse und den materiellen oder geistigen Vorteil. Erst völlige Loslösung ermöglicht wahrhaftes und damit untadeliges Handeln. Sogar der Wunsch nach dem Sieg in einer Schlacht ist abzulegen, wie jedes Verlangen. Das gilt auch für das Selbstwertgefühl, das ich aus meinem Tun beziehen könnte. Ich darf nicht den Wunsch haben, als Wohltäter dazustehen und daraus Befriedigung in Gestalt von Selbstachtung ziehen. Schon dieser heimliche und nur schwer erkennbare Wunsch verdirbt unser Tun, denn dann steckt eine Bindung dahinter, eine Absicht, auch wenn sie geheim ist.

»Was ist mit Liebe und Sexualität?«

»Das sexuelle Verlangen strebt *per definitionem* nach seiner Befriedigung durch den Besitz eines anderen. Dabei handelt es sich zu einem Großteil um eine geistige Projektion, die durch ein bestimmtes Gefühl ausgelöst wird. Wir stellen uns vor, daß wir den anderen besitzen. In diesem Augenblick des Verlangens erscheint alles angenehm und begehrenswert. Man sieht keinerlei Hinderungsgrund und zögert nicht. Das begehrte Objekt scheint ohne Makel und aller Bewunderung wert zu sein.«

»Das ändert sich mit dem Besitz?«

»Natürlich. Sobald das Verlangen verschwindet – weil es befriedigt erscheint oder weil es mit der Zeit einfach schwächer geworden ist –, sehen wir den anderen nicht mehr in derselben Weise. Die Erscheinung des einst so begehrten Objekts verändert sich, und manchmal geschieht das ganz plötzlich. Manche sind dann ganz verblüfft. Das ursprüngliche Gefühl ist verschwunden und einer wechselseitigen Mißachtung gewichen. Beide entdecken das wirkliche Wesen des anderen, das ihnen durch ihr Begehren bislang verborgen geblieben ist. Das führt dann zu zerbrochenen Ehen, zu Streit, zu Prozessen, zu Haß.«

Ich hüte mich, ihm in diesem Punkt zu widersprechen, denn ich weiß, wie sehr das sexuelle Verlangen und mehr noch unser Streben nach sexueller Befriedigung zu allen Zeiten und von den meisten Traditionen verdammt worden sind. Die Worte des Dalai

Lama lassen an Augustinus, Tertullian und viele andere denken.

Der Buddhismus hat die sexuellen Praktiken auf seine Weise kodifiziert. Es gibt eine korrekte Praxis und unzulässige Praktiken (Fellatio, Sodomie, Masturbation). Homosexualität ist nicht per se unzulässig, aber sie wird es aufgrund der unzulässigen Praktiken, die fast unvermeidlich damit verbunden sind.

Manche Unterscheidungen mögen uns erstaunen. So ist der Umgang mit Prostituierten nicht zu beanstanden, sofern er sich auf korrekte Praktiken beschränkt und der »Kunde« die Prostituierte für ihre Dienste bezahlt. Würde sie von einem Dritten bezahlt, wäre dies jedoch unzulässig.

Zum Schutz gegen Aids akzeptiert der Buddhismus den Gebrauch von Kondomen. Aber der Dalai Lama sagt immer wieder, wenn auch mit einem Lächeln, der beste Schutz seien Keuschheit und Enthaltsamkeit.

Am besten ist der Verzicht – das sagt man uns ständig; es ist das Eingeständnis einer Niederlage und zugleich ein Aufruf zur Flucht. In diesem Punkt also nichts Neues.

Der Dalai Lama kommt auf die Liebe zurück, auf diese »klare Erkenntnis«, die sich zwischen zwei Menschen entwickeln kann, sofern sie sich gegenseitig achten.

»Dann entsteht ein Gefühl der Nähe. Die beiden Liebenden fühlen sich einander nahe und manchmal sogar sehr nahe. Aus dieser Nähe kann eine wirkliche Liebe entstehen, wie sie zwischen Mutter und Kind besteht. Diese Liebe beruht nicht auf Vorstellungen wie ›dieser Mensch ist mir nahe, er ist für mich geschaffen, wir ergänzen einander auf wunderbare Weise‹ oder ›er ist gut für mich, er tut mir wohl, mit ihm wird mein Leben besser werden‹. Es handelt sich vielmehr um eine spontane Zuneigung, die frei von jeder Berechnung ist.«

»Trotzdem gibt es da eine Wahl. Ich empfinde nicht für jeden beliebigen Menschen Zuneigung, sondern für einen ganz bestimmten.«

»Ja, aber diese Zuneigung kann sich über diese eine Person hinaus auch auf andere Menschen ausdehnen. Wenn sie wirklich rein ist, kennt sie keine Voreingenommenheit und ist dann auch nicht mehr das Ergebnis einer Wahl. Sie kann sich sogar auf unsere Feinde erstrecken, die geradeso leiden können wie wir.«

Er überlegt einen Augenblick, dann fährt er fort:

»Ich kann es auch anders ausdrücken. Das Mitgefühl kann sich auf zwei Ebenen bewegen. Auf der ersten, der einfacheren Ebene kann ich den anderen als meinesgleichen sehen. Ich habe keinen Zweifel, daß alle Menschen einander ähnlich sind, daß sie dieselben Gefühle, Hoffnungen und Ängste haben. Die Unterschiede, die körperlichen (wie die Hautfarbe oder die Form der Augen) und die kulturellen, bestätigen diese Ähnlichkeit nur und stellen sie noch deutlicher heraus.«

»Sie wollen sagen: Das Einende ist stärker als das Trennende?«

»Sehr viel stärker. Gerade weil es Unterschiede gibt, springen uns die Gemeinsamkeiten um so deutlicher ins Auge. Alle rassistischen oder rassisch-kulturalistischen Theorien, die einander in der Geschichte abgelöst haben, sind barer Unsinn und außerdem schädlich. Sie führen nur in blutige Sackgassen. Heute, da aus allen Teilen der Erde Bilder zu uns gelangen, scheint mir diese fundamentale Einheit erst recht eine unbestreitbare Tatsache zu sein. Jedes neue Denken müßte auf dieser Grundlage aufbauen.«

»Der Buddhismus hat sich von jeher als universell verstanden.«

»Genau.«

»Und die zweite Ebene?«

Mein Gesprächspartner liebt es, nach »Ebenen« zu unterscheiden. Darin folgt er einer ganzen Tradition und vor allem deren Gründer Shakyamuni. Es heißt, er habe seine Äußerungen sehr sorgfältig auf die Fähigkeiten seiner jeweiligen Zuhörer abgestimmt und manche, gelegentlich als »esoterisch« eingestufte Lehren denen vorbehalten, die sie zu verdienen schienen. Er sagte: »Ich richte mich in meiner Sprache nach den Verständnismöglichkeiten des einzelnen und korrigiere die Irrtümer, zu denen meine Lehre Anlaß geben könnte, indem ich in Bildern spreche.« In der Folgezeit »entdeckten« Mönche immer wieder einmal, meist in zugemauerten Grotten, Texte des Gründers, die er dort versteckt hatte.

Bekanntlich breitete die neue Lehre sich während der ersten Jahrhunderte in verschiedenen Formen in Asien aus. Die Historiker unterscheiden allgemein zwischen dem »Kleinen Fahrzeug« (Hinayana), das sich vor allem in Ceylon, Birma und Kambodscha durchsetzte und den ursprünglichen Buddhismus ohne Kontroversen und raffinierte Spekulationen beibehielt, und dem »Großen Fahrzeug« (Mahayana), das Mittel- und Nordasien, China, Tibet, Japan und Korea für sich gewann. Der Mahayana-Buddhismus ist komplexer, spekulativer und vielfältiger, er hat zahlreiche Schulen hervorgebracht, neue Entitäten wie die *bodhisattvas*, Konzepte wie das der Leere und viele neue Formulierungen geschaffen, aber auch magische und mystische Elemente aufgenommen. Er hat den Tantrismus akzeptiert und sich in das » diamantene Fahrzeug«, Vajrayana, verwandelt, eine Richtung, die auf der getreuen Ausführung der Rituale besteht.

Diese Geschichte ist ausgesprochen kompliziert und gehört ins Arbeitsgebiet der Religionshistoriker. Einmal unterhielt ich mich mit Lhakdor, dem Dolmetscher und religiösen Assistenten des Dalai Lama. Wir kamen auf die verschiedenen »Fahrzeuge« zu sprechen, und er sagte mir lächelnd: »Wir haben diese verschiedenen Schulen in uns selbst. Manche bleiben beim Hinayana. Andere gehen bis zum Vajrayana.«

»Die zweite Ebene«, erklärt der Dalai Lama, »führt den Gedanken der Wechselseitigkeit ein. Wir haben schon darüber gesprochen. Für uns steht fest: Wenn ich gegenüber anderen Haß entwickle, werde auch ich Haß und Leid erfahren. Wenn ich dagegen Liebe und Mitgefühl entwickle, werde auch ich eines Tages Nutzen daraus ziehen.«

»Dasselbe gilt für die Toleranz.«

»Allerdings. Fanatismus führt ebenso unausweichlich nur wieder zu Fanatismus auf der Gegenseite.«

»Seit die Menschheit über die Sprache verfügt, sagt sie immer wieder, daß Gewalt nur Gewalt erzeugt. Trotzdem bleibt sie gewalttätig. Offenbar ist es unmöglich, diese Kette zu zerreißen.«

»Ich glaube nicht, daß es unmöglich ist. Aber zweifellos sehr schwierig. Die Grundlage jeder Sittenlehre müßte das Gebot sein, auf Angriffe nicht zu reagieren. Natürlich sind ›Mitgefühl‹ und ›Toleranz‹ nur Worte. Und Worte haben für sich allein noch keine Macht. Unser erster Gedanke ist immer, Angriffe zu erwidern und vielleicht auch, uns zu rächen, auch wenn uns das nur Leid einbringt. Deshalb sagt der Buddhismus immer wieder: Macht die Erfahrung der Ruhe. Versucht es zumindest einmal. Die Meditation kann euch helfen, in euch selbst Toleranz zu entdecken. Wenn ihr sie praktiziert, werdet ihr sehen, daß sie euch nützt. Und euer Beispiel wird dazu beitragen, daß die Toleranz sich ausbreitet.«

»Und wenn wir statt dessen Haß in uns finden?«

»Dann haben Sie nicht tief genug gesucht.«

In Abwandlung eines alten Wortes hat der Dalai Lama einmal geschrieben: »Wer dir Schaden zufügt, ist nicht nur jemand, der deiner Aufmerksamkeit bedarf; du solltest in ihm auch deinen spirituellen Führer erblicken. Du wirst sehen, daß dein Feind dein bester Lehrer ist.«

Ich sage ihm, daß mir diese Sicht des Feindes als oberster Guru sehr gut gefällt – obwohl es mir sehr schwierig erscheint, eine solche Einstellung zu entwickeln.

»Unser Feind«, sagt er, »bietet uns die kostbare Gelegenheit, bessere Menschen zu werden.«

»Ohne Feinde würden wir schwächer werden, würden wir an menschlicher Qualität verlieren?«

»Zweifellos.«

»Also, je mehr Feinde wir haben, desto größer unsere menschliche Qualität?«

Er lacht und sagt:

»Bei all den Feinden, die wir haben, müßten wir ganz unvergleichlich dastehen.«

Damit meint er offenbar die Chinesen.

Ich komme einen Augenblick auf den Hinduismus zurück:

»Die Wechselseitigkeit, von der Sie sprechen, kommt auch in einem Satz des *Mahabharata* zur Sprache, den manche Kommentatoren für den Kernsatz des ganzen Werkes halten, für den Diamanten, von dem alles Licht ausgeht.«

»Welchen Satz meinen Sie?«

»Man kann ihn nur vor dem Hintergrund der hinduistischen *dharma*-Auffasung verstehen, wonach das individuelle *dharma* zur Sicherung des kosmischen *dharma* beiträgt. Der Satz lautet: ›Wenn das *dharma* beschützt wird, schützt es; wenn es zerstört wird, zerstört es.‹ «

»Ich verstehe.«

»Wenn es dieses geheimnisvolle Gesetz wirklich gibt, wenn die kosmische Ordnung von unserem Handeln abhängt oder wenn unser Tun, wie es in der buddhistischen Lehre heißt, auf jeden Fall Konsequenzen haben wird, in diesem oder einem anderen Leben, sind wir dann nicht versucht, unser Handeln an einem Ziel auszurichten, uns also um ›die Früchte unserer Werke‹ zu kümmern? Sind wir dann nicht versucht, aus unserem Tun Nutzen zu ziehen?«

»Aber das ist doch ein ganz natürliches Verlangen. Vollkommen natürlich. Und wenn es uns zu einem besseren, höheren, überlegteren Handeln veranlaßt, um so besser.«

»Ein Verlangen kann also auch gut sein.«

»Aber natürlich. Wenn Skakyamuni sagt, unsere notwendig unerfüllten Begierden trügen dazu bei, uns in einer unvollkommenen Weltsicht festzuhalten, dann heißt das keineswegs, daß jegliches Begehren auszuschalten wäre.«

»Er selbst war von dem brennenden Wunsch beseelt, gehört zu werden.«

»Das war sogar mehr als ein Wunsch, es war eine Notwendigkeit, die aus seinem Mitgefühl erwuchs. Wir müssen uns klar machen, daß ein Wunsch positiv oder negativ sein kann. Selbst der Wunsch nach einem persönlichen Gut – nach Gesundheit, wenn man krank ist; nach einer Schale Reis, wenn man hungrig ist – selbst dieser Wunsch ist vollkommen gerechtfertigt. Das gilt sogar für den Egoismus.«

»Es gibt einen positiven Egoismus?«

»Aber sicher. In den meisten Fällen führt das Bestehen auf dem eigenen Ich zur Enttäuschung oder zu einem Konflikt mit den ebenso ausschließlichen Ansprüchen anderer. Vor allem wenn diese übermäßige Ichbezogenheit Launenhaftigkeit und Anspruchsdenken zur Folge hat.«

»Wie wir es gelegentlich bei Filmstars erleben.«

»Auch anderswo. Die Illusion eines beständigen Ich ist eine Gefahr, die uns alle bedroht. ›Ich will dies, ich will das.‹ Manchmal geht das bekanntlich bis hin zum Mord. Übertriebener Egoismus führt zu unkontrollierbaren Perversionen, die stets ein übles Ende nehmen.«

»Am Rande des Wahnsinns.«

»Andererseits kann ein selbstsicheres Ich auch ein sehr positives Element sein. Wir haben ja schon von der Umwelt und vom Schutz unserer Erde gesprochen. Wenn ich mich dazu entschließe, diesen schweren Kampf um die Rettung der Erde aufzunehmen, muß ich meiner selbst schon gewiß sein. Ohne eine starkes Selbstgefühl – das heißt, ohne sich seiner Fähigkeiten, seiner Möglichkeiten und seiner Überzeugungen sicher zu sein – kann niemand solch eine Aufgabe angehen. Da braucht man schon Selbstvertrauen, das liegt doch auf der Hand.«

»Ein Selbstvertrauen, das im besten Fall zu der Überzeugung führt: Da ich es tun kann, muß ich es tun.«

»Genau. Ich möchte noch einmal auf den *bodhisattva* zurückkommen, diese Idealgestalt, die sich das Recht auf das *nirvana*, auf die absolute Ruhe im Licht, erworben hat, aber darauf verzichtet und lieber im Kontakt mit dieser Welt bleibt, um ihr zu helfen; oder anders gesagt, die keine wirkliche Ruhe finden kann, solange noch eine Spur von Leid in dieser Welt zu finden ist; wenn wir uns diese Idealgestalt zum Vorbild nehmen, genügt es nicht, die Sutren zu lesen. Es genügt nicht, wenn man sich fragt, wo dieser oder jener *bodhisattva* ist, in welche Richtung ich mich verbeugen muß und was ich ihm sagen soll.«

Er lacht und fährt fort:

»Vielmehr müssen wir diesen *bodhisattva* in uns selbst erschaffen. Wenn ich mir mit voller Überzeugung sage, daß es meine Aufgabe ist, mich in den Dienst der Lebewesen zu stellen, und zwar für einen Zeitraum, den niemand abschätzen und der sogar endlos sein kann, dann bedarf das schon vollster Entschlossenheit. Ohne ein sehr starkes Ich ist solche Entschlossenheit undenkbar.«

»Aber diesem starken Ich drohen auch viele Gefahren.«

Ich erzähle ihm eine spanische Anekdote über den Prior eines Klosters im 17. Jahrhundert, einen Mann, der in seinem Streben nach Heiligkeit hart gegen andere und sich selbst war. Eines Tages sagte er: »Was die Demut angeht, fürchte ich niemanden.«

Dieser Ausspruch amüsiert meinen Gesprächspartner sehr, und er kommt auf die dem Mahayana-Buddhismus eigene Idealgestalt des *bodhisattva* zurück. Die *bodhisattvas* wollen uns helfen, auch wenn sie dabei Gefahr laufen, sich zu verlieren und mit uns in der »Hölle« zu leben, weil sie nicht davon ablassen wollen, uns zu helfen.

Natürlich ist diese Hölle nicht die unsere, in der lauter Teufel um Kessel mit siedendem Öl tanzen. Vielmehr handelt es sich um einen unteren Zustand in der Kette der Wiedergeburten, einen Zustand, der bei entsprechendem Handeln und *karma* bis hin zu physischem Leiden und einem Dasein als Tier führen kann. Ein weiterer Unterschied liegt in der ständigen Möglichkeit, diese niederen Regionen, in die sich die *bodhisattvas* leidend hineinwagen, hinter sich zu lassen, um in einem besseren Leben wiedergeboren zu werden, während unsere Hölle keinerlei Hoffnung mehr läßt und deshalb eigentlich nicht mit der angeblichen Güte Gottes vereinbar scheint.

»Diese Entschlossenheit«, fährt der Dalai Lama fort, während ein Mönch uns lächelnd Tee serviert, »ist eine Verbindung zweier Wünsche: des Wunsches, anderen zu helfen, und des Wunsches, die Buddhaschaft zu erlangen.«

»Letzteres mag egoistisch erscheinen.«

»In gewissem Sinne ja. Gerade deshalb bringen wir dem *bodhisattva*, der auf den Zustand der Glückseligkeit verzichtet, solche Achtung entgegen.«

»Denn man kann kein Gott sein wollen?«

»Nicht zur selben Zeit. Wenn ein hochmögender Mensch beschließt, sich in den Dienst der anderen zu stellen, verzichtet er auf die Buddhaschaft. Er braucht all seine Kraft und all sein Wissen. Wie sollte eine Mutter, die keine Hände hat, ihr Kind aus dem Fluß ziehen? Wenn wir eines Tages die Buddhaschaft erlangen, können wir den anderen auch in vollem

Maße helfen, aber auf andere Weise, indem wir uns besonders denen zuwenden, mit denen wir in enger Verbindung gestanden haben. Von diesem ersten Kreis her breitet sich dann der Wille aus, allen Lebenwesen zu helfen.«

»Wir tragen also diesen Wunsch in uns?«

»Ja, wir alle, auch wenn er verborgen bleibt. Wir nennen dieses Gefühl *maitri*, was oft mit ›Liebe‹ übersetzt wird. Aber auch das hat nichts mit Sentimentalität zu tun. Es handelt sich um eine konkrete Disposition, den anderen zu helfen. ›Alle Wesen sollen glücklich sein‹, sagt Shakyamuni. Irgend etwas drängt uns, zu diesem universellen Glück beizutragen. Wir müssen dieses *maitri* entdecken und zur Wirkung bringen.«

»Das ist das Privileg der Buddhaschaft?«

»Das ist das Wesen der Buddhaschaft. Zwei Wünsche kommen hier zusammen: allen Lebenwesen zu helfen und in der Verwirklichung dieses Ziels die Buddhaschaft zu erlangen. Auf diese Weise erreichen wir den ›Geist der Erleuchtung‹, den wir *bodhicitta* nennen.«

»Die Erleuchtung ist also untrennbar mit dem Mitgefühl verbunden?«

»Absolut untrennbar. Jede Tat, die den anderen nützt, stärkt den Geist.«

»Und wir alle haben die Möglichkeit, diese Erleuchtung zu erreichen?«

»Alle. Ausnahmslos. Wie wir ja auch alle das Mitgefühl in uns tragen.«

Eine weitere Definition des Geistes der Erleuchtung lautet: »Die Erleuchtung zugunsten der anderen erreichen.« Hier haben wir zweifellos den innersten

Kern des Buddhismus vor uns, der die Vervollkommnung der Lebewesen untrennbar mit dem universellen Mitgefühl verknüpft. Auf diesen Punkt hat man von jeher viel geistige Arbeit verwandt; er stellt eine enge Verbindung zwischen zwei Gedanken her, die uns heterogen erscheinen. Denn in anderen Traditionen finden wir zahllose Beispiele von Menschen, die den Zustand der Heiligkeit endgültig erreicht haben und nun bei Gott oder im Paradies weilen, nachdem sie – oder auch gerade weil sie – unsere Welt vollkommen hinter sich gelassen haben; und diese Loslösung gestattet es ihnen, sich ganz auf Gott zu konzentrieren, auf das »wahre Leben« oder das »wahre Reich«, die nicht von dieser Welt sind.

Andererseits kennen wir auch Menschen, die sich in ihrer Nächstenliebe vollständig ihren Mitmenschen widmen (etwa in den humanitären Organisationen oder der Umweltbewegung), die ganz in ihrem tagtäglichen Kampf aufgehen und sich nicht um ihr persönliches Heil kümmern.

Schon in seinen allerersten Predigten empfahl Prinz Siddharta, der beide Extreme an sich selbst erlebt hatte, den weltlichen Weg zu meiden, ob er nun aus Freuden oder Werken bestand, aber zugleich auch den »widrigen, abscheulichen« Weg des Verzichts und der Askese zurückzuweisen, der zu gar nichts führe. In der berühmten Predigt von Benares spricht er deshalb vom *mittleren Weg*, der »zur Einsicht, zum Wissen, zum Frieden, zur Erkenntnis, zur Erleuchtung und ins *nirvana*« führe. Und dieser Weg ist seinerseits definiert durch die acht Pfade, aus denen er besteht und denen man unbedingt folgen solle: »rechte Erkenntnis, rechte Gesinnung, rechte Rede, rechtes

Handeln, rechtes Wandeln, rechtes Mühn, rechte Einsicht, rechte Einigung«.

Darauf wendet sich der Buddha den vier Grundwahrheiten zu, deren erste die Wahrheit des Leidens ist (die übrigen drei sind die Entwicklung des Leidens, die Auflösung des Leidens und der zur Auflösung des Leidens führende Weg). Damit ist der Zusammenhang zwischen persönlicher Vervollkommnung und der Realität des Leidens (das es zu mildern gilt, zumal die Mittel dazu existieren) ausdrücklich hergestellt, und man wird ihn nicht mehr in Frage stellen. Im Gegenteil, alle großen Nachfolger Shakyamunis bemühten und bemühen sich heute noch, diesen Zusammenhang zu betonen. Besser werden heißt, den anderen zu helfen.

Was ist Buddhaschaft?

Eine erste Antwort ist einfach: Es ist unmöglich, in Worten zu sagen, was die Buddhaschaft ist. Worte sind unvollkommen und irreführend. Die indischen und chinesischen Traditionen haben stets größte Wachsamkeit gegenüber Definitionen gepredigt. Die besten sind solche, die sich nicht im Netz der Worte verfangen.

Um Zugang zur Buddhaschaft zu finden, kann man zunächst einmal von »etwas« sprechen, das geschieht, das ewig und universell ist und von dem »keine Spur bleibt«. Deutlich ist aber, daß dieses »etwas« darin besteht, »seinen Geist und den der anderen zu befreien«.

Wie vor allem der Zen-Buddhismus immer wieder betont, sind Erleuchtung und Erwachen so einfache, natürliche Vorgänge, daß wir keine Anzeichen finden können, ob wir Buddhas geworden sind. Und dennoch haben wir Verbindung zur höchsten Wahrheit –

der wir uns in unseren Gesprächen langsam nähern –, und diese Wahrheit ist die Leere.

Die Buddhanatur ist in jedem von uns, sie ist in jedem Lebewesen und sogar in jedem Atom. Die Unreinheit, die wir in unseren verschiedenen Leben ansammeln, können sie verdunkeln, nicht aber auslöschen. So schrieb Nagarjuna:

Wenn befleckter Metallschmuck
zur Reinigung ins Feuer gelegt wird,
dann verbrennt die Unreinheit,
nicht aber der Schmuck.
Ebenso ist es mit dem Geist,
der seiner Natur nach klares Licht,
aber durch unreine Begierden beschmutzt ist.
Die Unreinheit verbrennt im Feuer der Weisheit,
doch seine Natur, das klare Licht, bleibt.

Der Geist, die stärkste Macht des Universums, vermag so jeglicher Beschmutzung zu entgehen, er kann besser (oder auch schlechter) werden, er kann sich selbst bis zur Buddhaschaft führen, indem er seine eigene unveränderliche Buddhanatur erkennt und pflegt.

Shantideva beschrieb den Geist der Erleuchtung folgendermaßen:

Er ist der köstliche Nektar,
Der die Herrschaft des Todes bricht,
Der unerschöpfliche Schatz,
Der dem Elend der Welt ein Ende setzt.

Dann vereinigt sich der Geist mit dem Geist des Buddha, diesem Stoff, den man den subtilen Geist nennt, der ohne Anfang und ohne Ende ist, unabhängig vom Körper und vom Gehirn und zweifellos die eigentliche Ursache des Bewußtseins. Dieser subtile Geist, der sich nun endlich frei von jeder Bindung manifestiert, hat alle Hindernisse beseitigt, die sich der Einsicht in das »letzte Wesen jeglicher Existenz« in den Weg stellen.

Seit zweitausendfünfhundert Jahren haben Dichter und Denker eingehend beschrieben, was sich in Worten gar nicht beschreiben läßt. Aber allein die Erfahrung zählt. Wie Shantideva sagte: »Kann ein Kranker gesund werden, wenn er nur ein medizinisches Buch liest?« Sicher ist indessen: der Weg ist lang, die Veränderungen, die in uns stattfinden, erfordern Zeit und Geduld, und die Erleuchtung ist nicht immer deutlich zu spüren. Im übrigen empfehlen verschiedene Schulen unterschiedliche Wege, die alle vor dem Unsagbaren, jenem Bereich der Dunkelheit und des Schweigens, halt machen. Jegliche Dualität verschwindet, die Welt und wir sind nicht länger unterschieden, und die gesprochene und gehörte (oder gelesene) Sprache basiert bekanntlich wie jede Kommunikation auf der zumindest konventionsbedingten Trennung von Sprechendem und Hörendem.

In einem schönen chinesischen Gedicht mit dem Titel *Inschrift über das Vertrauen in den Geist*, das aus dem Mittelalter stammt und Seng Can zugeschrieben wird (man sagt, die Erleuchtung habe ihn auch von der Lepra geheilt), heißt es:

Authentischer Geist: nicht zwei
Nicht zwei: authentischer Geist
Jegliche Rede endet.
Kein Hin und Her mehr.

Wir kommen auf die Begierden zurück.

»Wer behauptet, jegliches Begehren sei negativ, der irrt sich. Manche legen Begriffen wie Selbstvergessenheit und Loslösung allzugroße Bedeutung bei; das führt dann zu Übertreibungen, etwa zu der Ansicht, man dürfe nie an sich selbst denken.«

»Das Selbstgefühl ist oftmals zu groß. Kann es auch zu klein sein?«

»Ja. Dann läuft es Gefahr, in Selbsthaß umzuschlagen. Das ist eigentlich erstaunlich...«

»Aber weiter verbreitet, als man denkt. Was halten Sie von der Psychoanalyse?«

»Obwohl das Unbewußte im Buddhismus schon lange bekannt ist, haben wir die Psychoanalyse nie praktiziert. Es handelt sich wohl um ein kulturelles Phänomen, das aus dem Westen übernommen worden ist. Auf alle Fälle ist sie sehr interessant. Aber der Buddhismus stützt sich gerne auf direkte Erfahrung. Und das ist in der Psychoanalyse anders. Ich habe sie nie praktiziert, darum zögere ich, mich dazu zu äußern.«

»Der Buddhismus interessiert sich leidenschaftlich für Struktur und Funktionsweise des Geistes; dem Westen geht es heute ganz ähnlich.«

»Allerdings aus einer anderen Perspektive.«

»Sind Sie schon einmal mit Hirnspezialisten zusammengetroffen?«

»Ja, mehrfach.«

»Da die Wissenschaft heute weiß, daß Forschung sich nicht vom Geist des Beobachters und Analysierenden trennen läßt, kommt es vor allem darauf an, diesen Geist zu erkennen. Um ihn zu erkennen, müssen wir das Gehirn studieren, in dem wir den Träger unseres Denkens erblicken.«

»Ich weiß«, erwidert er. »Niemand kann bestreiten, daß Gehirn und Geist miteinander verknüpft sind. Das ist offenkundig. Aber der Buddhismus sagt nicht, Denken und Bewußtsein seien in jedem Falle und notwendig an die Moleküle des Gehirns gebunden. Wir unterscheiden mehrere Bewußtseinsebenen. Die oberste Ebene hat keinen materiellen Träger. Deshalb ist dieses Bewußtsein unzerstörbar.«

»Für Sie existiert das Denken – oder sagen wir: der Geist, das Bewußtsein – jenseits eines materiellen Trägers?«

»Auf einer bestimmten Ebene ja. Ohne jeden Zweifel. Es existiert unabhängig von den physikalischen Teilchen.«

Das ist ein alter Streit. In den letzten zehn Jahren hat er sich zugespitzt, so daß der Konsens verloren gegangen ist. Obwohl viele Neurobiologen an der Auffassung festhalten, wonach allein das Gehirn Bewußtsein und Denken hervorbringt, ist die spiritualistische Tradition, die Geist und Körper (oder Seele und Körper) voneinander trennt, keineswegs von der Bildfläche verschwunden, selbst bei Wissenschaftlern. Die Psychoanalytiker leisten natürlich Widerstand, aber auch manche Psychiater und Soziologen.

Ich berichte dem Dalai Lama von mehreren Begegnungen mit dem Nobelpreisträger Gerald Edelman, einem Immunologen, der ein starkes Interesse an der Hirnforschung entwickelt hat und das Gehirn als das »komplexeste Objekt der Welt« bezeichnet (*Unser Gehirn – ein dynamisches System*, München 1993). Ich erzähle ihm auch von einem Theaterstück mit dem Titel *L'Homme qui*, an dem ich zusammen mit mehreren Schauspielern unter Leitung von Peter

Brook drei Jahre lang gearbeitet habe. Angeregt von den neurologischen Arbeiten des Engländers Oliver Sacks, besuchten wir neurologische Abteilungen von Kliniken, in New York, in Delhi und vor allem im Pariser Hôpital de la Salpêtrière. Die Ärzte zeigten uns Patienten mit verschiedenen Hirnverletzungen, die zu den unterschiedlichsten Störungen führten, zu Aphasie, Amnesie, Agnosie, aber auch zu nichtklassifizierbaren Verhaltensweisen, die lange als bizarr und singulär galten, heute aber unter dem Gesichtspunkt von Hirnverletzungen untersucht werden.

Bei dieser Gelegenheit konnten wir sehen, daß es zu einem vollkommenen Mißverhältnis zwischen dem Gehirn und den Sinnesorganen kommen kann. Jemand, den man keineswegs als »verrückt« bezeichnen könnte, hört Stimmen, die ein seit Kindertagen längst vergessenes Lied singen. Manche Patienten erkennen einen Arm oder ein Bein nicht als ihr eigenes an und wollen es ausreißen oder stoßen es weg. Ein anderer ist felsenfest davon überzeugt, daß er in einem Traum lebt, daß die Klinik, in der er sich befindet, und die Ärzte, die ihn behandeln, lediglich Produkte dieses Traums sind – aus dem er zu erwachen hofft, indem er aufs Dach steigt und sich ins Leere stürzt. Ein anderer kann eine Rose bestens beschreiben, wenn man sie ihm zeigt, den Stiel, die Blätter, die Blüte, aber er ist unfähig, das Wort »Rose« auszusprechen. Ein anderer kann nicht »nein« sagen, es sei denn, man droht ihm Schläge an. Ein anderer muß unablässig eine Kerze anstecken und wieder löschen, wenn er nur Streichhölzer in die Hand bekommt. Und wieder ein anderer sieht nur die rechte Hälfte des Bildes, das sich seinen Augen bietet (die im übrigen beide vollkommen funktionsfähig sind); er ißt nur die rechte Hälfte seines Schnitzels und rasiert sich nur die rechte Seite seines Gesichts.

Und so weiter. Die Liste ist endlos.

Dieses ganze Spektrum abweichenden Verhaltens hat seine Ursache in erkennbaren Hirnverletzungen, und vielleicht erklärt es all die Fälle von Erleuchtung und Besessenheit, die uns die obskure Geschichte der Menschheit zu bieten hat.

Heißt das nun, daß unser gesamtes Verhalten seine Erklärung in bloßen Hirnfunktionen findet?

»In Wirklichkeit«, sage ich ihm, »ist das Gehirn immer noch weitgehend unerforscht. Wir wissen erst sehr wenig über das Funktionieren unserer hundert Milliarden Gehirnzellen. Edelman unterstellt die Möglichkeit einer Evolution, einer natürlichen Auslese unter den Neuronen. Andere vergleichen das Gehirn mit einer Gesellschaft; sie identifizieren bestimmte Neuronentypen, es gibt Anziehung, äußere Einflüsse, Kombinationen und Abstoßung; es gibt Oberhäupter und Netzwerke – warum nicht auch Sekten?«

Ich berichte ihm auch von der Teilchenphysik, deren Thesen im Widerspruch zu überkommenen Vorstellungen stehen. Die Neurobiologen sagen einerseits, der Geist sterbe oder scheine jedenfalls zu verlöschen und zu sterben, wenn das Gehirn seine Tätigkeit einstellt (die Substanz des Geistes oder des Denkens ist nie gefunden worden); andererseits sagen uns die Physiker, daß die elementarsten Bestandteile unserer Materie (die Elementarteilchen) niemals sterben und gar nicht sterben können. Unsere Teilchen setzten sich zu anderen Körpern pflanzlicher, tierischer oder sonstiger Art zusammen, die allerdings ihrerseits wieder vergehen.

Und die Zahl der Elementarteilchen ist so groß –

sagen und beweisen uns die Naturwissenschaftler –, daß wir bei jedem Atemzug ein paar Partikel von Sokrates, seiner Kleidung oder der Zwiebeln einatmen, die er gegessen hat, und nicht nur von Sokrates, sondern von Millionen und Abermillionen namenloser Menschen, die einmal auf dieser Erde gewandelt sind und aus derselben Elementarmaterie bestanden haben, die unablässig vom einen zum anderen übergeht. So atmet der Dalai Lama bei jedem Atemzug einige Partikel ein, die einst den Buddha Shakyamuni gebildet haben. Und auch ich atme einige dieser Partikel ein, und die übrigen Personen im Raum desgleichen, ja, alle Bewohner der Erde.

Unsere Elementarmaterie ist unsterblich, während unser Geist und unser Bewußtsein zu sterben scheinen, wenn das Gehirn zum Stillstand kommt.

»Damit scheint die moderne Wissenschaft die alte Vorstellung umzukehren«, sagt der Dalai Lama, »wonach die Materie vergänglich, der Geist dagegen unsterblich ist.«

»Allerdings mit Vorsicht. Zwar neigen manche Wissenschaftler zu radikalen Äußerungen, andere sprechen jedoch lieber von ihrer Ungewißheit und sogar ihrer Unwissenheit. Auf die Frage: ›Was wird nach dem Tod aus dem Geist?‹ antworten sie: ›Wir wissen es nicht‹. «

»Das ist eine sehr wissenschaftliche Einstellung.«

»Sie sagen: Wir verlieren die Spur des Geistes, wir sehen ihn nicht mehr, wir wissen nicht, ob er das Gehirn überlebt.«

»Aber eines Tages werden sie es vielleicht wissen?«

»Sie hoffen es. Jedenfalls forschen sie weiter. Sie sagen, sie stehen erst am Anfang.«

»Die Buddhisten werden immer bereit sein, ihnen zuzuhören.«

»Und ihre Meinung zu ändern?«

»Warum nicht?«

Ich frage ihn:

»In den buddhistischen Schriften heißt es oft, die Hand könne nicht die Hand ergreifen, das Auge könne das Auge nicht sehen. Kann der Geist sich selbst erforschen?«

»Das ist eine schwierige Frage.«

Er denkt lange nach, bevor er antwortet.

»Kann der Geist den Geist auch nur sehen? Darauf müssen wir mit Ja und Nein antworten. Nein, weil der Geist nicht zugleich Subjekt und Objekt sein kann. Darüber haben wir schon gesprochen. Ich glaube, in diesem Punkt sind Osten und Westen sich weitgehend einig. Der Geist greift stets, ob er will oder nicht, wissentlich oder unwissentlich in das Beobachtete ein. Um so mehr, wenn er selbst das Beobachtete ist. Aber der Geist kann sich nicht als Ganzes beobachten. Das ist vollkommen unmöglich.«

»Selbst wenn ein Geist einen anderen beobachtet?«

»Selbst dann«, erwidert er. »Sie spielen hier auf die westliche Methode der systematischen Beobachtung und des Experiments an. Natürlich gelangt sie zu Ergebnissen, geradeso wie Psychiatrie oder Psychoanalyse. All diese Ansätze sind wertvoll, aber partiell.«

»Sie ähneln Armeen, die ein und dieselbe Festung belagern, allerdings mit verschiedenen Ausrüstungen.«

»Trotzdem beobachtet hier stets der Geist den Geist. Und er möchte ihn als Ganzen beobachten.

Wir dagegen sind der Meinung, daß es besser ist, vom Innern der Festung auszugehen und dann Schritt für Schritt vorzudringen, von einem Bereich zum nächsten.«

»Auf unterschiedlichen Ebenen?«

»Genau. Und dieses Verfahren ist in Teilen durchaus möglich. Zum Beispiel kann mein heutiger Geist sich an meinen gestrigen Geist erinnern, an seine Gedanken, seine Fragen, seine Überzeugungen. Anders gesagt, in gewissem Maße kann ich durchaus sehen, in welchem Zustand mein Geist sich gestern befunden hat. Das ist ein Anfang, und dieses Vorgehen kann mich recht weit führen.«

»Das heißt?«

»Der Buddhismus hat in seiner Geschichte schon immer sehr viele, ich glaube sogar mehrere Hunderttausend geistige Operationen unterschieden.«

Er ist sich seiner Schätzung nicht ganz sicher und fragt Lhakdor; der bestätigt seine Zahl.

Erstaunt über diese Zahl, frage ich ihn:

»Niemand kann all diese Operationen kennen. Ein ganzes Leben würde dazu nicht ausreichen.«

»Sogar mehrere Leben würden nicht ausreichen. Aber auch hier sind verschiedene Arbeitsebenen möglich.«

Ich sage ihm, daß dieses gewaltige Unternehmen des Buddhismus mir in der Geistesgeschichte einzigartig zu sein scheint. Offenbar fehlt uns etwas: die ruhige Beobachtung des Geistes als solchen. In der Geschichte des Christentums etwa finden wir nichts Vergleichbares; dort wurde der menschliche Geist niemals zum Forschungsgegenstand erhoben. Ich verweise auf Thomas von Aquin, der sich eingehend mit dem »tätigen Intellekt« beschäftigt hat und dabei zwischen einer aktiven und einer passiven Funktion des Verstandes unterschied, und auf die *Exerzitien* des Ignatius von Loyola, in denen der Geist sich selbst einer streng methodischen Disziplin unterwirft, um ein Höchstmaß frommer Hingabe zu erreichen.

»Dafür gibt es mehrere Gründe«, sagt der Dalai Lama. »An erster Stelle steht die Bedeutung, die Sie dem Glauben und dem Schöpfergott beimessen. Wenn der Glaube uns erfaßt und wir zu einem Credo gelangen, gibt es keinen Grund mehr, den Geist zu erforschen.«

»Und umgekehrt, wenn er der alleinige Herr und Meister ist und alles von seiner Erfahrung abhängt, wird es unerläßlich, ihn zu erforschen.«

»Absolut unerläßlich. In der (von uns nicht vertretenen) Hypothese eines Schöpfergottes, der ständig über unsere Taten richtet, spielt der Geist unvermeidlich eine geringere Rolle. Wir müssen jeden Zweifel und jedes zweifelnde Fragen ablegen. Der Glaube kommt unmittelbar von Gott und führt ebenso unmittelbar zu Mitmenschlichkeit und Mitgefühl oder, wenn Sie so wollen, zu einer sittlichen Einstellung. Unter solchen Umständen ist es gar nicht nötig, das Mitgefühl vertiefen zu wollen und sich auf nutzlose Komplikationen einzulassen.«

»Die dem Glauben nur gefährlich werden können.«

»Natürlich. Jede Reflexion ist für den Glauben gefährlich.«

»Und jeder Glaube ist gefährlich für den Geist, der sich dadurch zur Untätigkeit verdammt sieht.«

Neurologen sprechen oft vom *reduktionistischen*

Charakter unseres Gehirns, das nur allzu bereitwillig der Verführungskraft leichter und mehr noch falscher Lösungen erliegt – was es jedoch nicht hindert, hartnäckig daran festzuhalten. Die buddhistische Tradition sagt genau dasselbe, wenn auch in anderen Worten. Und der Dalai Lama muß einräumen, daß diese Tradition sich vielfach unter das Joch eines starren Katechismus und eines repetitiven Formalismus begibt, in dem der Geist einschläft und sich mit wenigem zufriedengibt.

»Dennoch«, so sagt er, »hat der Buddha uns das bestmögliche Beispiel gegeben. Wir sehen heute ein höheres Wesen in ihm, das den denkbar höchsten Grad des Bewußtseins und der Existenz erreicht hat. Doch vorher, vor seiner Erleuchtung und seinen fünfundvierzig Jahren des Lehrens und Predigens, war er ein Mensch wie jeder andere. Aus eigener Anstrengung und durch eigene harte Arbeit ist er zum Buddha geworden.«

Wir unterhalten uns eine Weile über die Jahre des Suchens und der Einsamkeit des Prinzen Siddharta. Eines Nachts verließ er heimlich die Stadt Kapilavastu – in einer Nacht voller Magie, der Palast schlief, und wie die Legende berichtet, dämpften die Götter den Hufschlag seines Pferdes Kanthaka, damit es keinerlei Lärm machte. Er war neunundzwanzig Jahre alt und entschloß sich zunächst zu einem Wanderleben. Er schnitt sich die langen Haare ab, tauschte seine Kleider mit einem armen Jäger und schickte seinen Kutscher Chandaka zurück. Bettelnd machte er sich auf die Suche nach einem Meister. Zunächst folgte er der Lehre des angesehenen Aruda Kalama, dann wandte er sich Rudraka Ramaputra zu. Rasch war er beiden Lehrern ebenbürtig, doch er fand nicht, was er suchte. Beeindruckt von der Praxis der Asketen, denen er begegnete, beschloß er, diesen Weg einzuschlagen. Sechs Jahre lang folgte er ihm streng, in einer unwirtlichen Gegend, bis sein Körper völlig entkräftet war.

Halbtot gelang es ihm, sich davon zu befreien. Er kehrte zurück in die Welt, aß wieder einmal am Tag und gelangte zur Erleuchtung. Allerdings nicht ein für allemal. Jeden Tag wurde sein neues Wissen in Frage gestellt, in erster Linie von ihm selbst. Nach der Legende versuchte der mächtige Dämon Mara immer wieder, Shakyamuni von seinem Werk abzubringen. Auch wissen wir von Zerwürfnissen und Spaltungen unter seinen Schülern und sogar von der Rebellion eines gewissen Devadatta, der den Erleuchteten ermorden wollte, um sich an die Spitze der entstehenden Gemeinschaft zu stellen.

»Während dieser ganzen fünfundvierzig Jahre«, sagt mein Gesprächspartner, »hörte er niemals auf, sich selbst zu befragen, seine Schüler zur Wachsamkeit zu ermahnen, seine Lehre zu präzisieren und der Vergöttlichung entgegenzuwirken, die er voraussah (die Hindus sollten ihn dann auch tatsächlich vergöttlichen und als neunte Inkarnation Vishnus verehren). Das heißt, bis zu dem Augenblick, als er ins *nirvana* eintrat, arbeitete sein Geist unablässig, er beobachtete sich selbst und erlangte den höchsten Grad der Feinheit. Das ist die Arbeit, der wir *unseren* Geist unterziehen müssen.«

»Was ist das *nirvana*?«

Der Ausdruck ist in unseren Gesprächen schon mehrfach gefallen. Ich weiß aus meiner Lektüre, daß es sich weder um das Paradies in unserem Sinne handelt noch um das Ende jeglichen Lebens, die Auslöschung im hypothetischen All-Einen. Ich weiß auch, daß die ersten westlichen Kommentatoren des Buddhismus, vor allem die christlichen, von einem »Abgrund an Atheismus und Nihilismus« sprachen (Dahlmann), von »Vernichtung« (Burnouf) oder einfach vom »Nichts« (Schopenhauer). Für Rhys Davids und andere handelt es sich um einen Zustand, den wir in diesem Leben unmöglich erreichen können.

Schon weil jeder, der ins *nirvana* eingegangen ist, diesen Zustand nicht zu beschreiben vermag, bleibt das *nirvana* ein Rätsel. Die meisten buddhistischen Kommentatoren sprechen von einem Ausstieg aus dem schicksalhaften Kreislauf der Wiedergeburten, von einem Übergang in eine andere Existenzweise, die ohne jede Bedingtheit ist, ohne Werden und Vergehen, frei vom Gesetz der Unbeständigkeit und des Wandels. Oft heißt es auch, daß Worte nicht auszudrücken vermögen, was sich *per definitionem* jeglichem Ausdruck entzieht: eine übermenschliche Erfahrung. So schreibt Walpola Rahula: »Der Wortschatz eines Fischs könnte keine Ausdrücke enthalten, die das Wesen des festen Landes beschreiben.«

Im selben Buch (*L'Enseignement du Bouddha*, Paris 1978) weist Rahula darauf hin, daß das *nirvana* im allgemeinen negativ definiert wird (durch das Fehlen bestimmter Phänomene), ohne daß es selbst positiv oder negativ wäre, da diese beiden Kategorien nicht darauf anwendbar sind. Es steht sogar über der im Buddhismus so stark betonten Verkettung von Ursache und Wirkung. Es ist durch nichts hervorgebracht worden und gleicht der höchsten Wahrheit.

»Übrigens hat der Buddha kaum etwas über das *nirvana* gesagt«, fährt der Dalai Lama fort. »Bei ihm ist zwar von der Befreiung aus dem Kreislauf der Wiedergeburten die Rede (was dem westlichen Denken nur dann verständlich wird, wenn es den Gedanken der Seelenwanderung akzeptiert), aber das ist auch schon alles. Daher auch die Vielzahl der Deutungen. Sie fragen mich, was das *nirvana* ist. Ich antworte Ihnen: *eine bestimmte Qualität des Geistes.*«

»Wie läßt sich diese Qualität erlangen?«

»Die menschliche Natur ist verunreinigt. Unser Verhältnis zur sogenannten Wirklichkeit ist verfälscht. Auf diesen Punkt müssen wir immer wieder zurückkommen. Daß dieses Verhältnis einen fundamentalen Irrtum darstellt und auf Täuschung beruht, können wir nur erkennen, wenn wir uns von dieser Täuschung freimachen.«

»Nun ist es aber charakteristisch für die Täuschung, daß wir sie für Realität halten.«

»Genau. Aber daß es möglich ist, sich von dieser Täuschung zu befreien, das zeigen uns zahlreiche Beispiele, angefangen bei Shakyamuni. Wir müssen unseren Geist von den Verunreinigungen befreien, und wir wissen, daß dies möglich ist. Nach dieser Reinigung, dieser Erleuchtung, kann unser Geist jene hohe Qualität erlangen, die ich *nirvana* nenne.«

»Dazu muß man also nicht erst sterben?«

»Keineswegs. Übrigens heißt es in all unseren Überlieferungen, daß diese hohe Qualität des Geistes vom Tod unberührt bleibt. Zahlreiche Weise haben das *nirvana* in diesem Leben erlangt.«

»In unserem ganzen bisherigen Gespräch«, sage ich ihm, »hat mich am stärksten dieses Vertrauen in den Geist fasziniert. Man möchte meinen, nichts kann es erschüttern, und der Geist, der zum Besten wie zum Schlimmsten fähig ist, hält sein eigenes Schicksal in der Hand und damit auch das Schicksal der Welt, mit der er engstens verbunden ist.«

»Aber diese Verbindung, so eng sie auch sein mag, macht den Geist nicht zum Gefangenen der Welt oder, wenn Sie so wollen, der Materie. Durch eine besondere Anstrengung vermag er sich davon zu befreien, zur Erleuchtung zu gelangen und weiterzuleben.«

Wie ist diese Befreiung möglich? Der Kern der buddhistischen Methode ist die Meditation, eine lange, täglich vorgenommene Meditation, wie sie in vielen Werken beschrieben wird. Mein Gesprächspartner versichert mir, daß die Empfehlungen zur Körperhaltung oder zum Atemrhythmus nur nebensächlich seien.

»Yoga ist also nicht nützlich?«

»Das hängt vom einzelnen ab. Und der Buddhismus sagt es immer wieder. Für manche ist Yoga eine schwierige, schmerzhafte Übung, die dem Geist in seiner Arbeit keine Hilfe sein kann. Anderen dagegen fällt diese Methode leichter, sie ist natürlicher für sie und kann ihr allgemeines Wohlbefinden verbessern. Aber« – darauf insistiert er – »das wichtigste Werkzeug zur Reinigung des Geistes ist der Geist.«

Er fährt fort und benutzt dabei abwechselnd das Wort »Werkzeug« (*tool*) und »Waffe« (*weapon*). Er erinnert an die Cittamatra-Schule (»Nur der Geist«), die er zuweilen mit der Quantenmechanik vergleicht. Und er verweist auf die Tatsache, daß der Buddha als »allwissend« bezeichnet wird, woraus notwendig folgt, daß es etwas zu wissen gibt.

Dann kommt er auf die erste Notwendigkeit zurück: den Wunsch nach Erleuchtung. Dieses Verlangen bringt nun den Willen ins Spiel, der ja gleichfalls eine geistige Fähigkeit ist. Betrachtet man es genau, wird unser alltägliches Leben, in dem wir ständig Subjekt-Objekt-Beziehungen herstellen, von der Arbeit des Geistes beherrscht.

»Wenn wir die Tätigkeit unseres Geistes aufmerksam beobachten«, fährt er fort, »können wir nur erstaunt feststellen, welche Bedeutung er hat. Er steht im Mittelpunkt von allem.«

»Sie haben einmal gesagt, er müsse unsere eigene Polizei sein.«

»Und unser Richter. Dazu hat er übrigens alle erforderlichen Mittel. Der Buddhismus sagt, der Mensch ist sein eigener Herr, oder zumindest kann er es werden. Das ist das Fundament der buddhistischen Philosophie, und wir haben zahlreiche Techniken erprobt, die zu dieser Herrschaft über uns selbst führen sollen.«

»Und diese Herrschaft über uns selbst ist das Werk des Geistes?«

»Wessen Werk sollte sie denn sonst sein? Der Geist erschafft sich selbst, in jedem Augenblick. Daher seine fundamentale Verantwortung.«

»Wenn der Geist erkennt, daß er sein eigener Schöpfer ist, und wenn er diese Fähigkeit praktiziert, dann dürfte sich doch auch unsere Einstellung gegenüber den anderen grundlegend wandeln.«

Er blickt mich ernst an.

»Genau das ist das Ziel. Das einzige Ziel.«

Zwischen Exil und Reich

Wir sprechen über das Exil, hier in McLeod Ganj, diesem Dorf, das ganz und gar tibetisch wirkt, wie eine Maske, die man auf den Berg gelegt hat.

»Mir scheint«, sage ich meinem Gastgeber, »das 20. Jahrhundert ist das Jahrhundert des Exils. Oft nennt man andere typische Merkmale: den totalen Krieg, Völkermord, den technischen Fortschritt, den wir zweifellos geschaffen haben. Aber oft vergißt man das freiwillige oder erzwungene Exil vieler Millionen Menschen: die Einwanderer, die auf Ellis Island unter Beobachtung gestellt werden, bevor man sie in die Vereinigten Staaten einläßt, die zwangsweise rekrutierten Kolonialsoldaten, die »Gastarbeiter«, die Europa einst geholt hat und nun nicht mehr haben will, ganze Bevölkerungen, die sich auf den Weg machen, wie unsere Pieds-noirs aus Algerien, die Boat-people und viele andere. Noch kein Jahrhundert hat so viele Menschen entwurzelt.«

»Darüber habe ich noch gar nicht nachgedacht, aber es stimmt zweifellos.«

»Wir wissen jedoch, daß eine enge Bindung zwischen einem Volk und seinem Land existiert und daß aus dieser Bindung zahlreiche Bräuche, Verhaltensweisen und sogar Glaubensvorstellungen hervorgehen.«

»Ja, ganz gewiß.«

»Doch aus verschiedenen Gründen haben wir uns darangemacht, diese Bindungen zu zerschneiden. Sie selbst leben seit fünfunddreißig Jahren im Exil. 1950 besetzten die Chinesen Tibet; Sie waren damals fünfzehn Jahre alt, wie Sie in Ihrer Autobiographie geschrieben haben (*Das Buch der Freiheit*, Bergisch-Gladbach 1990). Neun Jahre lang haben Sie versucht, Widerstand zu leisten; Sie haben verhandelt, sich mit Mao Tse-tung und Tschu En-lai getroffen, an andere Mächte appelliert, alles vergebens. China verstärkte nur seine Unterdrückung, richtete Blutbäder unter der Bevölkerung an und begann, das Land zu kolonisieren. Da beschlossen Sie, Ihr Land und Ihr Volk zu verlassen, um Ihren Kampf im Ausland fortzusetzen, nach Ihren eigenen Methoden.«

»Das ist richtig.«

»Meine Frage ist einfach: Hat das Exil Ihnen geholfen? Haben Sie darin Kraft gefunden?«

»O ja. Ohne jeden Zweifel. Ich kann versuchen, Ihnen den Grund zu erläutern. Wenn wir einmal eine wirkliche Tragödie erleben – und das kann jedem von uns passieren –, können wir auf zweierlei Weise darauf reagieren. Wir können resignieren und uns dem Alkohol, dem Drogenrausch oder endloser Traurigkeit überlassen. Oder wir können aufwachen, eine verborgene Kraft in uns entdecken und mit großer Klarsicht und Energie handeln.«

»Sie haben den zweiten Weg gewählt?«

»Ich hoffe es. Mit fünfzehn Jahren habe ich die Brutalität der Politik kennengelernt, einen gnadenlosen Imperialismus, einen grausamen Eroberungswillen, die sogenannte Sprache der Waffen. In meiner Jugend übte der Kommunismus eine gewisse Anziehungskraft auf mich aus. Mir schien sogar eine Synthese zwischen Buddhismus und Kommunismus möglich. Allerdings irritierten mich die unverständlichen Widersprüche der chinesischen Politik, die frenetischen Parolen, die millionenfache Betäubung der Gehirne. All das habe ich in meiner Kindheit und Jugend erlebt. Danach kam die Enttäuschung und schließlich die Gewißheit, daß Mao auch nur ein ›*dharma*-Zerstörer‹ war.«

»Sie waren erst neunzehn, als Sie 1954 mitansehen mußten, wie Indien einen Vertrag mit China schloß und seinen Widerstand gegen die militärische Besetzung Tibets aufgab.«

»Ja, eine weitere Enttäuschung. Diesmal eine diplomatische. Ich hatte keine Ahnung vom diplomatischen Spiel. Damals erlebten wir die ersten Angriffe der Chinesen gegen die tibetische Religion, der man vorwarf, sie sei archaisch und barbarisch. Manchmal waren diese Angriffe perfide indirekt, etwa die Ausrottungskampagnen gegen Insekten und Ratten, die doch gegen das buddhistische Gebot, keine Tiere zu töten, verstießen.«

»Hinzu kamen die Brutalitäten und die Hinrichtung politischer Gefangener.«

»Ja, Unterdrückungsmaßnahmen und Grausamkeiten aller Art, die eine Zusammenarbeit unmöglich machten. Klöster wurden zerstört, die Kunstwerke geplündert, es kam zu Kreuzigungen, Vivisektionen, Zerstückelungen, man riß Menschen die Eingeweide oder die Zunge heraus. Wir haben alle Schrecken dieser Erde erlebt, auf unserem eigenen Boden. Mitten in diesem Chaos und nachdem mehrere Orakel mir dazu geraten hatten, beschloß ich, das Land zu verlassen und ins Exil zu gehen.«

»Und dieses Exil dauert auch fünfunddreißig Jahre später noch an.«

»Das Exil hat auch etwas Positives«, sagt er.

»Man gewinnt einen anderen Blick auf sein Land. So hat das Ritual, das meine ganze Jugend umgab, seine Bedeutung verloren. Das ganze Jahr bestand aus einer einzigen Folge von Zeremonien, die bis ins letzte geregelt waren und von allen sehr ernst genommen wurden. Dieser Formalismus bestimmte vollständig unser Leben. Selbst beim Sprechen oder beim Gehen mußte man solche Regeln beachten.«

»Das Exil hat das Ansehen dieses Rituals zerstört?«

»Ganz sicher. Zeremonielle Feierlichkeit berührt mich heute nicht mehr. Die Flucht und was darauf folgte, unser geduldiger Kampf um die Anerkennung durch andere Staaten, all die Reisen, die Reden und Stellungnahmen, haben mich der Realität nähergebracht. Außerdem hat das Exil mir die Möglichkeit gegeben, die übrige Welt zu entdecken, anderen Menschen zu begegnen, andere Traditionen kennenzulernen. Und nichts ist nützlicher als das. Indien hat uns aufgenommen. Der Aufenthalt in einem freien Land hat die Begegnung mit anderen erleichtert, die in den fünfziger Jahren in Tibet noch sehr schwierig war.«

»Für die Buddhisten ist Indien das heilige Land?«

»Ja, es ist *Aryabhumi*, das Land, in dem der Buddha Shakyamuni zum letzten Mal geboren wurde, wo er die Erleuchtung fand und wo er predigte. Wir haben zahlreiche Zentren in Indien, und jedes Jahr besuche ich einmal mit tiefer Bewegung Bodhgaya, den Ort, wo er zur Erleuchtung fand.«

»Haben diese fünfunddreißig Jahre Exil bei den Tibetern zu einem neuen Selbstverständnis geführt?«

»Ja, ohne Zweifel. Ja, das Gefühl eines echten ›Tibetertums‹. Es entstand aus dieser schwierigen

Übergangsphase in der langen Geschichte Tibets. Jahrhunderte tiefster Verwurzelung können dieses Gefühl vergessen lassen. Die Bindungen an den Boden scheint gesichert und unauflösbar. Dann kommt etwas, das diese Bindungen in Frage stellt. Man erlebt zynische Brutalität, eine übermächtige Gewalt, die alles niedertritt, man erlebt die eigene Zerbrechlichkeit. Man flieht, sieht sein Land nur noch aus der Ferne, es ist besetzt, verwüstet, und dennoch erkennt man, daß es keineswegs verschwunden ist, daß es in einem selbst weiterlebt, daß man immer noch ein Tibeter ist. Dann beginnt man sich zu fragen: Was heißt das, Tibeter zu sein?«

»Deshalb all die Bemühungen um den Aufbau von Schulen und die Erhaltung der tibetischen Sprache, der Musik, des Gesangs, des Tanzes?«

»Wir haben eine Universität gegründet, in der alle Fächer in tibetischer Sprache gelehrt werden, sogar die Naturwissenschaften.«

»Hat das zur Fortentwicklung der tibetischen Sprache beigetragen?«

»Ganz sicher. Und es hat unsere Einheit gestärkt. Wir haben etwas zu verteidigen.«

Zu diesen Bemühungen gehören auch literarische Publikationen; sie werden von Zeitschriften wie *Jang Chon* (Junge Sprossen) und *Tibetanische Kunst und Literatur* unterstützt, die in Dharamsala erscheinen. Nach 1959 verfolgte die chinesische Polizei die junge tibetische Literatur, die sie als »reaktionär« bezeichnete. Jede Veröffentlichung mußte von den Parteizellen genehmigt werden, und solche Genehmigungen waren nur schwer zu bekommen.

Der Schriftsteller Thondup Gyal, ein Vorkämpfer dieser Literatur, nahm sich 1985 das Leben. Er gehörte zu jenen, die den tibetischen Glauben und die Traditionen des Landes mit einiger Bitterkeit kritisierten, weil sie für die gegenwärtige Knechtung Tibets verantwortlich seien. Das veranlaßt mich, den Dalai Lama zu fragen:

»Haben Sie nicht mit Blick auf Tibet in mehreren Büchern von einem kollektiven *karma* gesprochen?«

»Das ist ein enger Bestandteil unserer klassischen Lehre. Was für den einzelnen gilt – der in seinen Leben die positiven oder negativen Auswirkungen seines *karma* verspürt –, das gilt auch für Gruppen, für die Familie zum Beispiel und auch für eine Nation, ein Volk.«

»Hatte Tibet etwas zu ›büßen‹? Und war diese Buße unvermeidlich?«

»Das kann man sich fragen. Lange Zeit hat Tibet sich von der Außenwelt abgeschnitten, hat jeden Wandel und alle äußeren Einflüsse abgelehnt. Das Land wollte glauben, nur Tibet allein sei im Besitz der Wahrheit und könne in völliger Isolation leben.«

»Aber die Welt hat sich an Tibet erinnert.«

»Und zwar äußerst brutal. Wir fragen uns in der Tat, ob unser kollektives *karma* uns diese Auseinandersetzung eingebracht hat, die so verheerend endete.«

»Eine subtile Form kollektiver Verantwortung?«

»Vielleicht.«

»Glauben Sie das auch heute noch?«

»Wie stets im Buddhismus müssen wir Ursachen und Bedingungen unterscheiden. Die Hauptursachen der Aggression und des damit verbundenen Leids sind in früheren Leben zu suchen, und zwar nicht notwendig bei den Tibetern.«

»Sondern bei anderen Völkern?«

»Vielleicht sogar auf anderen Sternen, in anderen Galaxien. Alles hängt miteinander zusammen. Kein Ereignis kann als isoliert und unabhängig von den übrigen Ereignissen gelten. Darüber haben wir schon gesprochen. Es mag sein, daß andere fühlende und für ihr Handeln verantwortliche Wesen ein negatives *karma* geschaffen haben, dessen Wirkung wir heute spüren. Diese endlose Kette der Ursachen und Folgen läßt sich kaum entwirren, aber sie existiert. Alles, was wir tun, hat Gewicht. Dieses Gewicht wird sich irgendwann irgendwo, kollektiv oder individuell bemerkbar machen. Das ist der wichtigste Grund, weshalb wir den Weg des *dharma* achten sollen.«

Über diesen Umweg findet der Buddhismus wieder zu dem Gefühl einer universellen Solidarität, das schon der Hinduismus behauptet hatte. Der aus Indien stammende, aber in ganz Asien verbreitete Gedanke des *dharma* gehört ohne Zweifel zu den Vorstellungen, die den Osten am radikalsten vom Westen unterscheiden. Der Individualismus mit seiner Betonung des Individuums, seiner Stellung, seiner Rechte und folglich auch seines aus dem Zusammentreffen zahlreicher Umstände hervorgegangenen Ich, das wir erkennen sollen und verändern oder auch pflegen können, dieser Individualismus findet sich schon in der christlichen Tradition. Manche behaupten sogar, die Betonung des Individuums (das durch den Wettbewerb heute noch stärker überbetont wird) gehe auf Christus zurück, der zu einem seiner späteren Apostel sagte: »Du bist Petrus...«

Er ist Petrus, nicht Paulus; er ist nicht bloß ein winziger Teil des großen Ganzen, das notwendig mit allen übrigen Teilen verbunden ist. Sein Schicksal wird individuell sein, in Raum und Zeit abgegrenzt, und bald schon wird er selbst es in die Hand nehmen. Sogar das ewige Leben ist eine individuelle Angelegenheit. Der Gedanke, ein ganzes Volk könne zur Hölle verdammt oder ins Paradies aufgenommen werden, ist dem Christentum ausgesprochen fremd. Solche Vorstellungen findet man allenfalls in einigen häretischen Lehren. Der einzelne hat stets die Möglichkeit, zur Wahrheit und zu seinem »Seelenheil« zu finden oder sich für die Hölle zu entscheiden. Und auch der republikanische Gedanke hat diese Fähigkeit zur Wahl niemals in Frage gestellt.

Hier in Dharamsala vergißt dagegen niemand, daß er nur aus einem unbeständigen Stoff besteht, der unablässig zerfällt und sich neu zusammensetzt, und daß er keine unabhängige, individuelle Existenz besitzt, aber von daher unlösbar mit der übrigen Welt verbunden ist, und dies, obwohl dem einzelnen die gewaltige Anstrengung abverlangt wird, durch Meditation in sich selbst hinabzusteigen und jene innere Ruhe zu suchen, ohne die all unser Handeln vergeblich ist.

»Und die Bedingungen?«

»Für die Bedingungen sind die Tibeter mit Sicherheit selbst verantwortlich.«

»Weil sie blind waren?«

»Ohne Zweifel. Weil sie nichts von der übrigen Welt wußten, von China, von Indien, von den politischen Spannungen und Umstürzen im Gefolge des Zweiten Weltkriegs. Viele Tibeter dachten, unser Land sei etwas Außergewöhnliches, das nicht den allgemeinen Gesetzen unterliege und nicht einmal den Gesetzen der Zeit.«

»Wegen des Buddhismus?«

»Ja, zum Teil wegen des Buddhadharma. Ein

ganzes Volk befolgte das rechte Gesetz, führte getreulich die Rituale aus – das mußte doch ein Schutz für dieses Volk sein.«

»Alle Tibeter empfanden so?«

»Nicht alle. Aber viele. Und unter ihnen auch hohe Würdenträger, die für die Landesverteidigung verantwortlich waren und an unsichtbare Beschützer glaubten.«

»Gegen einen überaus sichtbaren Aggressor.«

»Es war Verblendung. Blindheit gegenüber dem Schicksal. Als die junge kommunistische Armee 1950 die Grenzen überschritt und das Land besetzte, vertrauten diese hohen Würdenträger die Verteidigung unseren Göttern an. Einer von ihnen – er ist inzwischen verstorben – versicherte mir, wir bräuchten uns keine Sorgen zu machen. Unsere Götter würden uns vor den Chinesen schützen.«

»Sie waren damals fünfzehn Jahre alt.«

»Und alles drängte mich, zu glauben, was man mir sagte: meine Jugend, der Status des Auserwählten, meine sorgfältige Ausbildung, mein Leben in Potala, der Weihrauch, der jeden meiner Schritte begleitete. Mir wurden schon bald die Augen geöffnet, aber stellen Sie sich das einmal vor: Gebete gegen Kanonen, mitten im 20. Jahrhundert.«

Diese Erinnerung entlockt ihm kein Lächeln. Er kommt noch einmal auf die Verblendung der Verantwortlichen zurück. Und was er sagt, überrascht mich etwas:

»Die Regierung vertraute auf die Götter, aber zugleich mißachtete sie die Prophezeiungen und Orakelsprüche.«

»Die Verantwortlichen wollten nicht hören?«

»Die Verantwortlichen waren verantwortungslos.«

Schon immer besaßen Orakel und Prohezeiungen, Visionen und Träume große Bedeutung in der tibetischen Tradition, und diese Bedeutung haben sie bis heute behalten. Auch der Dalai Lama spricht häufig von den tibetischen Orakeln. Diese Orakel sind Mönche, Medien, die eine besondere Ausbildung erhalten haben. Götter können von ihrem Körper Besitz ergreifen, ihr Gesicht und ihre Stimme in einer Art Trance verwandeln und durch ihren Mund sprechen. Im Trancezustand rötet sich ihr Gesicht, das Blut schießt in die Augen, die Zunge wird träge und schwer. In solchen Augenblicken besitzen sie eine außergewöhnliche Kraft, mit der sie sogar Schwerter verbiegen können. Die abgehackten Worte, die sie ausstoßen, werden von anderen Mönchen festgehalten und gedeutet.

Das berühmteste Orakel ist das von Nechung, das den Gott Pehar verkörpert. Die tibetische Regierung macht gewissermaßen offiziellen Gebrauch von diesem Orakel.

Der Dalai Lama stellt die Wahrheit dieser Tradition offenbar nicht in Frage und auch nicht die Bedeutung anderer Zeichen, etwa wenn eine Statue ihre Stellung verändert. Nach dem Tode eines großen Lama, so schreibt er, schmelzen ihre Gebeine, und man kann darin Bilder erkennen oder Botschaften lesen, die auf den Schutzgott des Verstorbenen hinweisen. In ein Denken, das sich selbst als streng versteht und allein die aus der Erfahrung gewonnen Tatsachen gelten lassen möchte, mischt sich hier eine Dimension, die wir als magisch oder übernatürlich bezeichnen würden. Es wäre unmöglich und im übrigen auch sinnlos, diese Momente voneinander trennen zu wollen. Von der tiefgründigsten Analyse bis hin zum naivsten Glauben gehört alles derselben Struktur an, und jede Faser der Lehre erhellt und verdeutlicht alle übrigen.

Er fährt fort:

»Allerdings lebten nicht alle Tibeter in dieser Illusion. Mein Vorläufer, der 13. Dalai Lama, der 1933 starb, wies in seinem Testament eindringlich auf die schreckliche Gefahr hin, die eines Tages vom Kommunismus ausgehen würde. Da er erkannte, daß wir nicht die geringste Chance hatten, unseren großen Nachbarn China und Indien physisch Widerstand zu leisten und uns daher nur das Mittel einer geschickten Diplomatie blieb, wandte er sich an unsere kleinen Nachbarn Nepal und Bhutan.«

»Und was schlug er ihnen vor?«

»Eine Art gemeinsamer Verteidigung, den Aufbau und die bestmögliche Ausbildung einer Armee.«

Mit einem Lächeln fügt er hinzu:

»Das ist, unter uns gesagt, natürlich nicht gerade eine gewaltfreie Praxis.«

»Wie reagierten Nepal und Bhutan?«

»Sie reagierten gar nicht. Sie ignorierten einfach unser Angebot. Heute erkenne ich die ganze Tragweite dieser Vision meines Vorgängers. So wollte er aus der Region Kham im Osten des Landes – einem kargen, nur wenig besiedelten Landstrich an der Grenze zu China – Knaben nach Lhassa holen, sie zu echten Tibetern machen und ihnen eine militärische Ausbildung geben. Politisch war das sehr weitsichtig. Er nahm den Gedanken vorweg, daß die Verteidigung eines Landes von denen gesichert werden muß, die dort leben.«

»Man muß ihnen also Waffen geben?«

»Das sagte er jedenfalls. Dieser Mann spürte sehr

deutlich, wie die Welt um ihn her sich veränderte. Er wollte sich diesen Veränderungen anpassen und verhindern, daß sein Land in einen Rückstand oder ins Abseits geriet.«

»Wenn es ihm gelungen wäre, diese Vision zu verwirklichen, hätte Tibet dann zwanzig Jahre später erfolgreich Widerstand leisten können?«

»Davon bin ich überzeugt. Aber man hörte nicht auf ihn. Die Würdenträger verweigerten ihm die Gefolgschaft. Genau das nennen wir die Bedingungen des kollektiven *karma* oder auch die Umstände. Weil nach buddhistischer Vorstellung kein Ereignis isoliert dasteht, sondern stets in eine Kette von Ursachen, Bedingungen und Folgen eingebunden ist, suchen wir beharrlich nach den Bedingungen, die sich leichter ausfindig machen lassen als die oft weit entfernt liegenden Ursachen dieses Ereignisses.«

Wir sprechen weiter über Tibet.

1961 legte der Dalai Lama – der inzwischen gegen seinen Willen, wie er selbst sagt, zum Politiker geworden war – einen Verfassungsentwurf vor, der auch angenommen wurde. Seither hat er keine Gelegenheit ausgelassen, die Sache seines Landes und seines Volkes zu vertreten.

Zunächst sorgte er für Information. Dadurch erfuhren wir, daß mehr als eine Million (von insgesamt sechs Millionen) Tibeter getötet wurden, wir erfuhren von Unterdrückungsmaßnahmen aller Art, von Zwangsumsiedlungen, Enteignung, Konzentrationslagern, einer brutalen Politik der Geburtenkontrolle und von der Zwangssterilisierung zahlreicher Frauen. Hinzu kamen der Raubbau an den Wäldern des Landes, die Nutzung tibetischen Territoriums zur Lagerung radioaktiver Abfälle und vor allem eine systematische Kolonisierung durch die Chinesen. Dabei verfeinerten die Besatzer ihre Techniken; während die jungen Chinesen in China nach ihrem dreijährigen Militärdienst in ihre Heimatprovinzen zurückkehren müssen, verpflichtet man jene, die in Tibet dienen, dort zu bleiben. Nach Schätzungen leben inzwischen neun Millionen Chinesen in Tibet; die Tibeter sind also zu einer Minderheit im eigenen Land geworden. Das tibetische Volk steht in Gefahr zu verschwinden.

In den sechziger Jahren verabschiedeten die Vereinten Nationen mehrere Resolutionen zugunsten Tibets, die allerdings bloßes Papier blieben. Nach und nach jedoch erwachte das Interesse der Welt. 1985 unterschrieben 91 Mitglieder des amerikanischen Kongresses einen Brief an den Volkskongreß in Peking, in dem sie sich für Tibet einsetzten. 1987 wurde der Dalai Lama eingeladen, vor dem Menschenrechtsausschuß in Washington zu sprechen. Da er sehr wohl wußte, daß es unrealistisch war, die Unabhängigkeit Tibets zu fordern, legte er einen Fünf-Punkte-Friedensplan vor.

Dieser Plan sah vor, daß Tibet in eine Friedenszone umgewandelt würde, daß die Chinesen ihre Kolonisierungspolitik aufgaben, die demokratischen Freiheiten und die grundlegenden Menschenrechte des tibetischen Volkes achteten, sich zur Wiederherstellung und zum Schutz der Umwelt verpflichteten (indem sie zunächst jegliche Aktivität im nuklearen Bereich unterließen) und schließlich in ernsthafte Verhandlungen über den zukünftigen Status Tibets eintreten sollten

1988 entwickelte und präzisierte der Dalai Lama diese fünf Punkte vor dem europäischen Parlament in

Straßburg. Insbesondere machte er den Vorschlag, Tibet zu einer entmilitarisierten Zone zu machen und überdies zu einer Art Naturschutzgebiet, dem größten der Welt, in dem man sich exemplarisch um die Wiederherstellung der Umwelt kümmert. Alle internationalen Vereinigungen, die sich mit dem Schutz der Menschenrechte befassen, sollten ihren Platz in dieser Zone der Gewaltlosigkeit (*ahimsa*) haben. Durch ein großes neutrales Gebiet voneinander getrennt, könnten China und Indien dann auch die Truppen zurückziehen, die sie unter großen Kosten im Himalayagebiet stationiert haben.

1989 schien die Verleihung des Friedensnobelpreises diesen Positionen Nachdruck zu verleihen.

»Damals entdeckten viele Menschen erstmals das Tibet-Problem. Sie nahmen einen Atlas zur Hand und fragten sich: Tibet? Wo liegt das eigentlich?«

»War der Nobelpreis Ihnen auch beim Kontakt mit Staatschefs von Nutzen?«

»Natürlich. Manche haben mich offiziell empfangen, andere privat – zum Beispiel Präsident Mitterrand. Immer diese diplomatische Rücksichtnahme. Jedenfalls wurde es dadurch leichter, mit den Verantwortlichen zusammenzutreffen und mit ihnen zu reden.«

»Auch mit den Verantwortlichen in China?«

»Ja, auch bei den Chinesen hatte der Nobelpreis positive Auswirkungen.«

Doch in den Vorschlägen des tibetischen Staatsoberhauptes im Exil, der eine Regierung um sich versammelte und in mehreren ausländischen Hauptstädten Büros eröffnete, wollten die Chinesen nur eine »reaktionäre«, auf Abspaltung zielende Politik erblicken. Obwohl seit 1992 wieder offizielle Kontakte bestehen, hat die Lage sich kaum verändert. Weiterhin behandeln die Chinesen alle Tibeter, die treu zu ihren Traditionen und zum Dalai Lama stehen, als »Kriminelle«, Wer sich für China ausspricht, gilt ihnen dagegen als »progressiv«. Der Dalai Lama muß weiterhin im Exil bleiben; von Zeit zu Zeit erschüttern Demonstrationen die Hauptstadt Lhassa; sie werden mit brutalen Mitteln unterdrückt (dennoch konnten einige von ihnen gefilmt werden).

»Und heute? Es heißt, die Lage sei schlimmer als je zuvor. Stimmt das?«

Er nickt schweigend. Seine Assistenten meinen, die einzige Chance für eine Verständigung sei eine tiefgreifende Krise in China selbst. Aber darauf deutet gegenwärtig nichts hin.

»Tibet ist jahrhundertelang unabhängig gewesen. Wir müssen den Tatsachen ins Auge blicken. Wir verlangen lediglich Autonomie, wir träumen nicht mehr von der Unabhängigkeit. Aber wir wollen nur auf der Basis gegenseitigen Respekts verhandeln. Die Lage ist heute anders als in der Vergangenheit, und wir sind bereit, uns von den Worten Deng-Xiaopings inspirieren zu lassen: ›Ein Land, zwei Systeme‹. Aber in China gehen die Überlegungen nicht in diese Richtung. Zumindest im Augenblick.«

»Es heißt, die Besatzer zerstören die alten Viertel von Lhassa.«

»Ja, unter dem Vorwand, sie seien gesundheitsgefährdend.« (Am 7. Oktober kündigte China den Bau einer Eisenbahn nach Tibet an; diese Verbindung dürfte die chinesische Einwanderung noch verstärken. Andererseits verbot man, öffentlich Bilder des Dalai Lama zu zeigen, nicht einmal in Büros und Autos; zugleich forderte die chinesische Regierung die

Rückkehr mehrerer Hundert in Indien aufgewachsener Kinder und drohte ihnen die Aberkennung der Staatsbürgerschaft an, falls sie dieser Aufforderung nicht nachkämen. Der Dalai Lama wiederum plant ein Referendum aller Tibeter – außerhalb Tibets, aber auch in Tibet selbst – über die Zukunft des Landes.)

»Was kann man dagegen tun? Kann internationaler Druck hier von Nutzen sein?«

»Internationaler Druck ist sehr wichtig. Er darf vor allen Dingen nicht nachlassen, denn die Chinesen zeigen sich manchmal empfänglich dafür. Immer wenn ich das Wort ergreife, wo es auch sein mag auf dieser Erde, sind Chinesen im Saal. Manchmal spreche ich sogar mit ihnen, und sie sind stets sehr liebenswürdig. Das zeigt, daß sie mein Tun verfolgen, selbst wenn sie in ihren Zeitungen Beschuldigungen gegen mich erheben.«

»Welcher Art?«

»Persönlicher Ehrgeiz, konterrevolutionäre Gesinnung, Restauration einer Theokratie. Die üblichen Vorwürfe.«

»Sind Sie optimistisch?«

»Ja. Weil die Sache Tibets gerecht ist. Und auch, weil China sich der Forderung nach Freiheit nicht ewig verschließen kann.«

Auf der einen Seite ein wachsamer Realismus und das ständige Bemühen, sich den Veränderungen dieser Welt anzupassen – was um so verdienstvoller erscheint angesichts des bemerkenswerten Widerspruchs, daß im alten Tibet, dem Reich der Unbeständigkeit, sich nichts jemals zu verändern schien. Auf der anderen Seite das beharrliche Festhalten an einem Traum, einem idealen Land jenseits der Bergketten des Himalaya, ähnlich dem Shangrila der *Ver-*

lorenen Horizonte, ein auf wunderbare Weise beschütztes Land, in dem der Geist des Friedens seine Heimstatt hat. Ein Land, das ein Beispiel für die ganze Welt wäre und in dem der Buddhismus, von seinen alten formalistischen Neigungen befreit, zu seiner wahren Aufgabe forschender Suche fände.

Eine Utopie? Das kann man nie wissen. Auch schwierige Träume sind Teil unserer selbst. Sie ziehen uns an, und sie helfen uns. Und wenn sie uns auch nicht zurück ins Paradies führen, so können sie uns doch veranlassen, ein wenig von Tibet in uns aufzunehmen.

»Ist es möglich, Politik und *ahimsa* miteinander zu versöhnen?«

»Ja, das sollte eigentlich möglich sein. Warum nicht? Betrachten wir nur unser Jahrhundert: Es hat eine Fülle von Methoden ersonnnen oder entwickelt, die die Gewalt zur Regel in den zwischenmenschlichen Beziehungen erheben. Das reicht vom Weltkrieg mit der Zerstörung ganzer Städte bis hin zum Holocaust, zur systematischen Folter und zum Terrorismus als Mittel der Politik. All diese Methoden sind gescheitert, und sie werden immer scheitern.«

»Warum?«

»Weil sie künstlich sind. Sie stehen im Widerspruch zu unserem ureigensten Wesen, das aus Güte und Barmherzigkeit besteht. Nehmen Sie nur das Beispiel der Israelis und Palästinenser, die vierzig Jahre lang Haß aufeinander entwickelt haben. Auch wenn beide Gruppen diesen blutigen, nutzlosen Haß weiterhin predigen und praktizieren sollten, werden sie doch unvermeidlich eines Tages Frieden schließen. Haß führt nur zu neuem Haß. Die Gewalt ist der denkbar schlechteste Schiedsrichter. Gegenseitige Achtung ist unvermeidlich.«

Ich komme noch einmal auf das *Mahabharata* zurück. Am Schluß des Epos besteigt König Yudhisthira den Thron. Er ist der Sohn des Dharma, das heißt »Dharamraj« (ein weiterer Name für ihn). Damit ist nun Dharma selbst König. Unter seiner Regierung erlebt die Welt sechsunddreißig Jahre Frieden und Wohlstand.

Aber die Vollkommenheit seiner Regierung bedeutet nicht, daß er in seiner königlichen Wachsamkeit nachließe. Die Darstellungen zeigen Yudhisthira mit dem *dharma* in der rechten Hand, doch in der linken hält er stets einen Stock. Und er ist bereit, ihn zu benutzen. Dafür ist der König da.

»Natürlich«, sagt der Dalai Lama, »aber in der heutigen Welt muß Herrschaft im Rahmen der Gesetze und der Verfassung ausgeübt werden. Und vor allem muß sie wohlwollend sein. Sie darf nicht um des bloßen Strafens willen strafen.«

»Sie sind ein Gegner der Todesstrafe?«

»Ein entschiedener Gegner. Schon mein Vorgänger hat sie in Tibet abgeschafft. Heute erscheint es mir unglaublich, daß es sie in großen Ländern wie China und Indien immer noch gibt. Selbst im Lande Mahatma Gandhis werden immer noch Menschen im Namen der Gerechtigkeit getötet. In dem Lande, in dem der Buddha einst gelehrt hat. Die Todesstrafe ist pure Gewalt, eine barbarische, nutzlose Gewalt. Und auch gefährlich, denn sie kann zu neuer Gewalt führen. Wie jegliche Gewalt.«

»Man sollte sich also auf Gefängnisstrafen beschränken?«

»Die Höchststrafe sollte lebenslängliche Haft sein, wie bei Ihnen. Und ohne jede Brutalität.«

Unvermittelt kommt er aufs Kino zu sprechen:

»Ich habe festgestellt, daß man Tiere für Spielfilme nie wirklich tötet. Man betäubt sie mit einer Spritze, damit sie wie tot erscheinen. Außer in chinesischen Filmen; da tötet man sie wirklich und ganz offen. In einer chinesischen Wissenschaftsreportage habe ich auch Ratten mit geöffnetem Schädel gesehen. Schrecklich. Und sowas zeigt man im Fernsehen.«

Ich hätte Lust, ihm zu sagen, daß der wirkliche Tod auf der Leinwand kein Vorrecht der chinesischen Cineasten ist. Auch bei uns werden Schweine und Hühner im Film getötet. In *Apocalypse now* wird ein Ochse bei lebendigem Leibe geköpft. In *La Règle du jeu* werden massenhaft Kaninchen und Rebhühner getötet. Ich erinnere mich auch an einen spanischen Film, in dem ein Maulesel abgestochen wird. Ganz zu schweigen von Insekten, Vögeln und Kaninchen, von Dokumentarfilmen über wissenschaftliche Themen oder über die Hochseefischerei. Bei genauerem Hinsehen zeigt sich, daß der Tod, der wirkliche, reale Tod, ständig gegenwärtig ist.

Hat die öffentliche Zurschaustellung des Todes in China etwas mit der Beibehaltung der Todesstrafe zu tun? Diese Frage beschäftigt ihn. Und er sieht da einen Zusammenhang.

Er nennt ein Beispiel:

»Bevor gläubige Moslems sich auf den Weg nach Mekka machen, müssen sie ein Tier opfern. Aber diese Opfer zeigt man wenigstens nicht.«

»Mißbilligen sie solche Tieropfer?«

»Ich respektiere religiöse Traditionen, aber ich kann nicht billigen, daß man dieses Blut vergießt.«

Und lachend fügt er hinzu:

»Vorsicht! Sonst droht mir noch dasselbe Schicksal wie Salman Rushdie.«

»Da besteht keine Gefahr. Schließlich sind Sie kein Moslem.«

»Ich bemühe mich immer um Harmonie. Und die millionenfachen Gewaltakte zerstören allenthalben diese Harmonie. Warum noch weitere hinzufügen? Warum sollte man Gewalt üben und zeigen, wenn sie gar nicht unvermeidlich ist? Die Tötung eines Tieres schadet der universellen Harmonie. Das stößt mich wirklich ab.«

»Die Chinesen machen solche Dinge doch sicher nicht aus Grausamkeit. Für sie ist das vielleicht ganz natürlich.«

»Das frage ich mich. Wie man mir berichtet, töten die Chinesen zur Zeit in Tibet Tausende von Tieren nur zum Spaß. Hunde zum Beispiel. Man schneidet ihnen eine Pfote oder andere Körperteile ab oder häutet sie und läßt sie dann laufen, bis sie verenden. Das ist die Mentalität, die sich heute entwickelt.«

»Und die man bekämpfen muß.«

»Ganz gewiß. Wie Sie es von Dharmaraj erzählt haben: In der einen Hand muß man stets den Stock halten und ihn auch benutzen, falls es nötig ist. Ja, in gewisser Weise brauchen wir ein Disziplinierungssystem.«

»Obwohl der Mensch von Natur aus ein gutes Wesen ist?«

»Diese natürliche Güte hat es schwer, sich durchzusetzen.«

»Es ist einfacher, grausam zu sein.«

»Für manche ja. Grausam sein heißt auf halbem Wege stehenbleiben. Es heißt, aus irgendeinem Grunde darauf zu verzichten, sich selbst auf den

Grund zu gehen. Wer grausam ist, der bleibt an der aufgewühlten, bewegten Oberfläche.«

»Damit verlagert man den Kampf auf das falsche Terrain.«

»Genau. Deshalb glaube ich, daß wir der Erziehung unserer Kinder größte Bedeutung beimessen sollten. Darauf komme ich immer wieder zurück. Und diese Erziehung muß durch eine geistige Praxis nach Art der Meditation ergänzt werden und durch den besänftigenden Einfluß einer harmonischen Familie, einer glücklichen Ehe.«

»Ein schöner Traum.«

»Ich weiß. Und trotzdem gibt es solche Harmonie. Manchmal spüren wir sie. Sie liegt tief in uns. Sie ist unser ureigenstes Bestreben. Natürlich weiß ich auch, daß es Übeltäter gibt und immer geben wird.«

»Deshalb der Stock?«

»Aber mit möglichst wenig Brutalität.«

Eine gütige Natur tief in uns, eine fundamentale, allmächtige Sanftmut, ohne die das ganze Gebäude des Buddhismus nicht zu verstehen wäre. Eine Güte, die das gesamte Universum umfaßt und uns eines Tages ins *nirvana* führen wird, die aber stets in Gefahr ist, da schon die Tötung eines Hundes die Ordnung der Welt stören kann. Eine verborgene Güte auch, die sich nur allzuleicht hinter Arroganz, Brutalität und Habgier versteckt, den Masken, die wir meist tragen.

Der scheinbare Widerspruch – wozu die Betonung der Erziehung, wenn wir doch nur auf unsere Natur zu vertrauen brauchen? – findet seine Auflösung in der ständigen Gefahr der Täuschung, die uns von Geburt an begleitet. Unser fortgesetztes Leid hat seine Wurzeln zweifellos in dieser Verblendung. Sobald wir ihr entrinnen und zur Erleuchtung gelangen, stellt sich ganz natürlich Ruhe ein, als wären all unsere Begierden erloschen.

Jedenfalls sagt das der Buddhismus.

Wenn wir aber die Ursachen dieser »Mentalität« solcherart bestimmen können (im Sinne kollektiver Schuld und individueller Verirrungen), wie lassen sich dann die Bedingungen beschreiben? Anders gesagt: Gibt es besondere Bedingungen, die Grausamkeit begünstigen?

Wir kommen wieder kurz auf Überbevölkerung und Armut zu sprechen, beides anerkannte Ursachen der Gewalt, die sich nur schwer bekämpfen lassen. Dann reden wir über den Nationalismus, der schon so viel Blut vergossen hat, weil eine Gruppe von Menschen sich, von Machtgier befallen, zu den schlimmsten Grausamkeiten hinreißen läßt.

Und schon bald sind wir wieder beim Fernsehen, über das wir schon gesprochen haben. Ich erzähle ihm, daß in den Vereinigten Staaten in den letzten zwei oder drei Jahren heftige Kritik an den zahllosen Morden geübt wird, die auf dem Fernsehschirm zu sehen sind. Diese Kritik ist nicht neu. Vor dem Fernsehen galt sie dem Kino, dem Theater, der Malerei, der Literatur, also eigentlich allen Ausdrucksformen, und man warf ihnen vor, ein hauptsächlich durch Blut und Laster geprägtes Bild von der Welt zu zeichnen, vor allem in den wehrlosen Augen der Kinder, die dazu neigten, dieses Bild für die Wirklichkeit zu halten.

Darauf erwidern die Verfechter der Meinungsfreiheit mit sehr guten Argumenten, daß solch ein schädlicher Einfluß keineswegs bewiesen ist und Zensur noch niemals ein gesellschaftliches Problem gelöst hat. Dennoch trifft es zu, daß ein amerikanisches oder europäisches Kind jeden Tag einer Flut von Morden beiwohnt. Die Helden des Fernsehschirms verbringen die meiste Zeit damit, einen schweren Revolver in der Hand zu schwingen und ihresgleichen umzubringen. Da sind in der Tat Fragen angebracht. Und die Besorgnis ist sicher nicht unberechtigt.

Der Dalai Lama erwidert mir:

»Regierungen und religiöse Oberhäupter müssen heute einsehen, daß sie nicht die einzigen sind, die Macht ausüben oder auch nur Autorität besitzen.«

»Sie sprechen von der Macht der Medien.«

»Natürlich. Die Macht der Presse ist bekannt und schon oft analysiert worden. Die des Radios und mehr noch des Fernsehens gewinnt heute zentrale Bedeutung.«

»Dabei handelt es sich um eine indirekte Macht.«

»Es ist nicht wichtig, auf welche Weise sie wirkt. Ob direkt oder indirekt, es ist eine reale Macht, die auf uns einwirkt und unser Verhalten, unseren Geschmack, ja sogar unser Denken verändert. Wie jede Autorität, kann man sie nicht auf beliebige Weise ausüben.«

»Sonst würde sie willkürlich.«

»Allerdings. Willkürlich und verantwortungslos.«

»Dennoch entstehen überall private Radio- und Fernsehsender, deren Verantwortungsgefühl offenbar nur schwach entwickelt ist. Die Leiter dieser Anstalten sagen: Wir sind ein Unternehmen der Unterhaltungsbranche. Und wir richten uns nach den Gesetzen des Marktes oder des Wettbewerbs.«

»Anders gesagt, diese Leute wollen nicht zugeben, daß sie Macht ausüben.«

»Das ist der Kern ihrer Argumentation. Sie sagen, sie verfolgten ausschließlich wirtschaftliche Zwecke, und das heißt für sie, nach möglichst hohen Einschaltquoten zu streben. Die Wahl der Mittel zählt da in manchen Fällen wenig. Und moralische Überlegungen werden bewußt beiseite geschoben.«

»Das ist ein schwerer Irrtum«, sagt der Dalai Lama. »Wer solch eine Sendeanstalt leitet oder finanziert, übt Macht aus, ob er will oder nicht. Und aufgrund dieser Macht hat er eine Verantwortung, die der Verantwortung von Politikern und religiösen Oberhäuptern gleichkommt. Auf seine Weise leistet er einen Beitrag zur Herstellung und Aufrechterhaltung einer menschlichen Gemeinschaft. Und das Wohlergehen dieser Gemeinschaft sollte sein oberstes Ziel sein.«

»Da habe ich allerdings meine Zweifel.«

»Aber das Problem ist da. Seit langem schon.«

»Ja, überall auf der Welt beschäftigen sich die Regierungen mit dieser Frage und setzen Kontrollausschüsse ein, Zuschauer schließen sich zusammen und protestieren, man verabschiedet reihenweise Gesetze, die einander widersprechen. Die Zauberformel hat noch niemand gefunden. Vielleicht weil auf der Ebene, wo diese Entscheidungen gefällt werden müssen, noch niemand gewagt hat, das Problem wirklich anzugehen.«

»Wie sehen Sie dieses Problem?« fragt er mich.

»Ich bin keineswegs für öffentliche Sittenkontrolle oder gar Zensur. Ganz im Gegenteil. Aber wenn ich sehe, daß die Leiter einer Fernsehanstalt heute ebensoviel reale Macht besitzen wie die Regierung und vielleicht sogar noch größere Macht, dann kommen mir angesichts der Flut vulgärer und gewalttätiger Darstellungen im Fernsehen doch einige Zweifel. Ich erinnere mich an einen Filmproduzenten, der vor ein paar Jahren, nach der Vorführung eines nicht von ihm selbst produzierten Films, eines Italo-Western, meinte: ›Was wollen Sie denn danach noch machen? Achtzehn Leichen schon im Vorspann?‹ «

Lachend fragt mich der Dalai Lama:

»Hat er sie gezählt?«

»Offenbar.«

»Das war ein Kinofilm?«

»Heute werden alle Kinofilme im Fernsehen gezeigt. Dadurch erreichen sie oft sehr viel mehr Zuschauer als im Kino.«

»Diese Zuschauer«, sagt er, »haben sich nicht die Mühe gemacht, aus dem Haus zu gehen und einen Film auszuwählen. Sie bleiben zu Hause und sehen sich an, was man ihnen zeigt.«

»Ja. Die Macht, die da ausgeübt wird, bleibt im Verborgenen, weil sie als Unterhaltung daherkommt und scheinbar ganz diskret ist.«

»Ich verstehe. Diese Macht sagt: Ihr alle habt Macht über mich.«

»Und das stimmt nicht.«

»Was genau beunruhigt Sie daran?«

»Was alle beunruhigt. Die Kinder verbringen mehr Zeit vor dem Fernseher als in der Schule. Man sagt, sie entdeckten die Welt, aber es ist nicht die reale Welt, sondern nur ein Bild von ihr.«

»Aber kann man nicht behaupten, daß die Kinder heute sehr viel mehr wissen?«

»Durchaus. Kinder, die ohne Fernsehen aufwachsen, zeigen beträchliche Wissenslücken, und zwar auch in der Schule.«

»Also ist es die Passivität, die Sie beunruhigt?

Denn einem Lehrer kann man antworten; man kann ihn unterbrechen und ihm Fragen stellen, und man kann ihm sogar widersprechen. Aber wie soll man mit einem Ding reden.«

»Das Fernsehen hat sich wie ein neues Familienmitglied unter uns niedergelassen, gebieterisch, verführerisch und fordernd. Auch wenn seine Autorität durch die Vermehrung der Programme beschädigt und banalisiert worden ist, können wir uns dieser Autorität gar nicht entziehen. Wir sehen uns die Sendungen nicht nur an, sondern unterhalten uns auch noch am nächsten Morgen im Büro oder in der Fabrik über das, was wir am Abend zuvor gesehen haben. Vor allem in der Schule. Hier entsteht ein geschlossener Kreis, der soweit geht, daß es inzwischen Sendungen gibt, die sich ausschließlich mit dem Fernsehen befassen.«

»Und dabei die Welt vergessen?«

»Vergessen oder verzerren.«

»Das hängt immer noch von den Programmen ab«, sagt er. »Die Medien können ein euphorisches oder im Gegenteil ein ganz und gar negatives Bild der Welt zeichnen. Und ich fürchte, am Ende werden die Menschen die Welt auf die gleiche Weise sehen.«

»Ja, das Bild gewinnt die Oberhand über die Realität. Die ›Darstellung‹ triumphiert. Am Ende gleicht die Welt dem, was wir im Fernsehen sehen.«

»Wenn wir zu viele Gewaltdarstellungen sehen, glauben wir am Ende, daß die Welt so ist.«

»Das glauben wir heute schon.«

»Dann sind wir überzeugt, daß der Mensch seinem Wesen nach aggressiv ist.«

»Alle glauben das. Und man muß zugeben, daß die Nachrichten, die wir etwa in den Tageszeitungen lesen, diesen Eindruck nur bestätigen können. Kein

Journalist weiß, was eine ›gute Nachricht‹ ist. Die Auswahl, die man uns Tag für Tag präsentiert, besteht nur aus Attentaten, Unfällen, gewalttätigen Auseinandersetzungen, Betrügereien und Naturkatastrophen. Es ist schon vorgekommen, daß Fernsehzuschauer durch die Informationsflut in Depression verfallen sind. Und die fiktiven Werke, die den Tagesnachrichten vorausgehen oder folgen, schlagen in dieselbe Kerbe.«

Er lächelt und sagt:

»Ja, aber bekanntlich erzeugen gute Gefühle nur Langeweile und wiegen uns sanft in den Schlaf. Manchmal kann es gut sein, ein Verbrechen zu zeigen.«

»In welchem Sinne?«

»Da wir ein natürliches Mitgefühl in uns tragen und dieses Mitgefühl zutage treten muß, kann es eine gute Sache sein, wenn wir es wecken. Wenn etwa einem unschuldigen Menschen Gewalt angetan wird, dann kann das uns empören und uns helfen, unser Mitgefühl zu entdecken. Alles hängt von der Reaktion des Publikums ab.«

Ich bin ein wenig erstaunt, daß der Dalai Lama hier aus streng buddhistischer Sicht eine bestimmte Form öffentlicher Darstellung von Gewalt verteidigt. Eben noch hatte er die Quälerei und sichtbare Tötung von Tieren verurteilt, als wäre es wichtig, so etwas nicht zu *zeigen*. Jetzt dagegen scheint er seine ablehnende Haltung etwas abzuschwächenn, zumindest soweit es Gewalt gegen Menschen betrifft.

Er fährt fort:

»Gerade durch seine Gewaltdarstellungen kann das Fernsehen unsere Aufmerksamkeit wachhalten.«

»Die Medienforscher neigen zur gegenteiligen

Behauptung; sie sagen, das Fernsehen verstärkt nur unsere Gleichgültigkeit.«

»Wieso?«

»Weil es alles auf demselben Niveau darbietet. Wenn ein Ereignis unsere Aufmerksamkeit erregen und uns im Gedächtnis bleiben soll, muß es sich von anderen Ereignissen unterscheiden.«

»Ja, im Guten oder im Schlechten.«

»Gleichförmigkeit führt zum Vergessen. Deshalb nennen manche Beobachter das Fernsehen eine ›Vergeßmaschine‹. Weil sie alles auf demselben Niveau präsentiert. Selbst Realität und Fiktion werden vielfach vermischt. Nicht nur in den Augen der Kinder.«

»Wenn die Darstellung von Gewalt Mitgefühl erzeugt«, sagt er, »ist das eine gute Sache. Wenn die gehäufte Darstellung von Gewalt zur Gleichgültigkeit führt, ist das in der Tat sehr gefährlich.«

»Hinzu kommen noch merkwürdige Verrenkungen der Sprache. Wie ja auch viele Menschen spirituelles und religiöses Leben miteinander verwechseln, so verwechselt ein Großteil des Publikums Gewalt mit *action*. Ein Actionfilm ist ein Film mit viel Gewalt, ein Film mit vielen Leichen. Und dann natürlich der Sex. Wie sollte der Sex, der im übrigen immer gewalttätiger wird, unser Mitgefühl wecken?«

Er überlegt einen Augenblick, bevor er antwortet.

»Ich weiß nicht. Offen gesagt, ich weiß nicht, wie man entscheiden soll, ob das, was die Medien uns zeigen, letztlich gut oder schlecht für die allgemeine Harmonie der Welt ist. Aber ich sehe deutlich, daß dieses Problem da ist.«

»Und noch lange da sein wird.«

Einen Augenblick später fährt er fort:

»Diese Tendenz zur Gleichgültigkeit, in der wir beide eine Gefahr erblicken, spüre ich manchmal in mir selbst. Wenn man mir in den sechziger oder siebziger Jahren von traurigen Dingen berichtete – und davon gab es genug um uns her –, war ich sehr bewegt, und oft mußte ich weinen. Nach und nach gewöhnte ich mich an diese Geschichten, meine Gefühle ließen nach, und meine Tränen blieben aus.«

»Das geht uns allen so.«

»In meiner Jugend, als ich noch in Lhassa lebte, sah ich die Metzger Tiere zum Schlachthof führen. Da mich das Schicksal der Tiere sehr bewegte und ich auch über etwas Geld verfügte, kaufte ich den Metzgern Rinder und Schafe ab, um sie vor dem Tod zu bewahren, und gab ihnen die Freiheit zurück. Das war übrigens auch ein Problem: Wohin mit den geretteten Tieren?«

»Und wie sorgten Sie für ihren weiteren Schutz?«

»Wenn solch ein befreites Tier starb, ließ ich es nach Potala bringen und an die Hunde verfüttern. Sonst hätte jeder sie heimlich schlachten, für tot erklären und essen oder sogar verkaufen können.«

»War das nicht ein wenig naiv? Die Metzger schlachteten doch in jedem Falle so viele Tiere, wie nötig waren, um den Bedarf zu decken.«

»Es war zweifellos ziemlich naiv, aber ich war damals erst zwölf oder dreizehn Jahre alt. Was ich aber damit sagen wollte: Diese Empfindsamkeit meiner Jugend habe ich verloren. Wenn ich heute in Indien unterwegs bin, sehe ich Tiere, die zum Tode verurteilt sind, Tausende und Abertausende von Hühnern zum Beispiel, und manchmal sage ich mir, ich sollte einige von ihnen kaufen und vor dem Tod bewahren.

Aber wohin mit ihnen? Und wer sollte sich um sie kümmern?«

Lächelnd fügt er hinzu:

»Ich könnte natürlich ein Gebet sprechen. Was sonst? Aber auch da hat die Gewöhnung mich verändert. Das ist übrigens ein zentraler Punkt unserer Lehre: Gleichmut zu erlangen, ohne in Gleichgültigkeit zu verfallen.«

Wir sprechen über Aristoteles.

In jeder Diskussion über das Problem der Gewalt taucht irgendwann Aristoteles auf. Da mein Gesprächspartner die Aristotelische Theorie der Katharsis auf dem Theater nicht kennt, versuche ich, sie ihm mit möglichst einfachen Worten zu erklären. Katharsis bedeutet Reinigung, sage ich ihm. Wenn die Tragödie hehre Gefühle anspricht (eine unerläßliche Voraussetzung), kann sie mit der Darstellung von Gewalt solch eine Reinigung bewirken; sie befreit den Zuschauer von seiner Aggressivität, so daß er ruhiger und für das Leben besser gerüstet ist, wenn er das Theater verläßt.

Der Dalai Lama hört mir aufmerksam zu und stellt mir einige Fragen. Ich versuche, die Geschichte der Katharsis in groben Zügen nachzuzeichnen – was meines Wissens bisher noch nie geschehen ist –, und verweise zum Beispiel darauf, daß die Theoretiker und Autoren des klassischen französischen Theaters im 17. Jahrhundert trotz Aristoteles ein Mißtrauen gegen die Darstellung von Gewalt entwickelten und sie lieber hinter die Kulissen verbannten, so daß auf der Bühne nur noch darüber berichtet wurde.

Ich sage ihm auch, daß diese positive Wirkung der Darstellung eines tragischen, das heißt in Gewalt endenden Geschehens nur für das Theater gilt. Denn das Theater ist immer eine Fiktion und erhebt niemals den Anspruch, Realität zu sein. Die Schauspieler sterben nicht wirklich, und wir wissen das. Am Ende stehen die Toten auf und verbeugen sich.

Im Kino und im Fernsehen ist das anders. Hier handelt es sich um eine Folge fotografierter Bilder, und Fotografien zeigen uns immer etwas, das irgendwann einmal tatsächlich existiert hat. Kino und Fernsehen sind daher schon aufgrund der eingesetzten Technik realistische oder gar reale Ausdrucksformen.

Der Dalai Lama, der mir immer noch aufmerksam zuhört, versteht diesen Unterschied sofort, und offenbar erscheint er ihm sehr interessant. Kann auch eine realistische Darstellung Katharsis bewirken? Kann auch eine Tageszeitung mit all ihren Bildern von Kriegen, Hungersnöten und blutigen Auseinandersetzungen zwischen Verbrecherbanden unsere Ruhe und unser Selbstvertrauen stärken?

Es liegt auf der Hand, daß die Diskussion lebhaft ist und lange dauert.

»Vieles hängt hier von unseren persönlichen Überzeugungen ab«, sage ich. »Wenn wir eher optimistisch und offen für Veränderungen sind, neigen wir zu Nachsicht und sagen uns: besser, die Gewalt ist außerhalb unserer selbst und wird zur Schau gestellt, so daß die Bilder uns von unserem eigenen Schrecken befreien. Sind wir dagegen eher konservativ, verschlossen und Anhänger stabiler Institutionen oder Gefühle, lehnen wir uns auf und sagen: All das ist nur schändlicher Kommerz, der mit unseren Ängsten spielt und Dinge in uns weckt, die eigentlich schlafen sollten.«

»Deshalb der Versuch, eine Zensur einzuführen.«

»An solchen Versuchen hat es in der Geschichte

des Kinos wahrhaftig nicht gefehlt. Ende der zwanziger Jahre befolgte Hollywood einen strengen Kodex, der genau festlegte, was gesagt und gezeigt werden konnte. Doch dieser Kodex ging schon bald in die Brüche.«

»In einer Demokratie ist es auf jeden Fall schwierig, eine Zensur einzurichten.«

»Wie solch eine Zensur funktioniert, können wir in Indien beobachten. Indische Filme dürfen krasse Gewalt und selbst eindeutige Erotik zeigen. Die Frauen können äußerst provozierend auftreten, und wie überall zeigt man Verbrechen in Hülle und Fülle. Bis vor kurzem war es jedoch verboten, einen Kuß zu zeigen. Man bringt sich gegenseitig um, aber man küßt sich nicht.«

Er lacht und fügt hinzu:

»Obwohl Küssen doch sehr viel schöner ist als Töten.«

Seit den Anfängen des Buddhismus kennt dessen Theorie der Gewaltlosigkeit durchaus Einschränkungen. Und auch hier gab der Buddha Shakyamuni selbst das Beispiel. Als er einmal in einem Boot über einen Fluß setzte und ein Bandit das Leben der übrigen Passagiere bedrohte, entschied er sich dafür, das Leben des Banditen zu opfern. Dieses Beispiel wird häufig zitiert. Doch man sollte es mit größter Vorsicht behandeln, wissen wir doch alle, wie leicht es ist, jemanden zum Banditen zu erklären, weil man damit einen Vorwand hat, ihn zu unterdrücken.

Auch während des großen Krieges, den das *Mahabharata* schildert und der das Leben der ganzen Welt bedroht, kommt es vor, daß Krishnas Täuschungsmanöver und Betrügereien selbst seine eigenen Freunde entsetzen (und Krishna ist immerhin die irdische Inkarnation Vishnus). Als das Stück 1985 aufgeführt wurde, war Maurice Bénichou, der Krishna spielte, anfangs oft sehr bedrückt. Er spürte die Feindseligkeit des Publikums und meinte beim Verlassen der Bühne: »Ich bin ein Gott, ich komme, um die Welt zu retten, und sie verachten mich.« Wir mußten mehrere Szenen neu schreiben und andere ändern, um deutlich zu machen, daß sein Kampf nicht allein dem Sieg der Guten über die Bösen diente, sondern weit darüber hinaus reichte und sich auf einem Terrain, in einer Dimension abspielte, in denen die Gefühle und das Moralempfinden der Menschen zuweilen erschüttert werden.

So wird Krishna angesichts des Unverständnisses, auf das er stößt, einmal zu der – nur mit leiser Stimme geäußerten – Feststellung gedrängt, wer das *dharma* verteidigen wolle, müsse es zuweilen auch vergessen. Ein Satz, der zahlreiche Gefahren in sich birgt, zumal Diktatoren nur zu gerne den Notstand ausrufen, weil das Vaterland in Gefahr und die Lage so kritisch sei, daß sie die Aufhebung jeglicher Legalität rechtfertige. Nur für eine gewisse Zeit natürlich. Aber diese Zeitspanne dauert dann oft ein ganzes Leben.

Was tun? Wie sollen wir mit der Gewalttätigkeit umgehen, die wir in uns spüren und um uns her erleben?

»Vielleicht handelt es sich hier um eine noch unerklärte Sicht«, sage ich. »Um eine weitere Frage, auf die wir keine Antwort haben.«

»Wahre Disziplin kommt nicht von außen«, erwidert der Dalai Lama, »sie kommt von innen, aus uns selbst. Und in unserem Falle gilt das zunächst einmal für jene, die Filme produzieren und zur Vorführung bringen. Die Filmproduzenten müssen sich ihrer Verantwortung bewußt werden, die heute größer ist denn je.«

»Weil ihre Filme heute weltweit gezeigt werden.«

»Und sie müssen ihr Tun und die damit verbundenen Interessen in einen größeren Rahmen stellen. Das ist unerläßlich. Vielleicht müßte man auch die Beziehungen zwischen Filmproduzenten und Zuschauern weiterentwickeln.«

»Ja, denn heute ist diese Beziehung eine Einbahnstraße und folgt nur einer Regel, die leider kommerzieller Art ist: Filme herzustellen, die möglichst vielen Zuschauern gefallen. Das gilt für jedes einzelne Land, aber auch für das Verhältnis der Länder untereinander. Was Film und Fernsehen angeht, exportieren zum Beispiel die Vereinigten Staaten sehr viel in die übrige Welt, aber von dort importieren sie so gut wie gar nichts.«

Wir kommen einen Augenblick auf unser Gespräch vom Vortag zurück. Ich berichte ihm von den Kämpfen, die wir ausgefochten haben und immer noch ausfechten, damit Europa auch weiterhin die Fähigkeit behält, sich mit den Mitteln von heute seine eigenen Geschichten zu erzählen, und dies selbst um den Preis protektionistischer Maßnahmen.

»Ich habe keinen Zweifel«, sagt er, »daß es sich dabei um eine Kolonisierung neuen Typs handelt, unter dem Vorwand eines rein wirtschaftlichen Wettbewerbs, der den Gesetzen des Marktes unterworfen ist. (Aber welchen Gesetzen? Wer hat sie erlassen? Und in wessen Namen?) Etwas ähnliches habe ich bei der Besetzung Tibets durch die Chinesen erlebt. Damals war der Vorwand nicht wirtschaftlicher, sondern politischer und sogar kultureller Art. Sie behaupteten, sie brächten uns die Revolution, die neue, glanzvolle Zeit. In Wirklichkeit verbarg sich hinter dieser Propaganda nur ihr Hegemoniestreben.«

»Wenn einige amerikanische Filmgesellschaften ein weltweites Monopol auf dem Gebiet der Bilder anstreben (in Indien wollen sie schon bald synchronisierte Fassungen ihrer Filme auf den Markt bringen, um das indische Kino in seinem eigenen Land zu schlagen), dann verbinden sie damit auch den Hintergedanken, mit den Filmen für die Verbreitung ihrer sonstigen Erzeugnisse zu werben, der Autos, der Kleidung, der Getränke, der Musik, also des ganzen *american way of life* und ohne Zweifel, wenn auch eher untergründig, ihrer Verhaltensweisen und ihres Denkens.«

»Diese Methode kenne ich«, sagt er, »und sie ist mir ebenso suspekt wie Ihnen. Die Mittel, die sie einsetzen, sind verführerisch und oft über jeden Verdacht erhaben. Wer weiß schon genau zu sagen, was sich in einem Film verbirgt?«

»Mir scheint«, sage ich, »das Bild, von dem so oft gesprochen wird, ist durchaus nichts Oberflächliches. Jedes Bild, selbst ein flüchtiges und ungeschicktes, ist der Widerschein einer tiefer liegenden Realität, die ohne dieses Bild nicht zum Vorschein käme. Im kommenden Jahrhundert werden Völker, die nicht die Mittel haben, ihr eigenes Bild selbst zu produzieren, vom Verschwinden bedroht sein.«

»Davon bin ich auch überzeugt«, sagt der Dalai Lama mit Entschiedenheit.

»Aber darüber reden ist eine Sache, es tun eine andere.«

Wir verlassen unsere Abschweifung und kommen auf die Gewalt im Kino zurück.

»Indische Filme«, sagt er, »zeigen meist eine Liebesgeschichte, die an gewälttätigen Widerständen zu scheitern droht; am Ende werden die aufrechten Liebenden jedoch vereint und belohnt, während die Bösen ihre gerechte Strafe erhalten.«

»Das ist wahr. In der Filmgeschichte hat man nur selten gewagt, einen Verbrecher zu zeigen, dem auch dann noch Glück und Erfolg beschieden sind, wenn das Wörtchen ›Ende‹ erscheint. Hier unterliegen wir offenbar einer unausgesprochenen Selbstzensur, die sich jedoch auf vielfältige Weise umgehen läßt. Der wahre Verbrecher wird im Film fast immer entlarvt und bestraft. Die Liste der beraubten und ermordeten Unschuldigen ist jedoch ebenso lang.«

Für einfache Gemüter hält das Fernsehen zweifellos ein Grundmuster bereit, das durchaus gut ist. Ich sehe einen Menschen, der ein Verbrechen begeht; dieser Mensch wird festgenommen, vor Gericht gestellt und bestraft. Oft wird er auch von den Polizisten niedergeschossen. Jedenfalls bezahlt er für seine Übeltat.

»Das ist ein sehr schlichtes Grundmuster, das in manchen Fällen durchaus funktionieren mag. Manche behaupten jedoch, schon die bloße Darstellung eines Einbruchs, einer Geiselnahme oder eines politischen Attentats könne zur Nachahmung ermuntern.«

»Gerade deshalb kann wahre Disziplin nur von innen kommen«, sagt er. »Wenn ich sehe, daß ein Verbrecher von der Polizei gefangen wird, kann mich das von ähnlichen Taten abhalten. Ich kann mir aber auch sagen, ich sei geschickter oder hätte mehr Glück und würde der Polizei schon entkommen.«

»Aber dem *karma* entkommt niemand.«

»Genau. Was wir auch tun, in diesem oder einem

anderen Leben, das *karma* holt uns ein. Wenn wir davon überzeugt sind, dürften die Gefahren des Fernsehens uns nicht mehr so groß erscheinen.«

Ich bin aus Delhi mit dem Wagen hierhergekommen. Der Fahrer, ein dreiundvierzigjähriger Sikh mit rabenschwarzem Bart, etwas rundlich und voller Herzlichkeit, lädt mich eines Abends zusammen mit einem Busfahrer zum Essen ein. Er hat das Essen selbst zubereitet, Curry-Huhn, recht gut, und wir speisen in der Fahrerkabine des Busses, gleich über dem Motor. Sie haben eine Flasche fürchterlichen indischen Rhum besorgt, und wir trinken aus der Flasche.

Er erzählt mir ein wenig von seinem Leben. Sein Vater hat im indisch-pakistanischen Krieg beide Beine verloren. Er selbst ist in Delhi geboren, hat geheiratet, Kinder bekommen und ein Restaurant eröffnet. Dann wurde Indira Gandhi von einem ihrer Leibwächter, einem Sikh, ermordet. Um Rache zu nehmen, griff ein Teil der Bevölkerung von Delhi die dort lebenden Sikhs an. Er verlor sein Restaurant, seine Wohnung und eines seiner Kinder. Er lebte auf der Straße, suchte Arbeit und fand zum Glück eine Stelle als Chauffeur bei einer Agentur. Er arbeitet hart. Er hofft, eines Tages genug Geld beisammen zu haben, um wieder ein Restaurant eröffnen zu können.

Da ich ihn in Dharamsala nicht brauche, lasse ich ihn einen Teil seiner Familie in Amritsar besuchen. Eine ganze Nacht mit dem Autobus. Nach vier Tagen kehrt er sehr zufrieden zurück und bringt mir Konfekt mit.

Eine Mann wie viele Millionen andere, den Härten des Lebens ausgesetzt, seinen Traditionen verhaftet, stolz auf den Punjab, »*the richest state in India*«. Er ist kein Buddhist. In seiner eigenen Religion geboren, bleibt er ihr treu. Im übrigen respektiert er »Seine Heiligkeit«, »*a very good man*«. Er weist mich darauf hin, daß die Exil-Tibeter in Indien reicher seien als die Inder und größere Unterstützung erführen, aber er sagt es ohne Ressentiment. So ist es nun einmal. Um so besser für sie.

Er zeigt mir ein Foto seiner Frau und seiner Kinder. Er lächelt gern und ist ein sicherer Fahrer. Offenbar fragt er nur ungern nach dem Weg; deshalb verfährt er sich gelegentlich. Aber das macht nichts. Er kehrt um und probiert einen anderen Weg. Auf der Rückfahrt hält er an einem großen Rasthaus, »*the best restaurant in India*«. Das Essen ist sehr stark gewürzt.

Wie könnte dieser Mann die Gewalt vergessen, die er erlebt hat? Und wenn er sich jemals dazu entschlösse, wie lange bräuchte er wohl, um die Gewaltlosigkeit zu akzeptieren und sich vom Buddhismus einnehmen zu lassen? Wo fände er in seinem Leben, das von der puren Notwendigkeit beherrscht ist, wohl die Zeit zum Meditieren, zum Zuhören und zum Lesen?

Das frage ich mich im Wagen, während ich seinen hellblauen Turban betrachte, der sorgfältig um seinen Kopf geschlungen ist, und seine Hände, die das große Lenkrad halten.

Urknall und Reinkarnation

»Sind Sie der letzte Dalai Lama?«

»Das ist sehr gut möglich.«

»Warum?«

»Aus zwei Gründen. Der erste ist politischer Art. Seit fünfunddreißig Jahren behaupten die Chinesen, ich hätte nur einen Wunsch: das einstige Reich wiederherzustellen, meine Diener, meine Privilegien und die tausend Räume in Potala wiederzuerlangen.«

»Was erwidern sie darauf?«

»Daß die Institution des Dalai Lama nicht von mir abhängt. Darüber haben die Tibeter zu entscheiden. Das habe ich schon mehrfach gesagt. Wenn Tibet eines Tages seine Unabhängigkeit wiedererlangt oder zumindest Autonomie erhält – was ich von ganzem Herzen ersehne –, dann kann das nur auf demokratische Weise geschehen. Werden die Tibeter dann noch wollen, daß die Institution des Dalai Lama fortbesteht? Sie werden es sagen. Wenn eine Mehrheit von ihnen sich dagegen ausspricht, werde ich mich sofort zurückziehen. Dann wäre ich tatsächlich der letzte Dalai Lama.«

»Sie haben einmal gesagt, in diesem Falle würden Sie Ihre Tage in einem Kloster beschließen.«

»Dieser Gedanke mißfällt mir keineswegs.«

»Und der zweite Grund?«

»Der zweite Grund ist historischer Natur. Viele glauben, der Dalai Lama sei untrennbar mit dem tibetischen Volk verbunden. Das ist falsch. Bis ins 16.

Jahrhundert haben die Tibeter ohne den Dalai Lama gelebt. Sie können es auch morgen wieder tun. Ich sage es noch einmal: Die nächste Regierung Tibets muß demokratisch gewählt werden. Das ist unerläßlich.«

»Könnte der nächste Dalai Lama auch außerhalb Tibets geboren werden?«

»Warum nicht? Einer von ihnen stammte schon aus der Mongolei.«

»Wie sind Ihre Beziehungen zur heutigen Mongolei?«

»Sehr lebendig und sehr alt. Die Mongolei ist wie Tibet stark vom Buddhismus geprägt. 1979 habe ich das Land und einige andere Republiken der UdSSR besucht. Die Mongolei war damals noch kommunistisch. Ich hatte das Gefühl, daß die Menschen mir dort ebenso spontan und herzlich begegneten wie in Tibet. Ich habe eine große Nähe empfunden, und das hat mich tief berührt. Dieses Jahr werde ich wieder hinfahren.«

»Ist der Buddhismus dort noch lebendig?«

»Wie es scheint, ja. Auf diesem Gebiet unterhalten wir enge Beziehungen. Studenten aus den verschiedenen Teilen der Mongolei kommen hierher nach Indien und arbeiten in unseren Zentren unter der Anleitung tibetischer Lehrer. Und einige von uns gehen in die Mongolei.«

»Und wie sind Ihre Beziehungen zu Nepal und Bhutan?«

»Soweit es die Menschen betrifft, sind unsere Beziehungen ausgezeichnet. Auf offizieller Ebene ist das anders. Seit Tibet annektiert worden ist, haben diese beiden Länder eine gemeinsame Grenze mit China. Und das verändert alles.«

Der Gedanke, die Frauen seien nur dazu geschaffen, den Männern Leid und Ungemach zu bereiten, ist fast überall auf der Welt anzutreffen und gilt fast schon als Selbstverständlichkeit. Sogar der Buddha hat sich davon trotz seiner unermeßlichen Klarsicht nicht immer freimachen können. Wie andere auch, sagte er, die Frauen seien meist »töricht und böse«, wild »wie Straßenräuber« und natürlich von Natur aus lügnerisch. Lange Zeit ermahnte er seine Schüler, vor allem jene, die Mönch werden wollten, sich vor den Frauen zu hüten und auf sie zu verzichten. Monatelang weigerte er sich, der zweiten Frau seines Vaters seine Tür zu öffnen – immerhin seine Tante, die ihn liebevoll aufgezogen hatte. In Lumpen gekleidet, flehte sie ihn Tag für Tag an, ihr doch ein Wort oder auch nur einen Blick schenken. Aber er antwortete nicht.

Es dauerte viele Jahre, bis er sich mit der Gründung von Frauenklöstern einverstanden erklärte. Und es bedurfte endloser Debatten mit seinen Schülern, bis Shakyamuni zugestand, daß auch Frauen zur Erleuchtung gelangen könnten; doch schon bald bereute er dieses Zugeständnis. In spiritueller Hinsicht galten ihm die Frauen zweifellos als minderwertig.

Die Ausschließung der Frauen aus dem spirituellen Bereich ist seltsamerweise weltweit verbreitet. Im 16. Jahrhundert spaltete ein Konzil die katholische Kirche wegen der Frage nach der Beschaffenheit der weiblichen Seele. Selbst daß Frauen überhaupt eine Seele besitzen, wurde nur mit wenigen Stimmen Mehrheit akzeptiert. Auch heute, im Jahre 1994, läßt die Zulassung einiger Frauen zum Priesteramt in der anglikanischen Kirche manche guten Seelen vor Empörung aufschreien, und der Papst bekräftigt, daß in der katholischen Kirche nur Männer Priester werden können. Nicht immer vermag die Soutane den frauenfeindlichen Geist zu verbergen.

Lange Zeit mußten Frauen vor allem in den Ländern Südasiens genaue Regeln im Umgang mit Bettelmönchen einhalten; sie durften die Speisen beim Füllen der Bettelschale nicht berühren, nicht auf die Matte treten, auf der er saß, ihn niemals als erste ansprechen, sich nicht vor ihm entblößen oder eine Sitzposition einnehmen, die seine Begierde hätte wecken können. Zuweilen war es Mönchen sogar untersagt, auf einer Stute oder Eselin zu reiten. In Anwesenheit von Frauen verbargen die Bonzen Kambodschas ihr Gesicht hinter einem Fächer: Um nicht zu sehen oder um nicht gesehen zu werden?

In China, Japan und vor allem Tibet (dort zweifellos unter dem Einfluß des Tantrismus) wurden diese Verbote schon bald weniger streng beachtet. Eine japanische Zen-Geschichte erzählt von zwei Mönchen, die beide das Gelübde abgelegt haben, niemals eine Frau zu berühren. Auf ihrer Wanderschaft gelangen sie an einen Fluß, der Hochwasser führt. Eine verzweifelte Frau bittet die beiden, ihr über den Fluß zu helfen, denn ihre Mutter, die am anderen Ufer wohnt, sei schwer erkrankt.

Ohne zu zögern, faßt einer der beiden Mönche die Frau und hilft ihr über den Fluß. Am anderen Ufer angekommen, bedankt sich die Frau und geht. Die beiden Mönche setzen ihren Weg schweigend fort. Nach einer halben Stunde sagt der eine, immer noch erzürnt: »Wie konntest du nur dein Gelübde brechen? Wie konntest du es wagen, den Körper dieser Frau zu berühren?« Der andere blickt ihn an und sagt: »Denkst du immer noch an sie?«

Der Zölibat wird zwar auch heute noch von Mönchen und Nonnen (*bhiksus* und *bhiksunis*) streng beachtet, doch in McLeod Ganj kann man sehen, wie sie ungeniert durch die Straßen gehen, Geschäfte betreten und sich mit Passanten oder Passantinnen unterhalten. In Restaurants sieht man nicht selten einen Mönch beim Essen mit einer Ausländerin, meist seiner Schülerin.

Gilt es immer noch als Zeichen eines negativen *karmas*, wenn man im Körper einer Frau wiedergeboren wird?

»In der Vergangenheit wurde die Frau zweifellos verachtet«, sagt der Dalai Lama. »Wie in anderen Ländern, so gab es auch in Tibet eine männliche Vorherrschaft. Doch die Dinge haben sich verändert. Heute ist die Lage der Frauen in Tibet besser als in China oder Indien. Aber es bleibt noch viel zu tun.«

Er weist darauf hin, daß die Geschlechter im Buddhismus und insbesondere in der Mahayana-Tradition theoretisch gleichberechtigt sind. *Bhiksus* und *bhiksunis* haben nach der Weihe im Prinzip dieselben Rechte und Pflichten. In Tibet bemühten sich die beiden Ehefrauen des Königs S'ron T'san Gampo (die eine war Nepalesin, die andere Chinesin) intensiv um die Verbreitung des Buddhismus (den der Dalai Lama schlicht und einfach »die Religion« nennt). Bei ihrem Tod kam es zu einem außergewöhnlichen Ereignis: Avalokiteshvara, der *bodhisattva* des Mitgefühls, beschloß, die Welt vom Leiden, vom Kreislauf des *samsara,* zu erlösen. Dank einer gewaltigen Anstrengung, gelang es ihm auch, indem er die Augen schloß. Als er sie wieder öffnen mußte, sah er, daß das Leid immer noch da war; das *samsara* erfüllte aufs neue die Welt.

Da lief ihm eine Träne der Trauer und der Entmutigung über die Wange. Diese Träne fiel auf die beiden Königinnen und enthüllte so deren Bestimmung, als Trösterinnen und Beschützerinnen zu wirken. Man nennt sie die grüne und die weiße Tara. Oft werden sie auch zu einer einzigen Gottheit namens Tara verschmolzen, die in allen Aspekten des alltäglichen Lebens verehrt wird. Man nennt sie »die Mutter aller Buddhas«; sie schenkt Ruhe und neuen Mut. Die tibetische Poesie besingt sie in wunderschönen Gedichten.

Das tibetische Pantheon ist zu komplex, als daß ich es hier in allen Einzelheiten vorstellen könnte. Außerdem variiert es zwischen den verschiedenen Schulen. Es besteht aus einer ganzen Hierarchie von Buddhas, deren einzelne Ebenen sich wiederum so stark unterteilen, daß Maurice Percheron sagen konnte, es gebe dort Buddhas »wie Sand am Meer«. An der Spitze dieser Hierarchie stehen fünf Wesenheiten, die man »die Siegreichen« (*jinas*) oder die Buddhas der Meditation nennt und die den fünf Sinnesorganen, den fünf Grundfarben und den fünf Tugenden entsprechen. Sie herrschen über Zeit und Raum. Jeder von ihnen hat seine Eigenart und besitzt eine eigene Anrufungsformel. Außerdem hat jeder von ihnen eine Art »Sohn«, einen spirituellen Reflex, bei dem es sich eigentlich um einen *bodhisattva* handelt. So wurde Avalokiteshvara, »der herabschaut«, das heißt der Mitfühlende (und dessen Reinkarnation der Dalai Lama ist), von dem *jina* Amitabha gezeugt, dem »unendlichen Licht« und »Herrn des Westens«.

In dieser einzigartigen, fein strukturierten Konstruktion, die unserem westlichen, an anderen Konzepten geschulten Denken nur schwer zugänglich ist, nimmt die weibliche Kraft, die Arya Tara genannt wird, einen der obersten Ränge ein.

Der Dalai Lama weist darauf hin, daß dies durchaus kein Zufall sei:

»Ihre Geschichte ist die Geschichte der weiblichen Einstellung. Als sie die erste Stufe der Erleuchtung erreichte und damit den Anspruch auf eine höhere Stufe der Existenz, rief sie angesichts der zahlenmäßigen Überlegenheit männlicher Mächte: Ich möchte die Buddhaschaft erlangen, aber in weiblicher Gestalt. Sie wollte gewissermaßen beweisen, daß sie dasselbe Niveau erreichen konnte wie Avalokiteshvara. Und es gelang ihr.«

Er fügt hinzu, daß *bhiksus* und *bhiksunis* theoretisch dieselben Regeln befolgen.

»Und dennoch gibt es eine gewisse Diskriminierung. Es ist schwer, die Gründe und Grenzen zu bestimmen, aber die *bhiksunis* werden nicht mit demselben Wohlwollen und Respekt bedacht wie die *bhiksus*.«

»Warum nicht?«

»Ich weiß es nicht genau. Vergangenes Jahr habe habe ich eine viertägige Konferenz zu diesem Thema einberufen, zu der Professoren aus allen Teilen der Welt kamen, aus dem Westen wie auch aus Japan. Auch Zen-Lehrer hatten wir eingeladen. Wir haben über zahlreiche Probleme gesprochen, die Lage der Frauen, das Sexualleben, die Finanzskandale, die immer wieder die ganze Welt erschüttern. Eine *bhiksuni* ergriff das Wort und beschrieb die Ungleichheit, unter der die Nonnen zu leiden haben. Eine ältere Frau aus Griechenland, glaube ich, oder aus Frankreich erzählte in einfachen Worten ihre Lebensgeschichte. Und diese Geschichte hat mich so stark berührt, daß ich weinen mußte. Ja, die Lage der Frauen ist ohne Zweifel verbesserungswürdig.«

Wir sprechen kurz über die Situation der Frauen im Westen. Die Kämpfe der Frauenbewegung in den sechziger und siebziger Jahren haben zwar gewiß Erfolge gebracht, zumindest im rechtlichen Bereich, aber auf anderen Gebieten gibt es immer noch Diskriminierung. Etwa bei den Löhnen, der politischen Beteiligung (die Zahl der weiblichen Abgeordneten im französischen Parlament ist eher rückläufig), bei der Machtverteilung im Bereich der Medien, ganz zu schweigen von den Problemen des alltäglichen Lebens und den Traumata der Vergewaltigung oder sexueller Belästigung. Nach den Hoffnungen auf »Befreiung« und »Gleichberechtigung« in den vergangenen Jahrzehnten macht sich heute Enttäuschung breit bei der Generation der Vierzigjährigen, die häufig geschieden, arbeitslos und vereinsamt sind, und dies in einer Gesellschaft, die von Ängsten und einer komplexen Krise wie gelähmt erscheint.

Der Dalai Lama weiß von diesen enttäuschten Hoffnungen, auch wenn die Situation in Asien eine andere ist. Es muß etwas geschehen.

»Und vor allem in der Erziehung«, sagt er. »Wir müssen einsehen, daß die Frauen dieselben Fähigkeiten besitzen wie die Männer. Da kann uns eine außergewöhnliche Frau, die im 14. Jahrhundert lebte, ein Beispiel sein. Sie hieß Samding Dorjee Phagmo und galt als weiblicher Lama; nach der Überlieferung erlangte sie damit die Fähigkeit zur Reinkarnation und gründete eine ganze Linie weiblicher Lamas, die bis heute fortbesteht.«

»Gibt es noch weitere weibliche Linien?«

»Ja, vier oder fünf. Wir müssen zunächst darüber

nachdenken, was diese Tradition weiblicher Lamas uns gebracht hat, das heißt, welche wertvollen Besonderheiten ihre Lehre uns bietet. Wir müssen auch über die Polyandrie nachdenken, die in Tibet seit langem bekannt ist.«

Ich kann mich nicht enthalten, an Draupadi zu erinnern, die starke Frau aus dem *Mahabharata*, die fünf Ehemänner hatte, die Brüder Pandava, die sie alle (abwechselnd) befriedigte und denen sie Kinder schenkte. Der Dalai Lama kommt kurz auf die Polygamie zu sprechen, die ihm mißfällt, weil darin mehrere Frauen einem einzigen Mann zur Verfügung stehen und deshalb vielfach wie Objekte oder Haustiere behandelt würden. Ebensowenig einverstanden ist er mit dem Frauenkauf, der noch mancherorts praktiziert wird, und er kennt die schrecklichen Folgen, die vielfach mit dem indischen Brauch der Mitgift verbunden sind.

Er fragt mich, ob es in Europa Polyandrie gibt – also mehrere Männer für eine Frau.

»Es gibt sie« sage ich, »aber meistens wissen die Männer nichts davon.«

»Natürlich. Aber das gibt es überall.«

Er lacht auf, dann kommt er wieder auf Tibet zu sprechen:

»Bei uns gab es von alters her noch einen anderen Brauch. Es kam vor, daß der Mann in die Familie der Frau eintrat (während es sonst umgekehrt ist); dann blieb der Name der Frau der Familienname.«

»Wurde dieser Name auch an die Kinder weitergegeben?«

»Ja. Der Name der Mutter. Natürlich hat die chinesische Invasion diesem Brauch ein Ende gesetzt, aber wir sollten unbedingt wieder an diese Tradition anknüpfen.«

Kriege führen zu einer sehr schnellen Veränderung der Sitten und Gebräuche. Ich erinnere an das Blutbad, das der Erste Weltkrieg in Europa anrichtete. Eineinhalb Millionen Männer starben allein in Frankreich. Dadurch erwuchsen den Frauen ganz neue Pflichten. Die Verhältnisse zwangen sie, Höfe oder Geschäfte zu übernehmen, und es zeigte sich, daß sie den Anforderungen bestens gewachsen waren. Das 19. Jahrhundert, in dem die Frau bei uns nur die Rolle einer notwendigen Verzierung zu spielen schien, von der vergötterten Kurtisane bis hin zur versklavten Hausangestellten oder Arbeiterin, dieses 19. Jahrhundert fand sein Ende auf dem Schlachtfeld. Es war unmöglich geworden, die Frauen weiterhin auszuschließen. Der Zweite Weltkrieg bestätigte diese Tatsache. 1944 erhielten die Frauen in Frankreich endlich das Wahlrecht.

»Wir müssen unsere Traditionen wiederaufgreifen«, sagt der Dalai Lama, »und um die positiven Momente anderer Traditionen erweitern.«

»In Kerala, einem Staat in Südindien, gibt es eine matriarchalische Tradition. Dort sind vielfach die Frauen Eigentümerin und Hüterin des Familienbesitzes, der von Frau zu Frau weitervererbt wird.«

»Ja, auch in Tibet konnten Frauen erben.«

»Haben sich diese Traditionen durch die chinesische Besetzung verändert?«

»Ich glaube nicht. Natürlich gelten heute in Tibet die chinesischen Gesetze. Aber die Tradition ist weiterhin eine Form des Widerstandes. Hier in Indien bemühen wir uns, diese Traditionen zu bewahren, denn sie sind die beste Waffe. Ich habe gar keinen Zweifel, daß die Rechte der Frauen in Zukunft gesichert sein werden. Und dabei werden wir auch unvermeidlich ein neues Verständnis der Gleichberechtigung zwischen Mann und Frau entwickeln müssen.«

»Wenn Geburtenkontrolle in Zukunft unvermeidlich sein wird – und alles deutet darauf hin –, dann führt der Weg dorthin ebenso unvermeidlich über die Frauen. Sie müssen also wieder das Recht haben, selbst darüber zu entscheiden, ob sie Leben schenken wollen oder nicht.«

»Das glaube ich auch«, sagt er.

»Männlichkeit oder Weiblichkeit im Sinne eines unabänderlichen Wesens dürften angesichts der Unbeständigkeit aller Dinge doch eigentlich unmöglich sein.«

»Wie alles, was unveränderliche Eigenschaften haben soll. Solche Begriffe haben für uns gar keinen Sinn. Sie sind an die Verhältnisse gebunden, an die Umstände (das heißt an die kulturelle und geschichtliche Umgebung), und diese Verhältnisse können sich ändern.«

»Könnte der nächste Dalai Lama eine Frau sein?«

»Theoretisch steht dem nichts im Wege.«

Hier begegnen wir wieder der bemerkenswerten Anpassungsfähigkeit, die den heutigen Buddhismus kennzeichnet und die wir schon in seinem Verhältnis zu den Wissenschaften beobachtet haben; sie erklärt zu einem Gutteil, warum der Buddhismus so große Anziehungskraft besitzt. Auch hier wieder scheint man jeglichen Dogmatismus abgelegt zu haben. Die enorme Geschmeidigkeit des Denkens entspricht der Wandelbarkeit der Welt; sie bestätigt den Wandel und unterwirft sich ihm. Erstaunlich bleibt indessen, daß die ständige, durch die zahlreichen Erschütterungen unseres Jahrhunderts offenbar noch beschleunigte Anpassung die eigentlichen Grundlagen des Buddhismus – Unbeständigkeit, wechselseitige Abhängigkeit aller Dinge, Mitgefühl, die Notwendigkeit der Erleuchtung – nicht erschüttert und in manchem sogar noch gestärkt hat.

Aber nun kommen wir auf die Reinkarnation zu sprechen. Und ich muß meinem Gastgeber eingestehen, daß ich einige Schwierigkeiten damit habe. Bisher haben wir in unserem Gespräch zahlreiche Gemeinsamkeiten gefunden, doch in diesem Punkt gehen unsere Auffassungen auseinander.

Der Buddhismus gründet von jeher in einem universalistischen Gedanken: Was für einen Menschen gut ist, das ist für alle Menschen gut. Im Westen sind wir es seit gut einem Jahrhundert gewöhnt, Verhalten und Mentalität (zu denen auch die Religionen gehören) aus ethnographischer Sicht zu betrachten, und die Reinkarnation ist eine Glaubensvorstellung, die aus Indien stammt und heute auf einen einzigen Teil der Welt beschränkt ist.

Zwar behauptete Pythagoras, er könne sich an frühere Leben erinnern. Und im 10. Buch des *Staates* schildert Platon, wie gefallene Krieger einen Leib für ihr nächstes Leben wählen – wie bei Empedokles ein fernes Echo der orphischen Mysterien. Im Einklang mit seiner Persönlichkeit wählt Ajax die Gestalt eines Löwen, der Possenreißer Thersites den Leib eines Affen. Nur der listenreiche Odysseus entscheidet sich für das Leben eines nun endlich friedlichen und von niemandem beachteten Mannes.

Dennoch wird man kaum behaupten können, diese Vorstellung, die einer feinsinnigen Elite vorbehalten war, stehe im Mittelpunkt des griechischen Denkens. Und in jedem Falle hat sie wie die Geisteswelt der jüdischen Kabbala den Untergang der Antike und den Siegeszug des Christentums nicht überlebt.

In Indien sind diese Vorstellungen immer noch lebendig. Der Buddhismus hat sie übernommen und für seine Zwecke weiterentwickelt. Manche Phasen des Reinkarnationsprozesses, etwa die als *bardo* bezeichnete Reise unmittelbar nach dem Tod, finden sich nur im tibetischen Buddhismus. Mir scheint, daß der universalistische Gedanke hier durch Partikularismus oder Folklore abgelöst worden ist.

»Die Reinkarnation«, sage ich ihm, »gehört nicht zu unseren religiösen Traditionen, sofern man nicht den christlichen Glauben an die Auferstehung dazurechnen möchte. Aber zum einen scheint das Thema der Auferstehung die christlichen Theologen von heute nicht mehr sonderlich zu interesseren, zum anderen hat diese Auferstehung des Leibes nichts mit der buddhistischen Reinkarnation zu tun. Der Gedanke der Reinkarnation ist uns fremd, und wir können ihn nur schwer akzeptieren. Zuweilen macht man sich sogar darüber lustig oder zuckt verständnislos die Achseln.«

Er hört mir aufmerksam zu und nickt mit dem Kopf.

»Die zweite Schwierigkeit ist eng mit der ersten verbunden« fahre ich fort. »Der Buddhismus hat immer wieder betont, daß man sich an die Tatsachen halten müsse. Schon Shakyamuni sagte: ›Betrachtet diesen Gegenstand, der hier und jetzt existiert.‹ In den buddhistischen Schriften heißt es, man solle nichts akzeptieren, was nicht durch die Erfahrung gesichert, bewiesen und verifiziert sei. Nun ist aber gerade die Reinkarnation nicht verifizierbar und sie dürfte zu jenen ›Glaubensvorstellungen‹ gehören, die der Buddhismus ansonsten ablehnt. Darin sehen wir einen Widerspruch.«

Er nickt wieder und läßt mich meinen Gedanken fortführen.

»Es gibt noch eine dritte Schwierigkeit, die mit der buddhistischen Lehre zusammenhängt und über die wir schon ausführlich gesprochen haben, weil hier eine Übereinstimmung mit den (vorläufigen) Erkenntnissen der westlichen Naturwissenschaft zu bestehen scheint: Der Buddhismus betont immer wieder, daß nichts stabil ist, weder in der Materie noch im Geist, das alles sich unaufhörlich auflöst und wieder neu zusammensetzt und daß insbesondere unser ›Ich‹, auf das wir im Westen so stolz sind, nur Wind ist, eine Illusion, eine flüchtige, letztlich unauffindbare Realität. Wenn nun aber von meinem Ich gar nichts überdauert, welches Ich erfährt dann seine Reinkarnation? Irgend etwas in uns, irgend eine besondere Qualität, muß dazu doch fortexistieren und weitergegeben werden können. Ich muß gestehen, daß dieser Punkt für mich ein Rätsel ist. Ich habe die meisten Ihrer Bücher gelesen; ich habe Ihre knappe Antwort auf diese Frage gehört, aber überzeugt bin ich noch nicht. Vielleicht ist jetzt der Augenblick gekommen, darüber zu sprechen.«

Nach kurzer Überlegung formuliere ich meine Frage:

»Was bedeutet für Sie heute die Reinkarnation? Ist das nur ein Bild, oder ist es eine Tatsache? Und welche Kraft beziehen Sie daraus?«

Er denkt lange nach, bevor er antwortet:

»Die Buddhisten sagen, die Reinkarnation sei eine Realität, eine Tatsache. Im Kreislauf der Wiedergeburten, den wir *samsara* nennen, kommt es von

Zeit zur Zeit zum Phänomen der Reinkarnation.«

Wir müssen also lernen, zu unterscheiden. Der Kreislauf der Wiedergeburten, *samsara*, ist Bedingung jeglichen Lebens. Keine Existenz vermag ihm zu entgehen, es sei denn, sie tritt ins *nirvana* ein. Diese Bedingung ist leidvoll, denn sie zwingt uns zu endloser Wiedergeburt, und dies auf Ebenen, die möglicherweise schlimmer sind als die bisherigen.

»Zur Wiedergeburt sind wir gezwungen«, fährt er fort; »die Reinkarnation dagegen ist eine Wahlentscheidung. Sie ist die manchen verdienstvollen Personen verliehene Fähigkeit, über ihre zukünftige Geburt zu bestimmen.«

»Wie es beim Buddha der Fall war.«

»Genau. Und bei vielen anderen. Wenn wir eine bestimmte Qualität erlangen, die wir als Feinbewußtsein oder als subtiles Bewußtsein bezeichnet haben, kann unser Geist nicht mehr im üblichen Sinne des Wortes sterben. Er erlangt die Fähigkeit zur Reinkarnation in einem anderen Körper. Wie wir gesehen haben, gilt das insbesondere für die *bodhisattvas*. Obwohl sie ins *nirvana* eintreten können, verzichten sie darauf und ziehen es vor, im *samsara* zu bleiben und uns anderen zu helfen.«

»Aber wie stellt man fest, daß ein Mensch die Reinkarnation eines anderen ist?«

»Das ist in der Tat ein wesentlicher Punkt.«

In Dharamsala und anderen buddhistischen Zentren ist man sich in diesen Dingen allerdings sehr sicher. Einen Menschen, der ohne jeden Zweifel alle Zeichen einer Reinkarnation trägt, nennt man *tulku*. Und es gibt deren viele. In einem Souvenirladen, der von einem Inder geführt wird, traf ich einen deutschen Fotografen, der ein Buch über die *tulkus* vorbereitete. Er hatte bereits mehrere Dutzend von ihnen fotografiert und zeigte mir den Fragebogen, den er ihnen vorlegte. Darin waren einzutragen: Name, Vorname, Geburtsdatum, Anschrift, die buddhistische Schule, der die betreffende Person angehörte. Und dann folgte eine Zeile, in der stand: »Reinkarnation von...«

»Zunächst einmal begegnen wir Menschen, die sich genau an ihre früheren Leben erinnern«, fährt der Dalai Lama fort.

»Oder so tun, als könnten sie sich erinnern. Es ist doch merkwürdig, daß sie in ihrem früheren Leben nie ein häßliches Entlein oder ein elender Sklave gewesen sind, sondern meist im begehrenswerten Körper einer berühmten Hetäre oder eines hohen ägyptischen Priesters gelebt haben.«

»Natürlich. Es gibt überall Lügner.«

»Andererseits heißt es in den Schriften, daß es für den Menschen nach seinem Tod sechs mögliche Zustände gibt, die man die Durchgangswege nennt.«

»Genau.«

Es handelt sich um den Zustand Gottes, des Menschen, des *asura* (was nur unvollkommen mit »Dämon« übersetzt wird), des Tiers, des Hungrigen und Durstigen, im Sanskrit *preta* genannt, und des Höllenwesens schließlich, das von den eisigen Höllen zu den brennenden Höllen irrt, von der bronzenen Hölle in die Hölle des Rauchs und die Hölle der Dornen.

»Nun ist aber von all diesen Zuständen der des Menschen am schwersten zu erreichen«, fahre ich fort. »Und nur wer als Mensch wiedergeboren wird, hat Aussicht, die Buddhaschaft zu erlangen. In einer alten Legende heißt es, wenn man sich eine Schildkröte vorstellt, die in den Tiefen des Meeres lebt und nur einmal in hundert Jahren den Kopf aus dem Wasser steckt, und wenn man sich weiter einen Ring vorstellt, der irgendwo auf den Wellen schwimmt, dann ist die Aussicht, daß ein Mensch seine Reinkarnation in einem anderen Menschen findet, ebenso gering wie die Aussicht, daß der Kopf der Schildkröte genau in diesem Ring aus dem Wasser emportaucht. Wie ist es da zu erklären, daß alle, die sich an ein früheres Leben erinnern, von einem abenteuerlichen Leben berichten und daß es so viele *tulkus* gibt?«

»Die Reinkarnation in einem anderen Menschen ist in der Tat schwierig, aber sie kommt weitaus häufiger vor, als die indische Legende es behauptet. Das Phänomen existiert, da sind wir ganz sicher. Hier in Dharamsala gibt es einige Menschen, die sich deutlich an ein früheres Leben erinnern, und dieses frühere Leben hat gar nichts Außergewöhnliches an sich. Ich denke etwa an zwei indische Kinder, zwei Mädchen von drei und vier Jahren, die in allen Einzelheiten über einige Episoden aus früheren Leben berichteten. Ihre Eltern wollten es nicht glauben, aber als wir die Kinder an den Ort brachten, an dem sie offenbar schon einmal gelebt hatten, erkannten sie ihn wieder.«

Diese Beispiele für ein Wiedererkennen werden häufig zitiert. Der Dalai Lama selbst erkannte im Alter von drei Jahren einige Gegenstände wieder, die seinem ein paar Jahre zuvor verstorbenen Vorgänger gehört hatten. Wie er in seiner Autobiographie berichtet, nahm er diese Gegenstände, sagte: »Das gehört mir, das gehört mir«, und alle waren überzeugt, daß er die gesuchte Reinkarnation war. Weitere Zeichen führten die Sucher bis ins Haus seiner Eltern. Als er offiziell anerkannt worden war, brachte man ihn in ein Kloster, und seine Ausbildung zum Dalai Lama begann. Das war 1938.

Manche oberflächlichen Journalisten bezeichnen den Dalai Lama immer noch als lebenden Gott. Für einen Buddhisten hat dieser Ausdruck gar keinen Sinn. Die Institution des Dalai Lama als spirituelle und zeitliche Autorität hat zwei Voraussetzungen: Erstens muß er mit Sicherheit die Reinkarnation seines Vorgängers und damit aller seiner Vorgänger bis zurück ins 16. Jahrhundert sein. Die Tibeter hängen sehr an diesem Gedanken der Abstammungslinie, einer sehr hohen spirituellen Kraft, die von einem auf den anderen übergeht und sich bei jedem Übergang noch verstärken kann. Wie der gegenwärtige Dalai Lama sagt, hat er im Traum lange mit seinem Vorgänger diskutiert und hält sich an dessen Ratschläge.

Zweitens ist der Dalai Lama aufgrund seiner Funktion eine »Manifestation« oder »Emanation« Avalokiteshvaras, des Herrn des weißen Lotus, des großen *bodhisattva* des Mitgefühls. Damit wäre er der Vierundsiebzigste in einer anderen Abstammungslinie, die bis zu einem brahmanischen Kind zurückreicht, das zu Zeiten des Buddhas lebte. Heute scheinen die Buddhisten nicht mehr zu glauben, daß es im Himmel ein personales Wesen gibt, welches seine Inkarnation in einem Menschen fände. Vielmehr sehen sie in dieser Emanation eine besondere Kraft, die es dem Dalai Lama ermöglicht, in seiner Person die Kraft jenes Mitgefühls zu konzentrieren, das uns allen eigen ist.

Fragt man den Dalai Lama, ob er selbst glaubt, diesen beiden Linien anzugehören, gesteht er eine gewisse Verlegenheit ein. Die Antwort sei nicht einfach. Jedenfalls empfinde er aufgrund seiner Erziehung und seiner buddhistischen Praxis ein »spirituelles Band«, das ihn mit den dreizehn früheren Dalai Lamas, mit Avalokiteshvara und mit dem Buddha Shakyamuni verbinde.

»Man kann die Reinkarnation auch unter einem anderen Blickwinkel betrachten«, fährt er fort, »und zwar im Blick auf die Evolution unseres Planeten und des gesamten Universums. Heute sind wir hier, wie sehen die Welt um uns her und wissen, daß sie unvorstellbar groß ist, aber wir wissen auch, jedenfalls sofern wir den Wissenschaftlern glauben dürfen, daß diese Welt nicht immer da war.«

»Man hat lange geglaubt, das Universum sei unendlich und ewig. Es gehört zu den großen Entdeckungen der Astrophysik im 20. Jahrhundert, daß die Welt ein Alter und eine Geschichte hat.«

»Sie meinen den Urknall?«

»Ja, ich meine den sogenannten Urknall, auch auch wenn man nicht recht sagen kann, was das ist.«

»Sofern denn der Urknall ein Ereignis ist. Wir sehen nur, daß es irgendwann einmal einen Zustand gewaltiger Dichte gegeben hat, aus dem alle Materie, die der Sterne und unsere eigene, hervorgegangen ist. Aber wir können nicht von einer ›Explosion‹ sprechen, wie es der Ausdruck ›Urknall‹ eigentlich nahelegt.«

»Und jenseits dieses Zustands der Materie?«

»Dorthin reicht unser Blick nicht. Jedenfalls behaupten das die Astrophysiker. Der Urknall bezeichnet den allerersten Punkt in der beobachtbaren Geschichte des Universums. Er ist nicht notwendig auch der Anfang des Universums, aber der Anfang unseres Diskurses über die Welt. Sofern es denn vor dem Urknall überhaupt etwas gegeben hat, können wir nicht darüber sprechen. Wir können nur davon träumen und unsere Phantasie spielen lassen. Aber wie sollen wir uns vorstellen, was war, bevor es irgend etwas gab?«

»Jedenfalls sagen die Buddhisten, daß unser Jahrhundert die Folge der vorangegangenen Jahrhunderte ist, bis hin zu den Anfängen der Zeit vor zwanzig oder fünfundzwanzig Milliarden Jahren.«

»Eher wohl fünfzehn Milliarden.«

»Wirklich? Vor ein paar Jahren habe ich in der Schweiz einen Naturwissenschaftler getroffen, der später den Nobelpreis erhielt. Er sprach von zwanzig Milliarden Jahren. Ich bin auch einem bekannten amerikanischen Physiker begegnet, dessen Name mir entfallen ist – ich habe ein schlechtes Namengedächtnis – und der sogar von fünfundzwanzig Milliarden Jahren sprach.«

»Früher wurden gelegentlich gewaltige Zahlen gehandelt, aber inzwischen hat man diese Schätzungen etwas zurückgenommen. Im Augenblick hat man sich auf fünfzehn Milliarden geeinigt. Und seit kurzem spricht man sogar von zehn oder zwölf.«

»Kann man da noch von wissenschaftlicher Genauigkeit reden?« fragt er lachend.

Dann fährt er fort:

»Warum kam es zum Urknall? Was war seine Ursache?«

»Die Christen haben eine Antwort darauf.«

»Ich kenne sie. Was mich angeht, so gibt es zwei Antworten, die ich nicht akzeptieren kann. Die erste lautet: Es gibt keine Ursache. Die Dinge sind einfach geschehen, aus sich heraus. Aus unserer Sicht ist das unannehmbar. Die zweite Antwort ist die göttliche

Lösung. Eines schönen Tages beschloß Gott, die Welt zu erschaffen. Das können wir genausowenig akzeptieren.«

»Weshalb?«

»Weil diese Antwort ihrerseits allzu viele Fragen aufwirft.«

»Zum Beispiel?«

»Warum hat der Schöpfer die Welt erschaffen? Wer hat den Schöpfer erschaffen? Hat er sich selbst erschaffen? Hatte dieser Schöpfer seinerseits einen Anfang? Wird er ein Ende haben? Handelt es sich um eine permanente Schöpfung? Und so weiter.«

»Wenn der Schöpfer ewig ist, wird auch die Schöpfung ewig sein.«

»Das führt uns zu weiteren Fragen von der Art: Ist der Schöpfer ein Wesen von unendlichem Mitgefühl? Ist er allmächtig? Ist er allwissend?

Und wenn er allmächtig ist, warum hat er dann eine offensichtlich so unvollkommene Welt erschaffen? Warum hat er diese Welt erschaffen und nicht eine andere? Und warum hat die Schöpfung so lange gedauert?«

Nach Ansicht der heutigen Astrophysik hat die Materie, die wir kennen, sich im Verlaufe von einer Million Jahren in der sogenannten Ursuppe entwickelt, und auch die Formen, die diese Materie annahm – einschließlich dessen, was wir Leben nennen –, folgten in einem sehr langen Prozeß.

Ich erinnere den Dalai Lama auch an die inzwischen als gesichert geltende Tatsache, daß es im Universum noch eine andere Materie gibt, die wir nicht beobachten können und die gewöhnlich als »dunkle Materie« bezeichnet wird. Sie besteht offenbar nicht aus Teilchen und Atomen wie unsere Materie; deshalb ist es uns nicht möglich, mit ihr in Kontakt zu treten und sie zu erforschen.

Trotzdem existiert diese Materie, das beweist die Anziehung, die sie auf die Himmelskörper ausübt. Wahrscheinlich ist sie im Universum sogar »in der Überzahl«. Manche Wissenschaftler behaupten sogar, sie sei acht- bis zehnmal so umfangreich wie die uns bekannte Materie. Und da wir sie nicht beobachten können, fasziniert sie uns.

Im Zusammenhang mit der Idee eines Schöpfergottes wirft diese Materie eine weitere ungelöste Frage auf: Warum hat er diese unergründliche Materie geschaffen? Warum hat er zwei Welten geschaffen, die füreinander unerkennbar sind?

»Aus unserer Sicht« sagt der Dalai Lama, »wirft die Theorie des Schöpfergottes jedenfalls mehr Probleme auf, als sie löst.«

»Welche Erklärung stellt denn der Buddhismus bereit?«

Ich weiß aus meiner Lektüre, daß die Frage nach dem Ursprung der Welt sich in den alten Schriften gar nicht in diesem Sinne stellt. Denn wie wir gesehen haben, besteht das Universum für den Buddhismus aus einer Vielzahl von Welten, die wie Scheiben auf einer Achse aufgereiht sind, und diese Achse ist der mythische Berg Meru. Um diese Achse herum sind sieben Gebirge angeordnet, des weiteren sieben Meere und in den vier Hauptrichtungen vier große Kontinente. Jede Welt besitzt neun Planeten, siebenundzwanzig oder achtundzwanzig »himmlische Markierungspunkte« und zahlreiche Sterne.

Der repetitive, zyklische Charakter des Raumes findet sich auch in der alten Zeitauffassung wieder, die ihren Ursprung im Brahmanismus hat. Die zeitlichen Zyklen, die *yugas* und *kalpas*, wiederholen sich in alle Ewigkeit. Sie sind in mehrere Perioden unterschiedlicher Länge eingeteilt, die mehr als eine Million, aber auch »unzählig viele« Jahre dauern können. Es gibt Perioden der Zerstörung, des Wiederzusammensetzens und der Stabilität.

In den Perioden des Wiederzusammensetzens, die man auch als »leere Perioden« bezeichnet, gibt es weiterhin Raumpartikel. Aus ihnen wird sich die Materie neu zusammensetzen. All diese zeitlichen Entwicklungen sind in einem »großen Zyklus«, einem *mahakalpa*, enthalten, der unser Wissen und jegliches Maß übersteigt.

Diese langen spekulativen Darstellungen, die von den verschiedenen Schulen im Laufe der Zeit weiterentwickelt worden sind und im übrigen zahlreiche Widersprüche enthalten, widersprechen ihrerseits der ausdrücklichen Empfehlung Shakyamunis, »das Senkblei des Denkens nicht ins Unergründliche« hinabzusenken. Die Frage nach der Ewigkeit des Universums – und folglich auch nach seinem Anfang – dürfte zu den »vierzehn unerklärten Sichten« gehören. Und Shakyamuni selbst hat einmal gesagt: »Die Erkenntnis all dieser Dinge bedeutet keinen Schritt weiter auf dem Weg zu Heiligkeit und Frieden.« Die einzige Antwort ist Schweigen.

Aber wie der Dalai Lama mir mehrfach versichert hat, ist es einerseits unannehmbar, zu unterstellen, daß es Ereignisse ohne Ursache gäbe, und andererseits müsse man stets die Fortschritte der Wissenschaft im Auge behalten und die Schriften, falls erforderlich, entsprechend ändern. Auch sollte man nicht erstaunt sein, wie wenig er auf den alten Theorien besteht. Er hält sich lieber an den Urknall und versucht, eine Erklärung zu finden, die im Einklang mit den Grundüberzeugungen der buddhistischen Lehre steht.

Die Theorie des Urknalls (*big bang* – die ironisch gemeinte Bezeichnung stammt von Fred Hoyle, einem Gegner dieser Theorie) enthält einen Gedanken, der erstmals von dem belgischen Geistlichen Lemaître formuliert wurde. Selbst in wissenschaftlichen Theorien finden sich recht häufig Spuren einer »verborgenen Metaphysik«. Und tatsächlich läßt sich die Idee einer »Explosion«, eines eruptiven, leuchtenden Anfangs der Welt, *mutatis mutandis* durchaus mit dem biblischen Schöpfungsbericht in Einklang bringen.

Der Dalai Lama schildert mir auf seine Weise, was dem Urknall vorausging:

»Es gab Wesen (*beings*), die irgendwann einmal Freude an der Existenz dieser Welt hatten. Und deshalb ist dieses Universum da.«

»Wer sind oder waren diese Wesen?«

»Es handelt sich nicht um menschliche Wesen.«

»Um Außerirdische?«

»Nicht in dem Sinne, in dem Sie diesen Ausdruck verstehen. Es handelt sich um Wesen, die einen Geist und Empfindung haben. Wenn wir von ›Geist‹ sprechen, wissen wir, daß es verschiedene Kategorien, verschiedene Ebenen des Geistes gibt. Einige dieser Ebenen sind grob. Dort ist der Geist direkt mit dem Körper verbunden und hört mit ihm auf zu existieren. Wenn der Körper seine Funktionen einstellt, kommen in diesem Falle auch die geistigen Funktionen zum Stillstand.«

»Aber wie wir gesehen haben, kann der Geist sich auch erheben.«

»Bis auf die höchsten Ebenen, bis hin zum ›subtilen‹ Geist oder zum ›subtilen Bewußtsein‹. Das begriffliche Denken hat Grenzen, die wir alle kennen. Deshalb haben die meisten Traditionen auf dem schwierigen Weg der Erkenntnis gewissermaßen nach einem direkten Zugang gesucht; Mystik, Yoga, manche Formen der Meditation und der Ekstase markieren diesen direkten Weg, an dessen Ende die Erleuchtung steht.«

»Dieser Zustand, in dem wir nach buddhistischer Auffassung eine vollkommene Erkenntnis aller Dinge erlangen?«

»Ja, bis ins kleinste Detail. Nach der tibetischen Tradition ist dieser direkte Weg äußerst schwierig – aber er kann uns *in der Erfahrung* bis zum Ursprung der Welt führen. Voraussetzung ist, daß wir unseren Geist bis hin zu jenem höchsten Maß an Subtilität entwickeln und verfeinern, das ihn aus den zeitlichen Kreisläufen befreit. Einige meiner Freunde haben solche Augenblicke erlebt.«

»Erinnert man sich dann an ein früheres Leben?«

»Nicht an eines, sondern an Hunderte und Tausende. Alle Hemmnisse und Schleier des Denkens sind verschwunden. Der Geist kann allein aus dem Geist entstanden sein. Deshalb kann der subtile Geist keinen Anfang haben. Wenn wir das subtile Bewußtsein in seiner ganzen Klarheit erlangen, stellen sich die Fragen nicht mehr in der gleichen Weise, selbst die Idee eines Anfangs verschwindet.«

Der große Zen-Meister Dogen Zenji erzählt dazu folgende Geschichte: Ein angesehener Priester fächelte sich Luft zu. Da trat ein Mönch an ihn heran und fragte:

»Die Natur des Windes ist beständig, und es gibt

keinen Ort, an den er nicht käme. Warum also mußt du trotzdem fächeln?«

»Du hast zwar verstanden, daß die Natur des Windes beständig ist, aber du hast nicht verstanden, was seine Allgegenwart bedeutet«, antwortete der Meister.

»Was bedeutet denn seine Allgegenwart?« fragte der Mönch.

Der Meister fächelte nur und schwieg.

Der Mönch verneigte sich mit tiefem Respekt.

Mit anderen Worten, erläutert Dogen Zenji: »Wer sagt, man brauche keinen Fächer, da der Wind beständig sei, und man müsse die Existenz des Windes erkennen, ohne dazu einen Fächer zu benutzen, der hat weder die Beständigkeit noch die Natur des Windes verstanden.«

Ein Geheimnis, Tiefe und Grenze der Erkenntnis: Die Erleuchtung schenkt uns diese Erkenntnis voll und ganz, aber sie ist nicht mitteilbar oder allenfalls durch eine Geste wie das Fächeln. Buddhistische Lehrer empfehlen, den Buddhismus nicht in der Hoffnung zu praktizieren, daß uns diese Erkentnis als Belohnung zuteil werde. Das wäre der falsche Weg. Die Erleuchtung wird nicht jedem zuteil, der glaubt, sie zu verdienen. Manche erreichen sie, andere nicht. Und auf jeden Fall (immer noch Dogen Zenji): »Die Grenzen des Erkennbaren sind unerkennbar.«

All das geht mir im Kopf herum, während ich versuche, zu »verstehen«, was mein Gegenüber mir sagt; und dennoch weiß ich, daß es unmöglich ist, denn im selben Atemzug spricht er über den subtilen Geist, die Reinkarnation und den Ursprung der Welt. Zwischen diesen drei Dingen besteht eine Verbindung, aber die bleibt ein Geheimnis für mich.

In einem seiner Bücher (*Gesang der inneren Erfahrung*, Hamburg 1993) antwortet der Dalai Lama auf die Frage, was da wiedergeboren wird, es sei das »ich«, worauf sein Gesprächspartner erstaunt erwidert, er wisse gar nicht, was das sei, das »ich«.

»Wenn ich wiedergeboren werde«, sagt der Dalai Lama, »dann weiß ich nicht, daß ich es bin. Ich erinnere mich nicht mehr an das, was ich früher einmal war. Wer bin ich?«

Zur Erläuterung weist der Dalai Lama darauf hin, daß wir selbst in diesem Leben manche Dinge vergessen, die wir erlebt haben. Um so mehr gelte das natürlich für frühere Leben.

»Wir können uns keineswegs sicher sein, daß wir uns eines Tages an unsere Erlebnisse, unsere Taten, unsere Gefühle und die Dinge um uns herum erinnern. Aber die Tatsache, daß wir uns an nichts erinnern, erlaubt noch lange nicht den Schluß, das sei nicht ich gewesen und ich sei jetzt ein völlig neues, in der Weltgeschichte einmaliges Wesen.«

»Warum können die Menschen sich in ihrer überwältigenden Mehrzahl an nichts erinnern?«

»Weil das Bewußtsein im Augenblick des Todes ein subtileres Niveau erreicht, nämlich das Zwischenstadium zwischen zwei Leben. Mit dieser subtilen Ebene verknüpfen sich die Erinnerungen an ein früheres Leben beim Übergang in ein anderes Leben. Doch aus Schwäche, mangelnder Übung oder ungenügender Konzentration bleibt die große Mehrheit der Menschen auf dem Niveau des bewußten Geistes, den wir als *grob* bezeichnen.«

»Wer einige Erfahrung mit tieferen Bewußtseinsebenen hat, der hat auch größere Chancen, sich an frühere Leben zu erinnern?«

»Ja, zweifellos.«

»Wenn ich recht verstehe, existiert dieses subtile Bewußtsein unabhängig vom Körper und vom Gehirn.«

»Ja. Es ist mit dem Erscheinen des Bewußtseins im Menschen verbunden und bleibt auch dann noch erhalten, wenn andere Bewußtseinsebenen sich auflösen.«

»Es ist unzerstörbar?«

»In gewisser Weise ja. Darum auch die Reinkarnation. Was nun den Urknall angeht, könnte man sich sogar vorstellen, daß dieser subtile Geist mit seiner unvergleichlichen Kraft das schöpferische Urprinzip am Anfang der Welt bildete.«

»Und der Buddha Shakyamuni hat diesen subtilen Geist durchdrungen?«

»Er war dessen Manifestation. Obwohl er als Prinz geboren wurde und dann unter den Augen vieler Tausender Menschen als Bettler lebte, ähnelte sein manifestes Leben gewissermaßen einer Rolle. Diese Rolle übernahm er für die Zeitspanne eines menschlichen Lebens, um uns beizustehen. Aber sein subtiler Geist hatte schon vor der Geburt alle Hindernisse für eine vollkommene Erkenntnis aus dem Weg geräumt.«

Hier scheint es an der Zeit, über die »drei Körper« zu sprechen. Der durch vollkommene Erkenntnis geprägte Zustand des subtilen Geistes (*jnanadharmakaya*), erste Ursache der Dinge, ist gewissermaßen in einen gleichfalls subtilen Körper gehüllt, den wir mit unserem jetzigen Bewußtsein nicht wahrzunehmen vermögen. Dieser Feinkörper, der bis zum Ende des *samsara* existiert, wird *sambhogakaya*, »Körper der Freude« oder der »Glückseligkeit« genannt. Aus diesem »Körper der Freude« geht der »manifestierte Körper« (*nirmanakaya*) hervor, der sich, wie der Name schon sagt, in verschiedenen Wesen und zweifellos auch in verschiedenen Welten manifestiert.

Gäbe es diesen »subtilen Körper« nicht, bestünde die Gefahr, daß der »subtile Geist« sich nach dem Eintritt ins *nirvana* nicht mehr manifestierte und daß er uns in unserem Leiden vergäße. Deshalb wird in der Mahayana-Lehre – die mit ihren metaphysischen Spekulationen weit über die Hinayana-Lehre hinausgeht – der Feinkörper zum Körper des *bodhisattva*, der uns in seinem Mitleid zu Hilfe kommt. Und dieser *bodhisattva* wiederum nimmt eine manifeste, konkrete, menschliche Gestalt an, zum Beispiel die des Mannes, mit dem ich mich seit einigen Tagen unterhalte.

Angesichts der wissenschaftlich strengen Konstruktion des Geistes durch sich selbst kommen mir manchmal Aussagen und Fragen der heutigen Naturwissenschaften in den Sinn. So behauptet die Physik die Existenz von vier dauerhaften Grundkräften; dabei handelt es sich um die Gravitation, die für die Bewegung der Himmelskörper verantwortlich ist, um die (seit dem 19. Jahrhundert vereinheitlichte) elektromagnetische Kraft und um zwei Kernkräfte, die für den Zusammenhalt der Materie und die Bewegung der Elementarteilchen verantwortlich sind, die starke und die schwache Kernkraft.

Unser Wunsch nach einer einheitlichen, umfassenden Erklärung der Dinge ist so stark, daß viele Wissenschaftler davon träumen, diese vier Kräfte in einer einheitlichen Feldtheorie vereinigen zu können. Diese einheitliche, einzige Kraft, die ewigen Bestand hat und nur von sich selbst abhängt, erinnert wie ein moderner Traum an die alte buddhistische Vorstellung des unveränderlichen subtilen Geistes, der die erste Ursache aller Dinge und folglich auch seiner selbst ist.

Allerdings verbindet der Buddhismus mit dieser Kraft – die natürlich vollkommen neutral ist und keinerlei Gefühle kennt – den Gedanken eines natürlichen Mitgefühls, das wir in der Gravitation, im Elektromagnetismus oder in den Kernkräften vergebens suchen.

Der Dalai Lama nennt mir noch weitere Manifestationen des subtilen Geistes:

»Zum Beispiel die Konservierung des Körpers nach dem klinischen Tod. So blieb der Körper meines Lehrers nach seinem Tod noch dreizehn Tage lang unverändert, bevor er in Verwesung überging. Ein anderer Lama, ein außergewöhnlicher Mann, konnte seinen Körper sogar siebzehn Jahre vor der Verwesung bewahren.«

»Und wie erklären Sie sich das?«

»Durch die besondere Qualität des subtilen Geistes, der immer noch präsent war und mit seiner Kraft die Verwesung aufhielt. Oft sieht man auf dem Gesicht von Toten ein besonderes Leuchten und heitere Gelöstheit; so war es bei meinem Lehrer. Am letzten Tag dieses Nachlebens erscheint ein wenig Flüssigkeit, und die Verwesung beginnt. Diese Flüssigkeit ist das Zeichen, daß der subtile Geist den Körper verlassen hat.«

»Auf der Suche nach einem anderen Körper?«

»Ja.«

»Dann ist es der subtile Geist, der seine Reinkarnation findet?«

»Ja. Allerdings nennen wir diesen Geist nicht *atman*. Nicht die Seele, wie Sie sagen würden, ist ihrem Wesen nach unsterblich. Wir kennen kein besonderes Wesen, keine unabhängige und unveränderliche Entität, die mit dem Individuum verbunden wäre. Unser Bewußtsein ist in ständigem Wandel. Nichts hat ewigen Bestand, und nichts kann ohne tiefgreifende Veränderungen weitergegeben werden.«

»In Ihrem Vorwort zu Sogyal Rinpochés Buch *Le Livre tibétain de la vie et de la mort* (Paris 1993) schreiben Sie, der Tod, ein normaler und unvermeidlicher Vorgang, sei für Sie kein wirkliches Ende; vielmehr sei es so, als wechselte man die alten, abgetragenen Kleider gegen neue.«

»Das ist richtig. Und wenn wir gut sterben wollen, müssen wir lernen, gut zu leben. Die Erfahrung des Todes ist äußerst wichtig für uns, denn der Zustand, in dem der Geist sich im Augenblick des Todes befindet, kann über die Qualität unserer zukünftigen Wiedergeburt entscheiden. Wir können sogar im Augenblick des Todes eine besondere Anstrengung unternehmen. Die Meditation vermag einen ungeahnten Höhepunkt zu erreichen, der sich dann im unversehrten Fortbestand des Körpers manifestiert. Übrigens hofft jeder wahre Buddhist, vor seinem Meister zu sterben, damit dieser ihn in seiner letzten Stunde beruhigt und führt.«

Menschen, die an ein anderes Leben oder an andere Formen von Leben glauben, kritisieren oft heftig die – im Westen von einer Mehrheit vertretene – Auffassung, wonach der Tod das Ende des Lebens oder zumindest unseres Lebens ist. Diese Einstellung, die Montaigne in einem Kapitel seiner *Essais* meisterhaft dargestellt hat, kann in ihren Augen nur zu einem brutalen, egoistischen Verhalten führen, das sich nicht um das Morgen und die Zukunft der Erde schert.

Diese Kritik, die man gelegentlich auch von Buddhisten hört, erscheint mir oberflächlich. Zum einen gibt es keinerlei Grund für die Behauptung, wer nur an dieses Leben glaubt, kümmere sich nicht um die Erde, die er seinen Kindern hinterläßt (bisher hat jedenfalls die christliche Religion sich kaum um das Schicksal unseres Planeten gesorgt und durch das Verbot jeglicher Begrenzung des Bevölkerungszuwachses sogar zu dessen Zerstörung beigetragen); zum anderen kann man gerade in der Begrenztheit menschlichen Lebens, das aus dem Nichts kommt und ins Nichts geht, gute Gründe für dessen Würde und Schönheit erblicken.

Ich bin mir allerdings bewußt – und viele haben schon vor mir darauf hingewiesen –, daß die buddhistische Tradition, die von sich behauptet, ganz in der Erfahrung und den Tatsachen zu gründen, die Gefahr einer Wiedergeburt in niederen Gestalten wie denen von Tieren oder sogar Höllenwesen als Schlagstock einsetzt, um die Menschen zu bewegen, sich in ihrem jetzigen Leben ordentlich aufzuführen. Es ist bekannt, auf welche Schwierigkeiten die Schaffung einer weltlichen Moral stößt, jener profanen Moral, die auch der Dalai Lama immer wieder einfordert. Vielleicht brauchen wir ja diese Furcht vor Höllenstrafen oder die Hoffnung auf ewige Seligkeit – oder wenigstens einige von uns, die den an sich doch einfachen Gedanken nicht akzeptieren mögen, daß der Tod vollständig und endgültig ist (wobei lediglich die Materie, aus der wir bestehen, erhalten bleibt und sich neu zusammensetzt).

Ich ziehe es vor, diese Diskussion nicht fortzusetzen, da ich weiß, was dabei herauskommt. Interessanter scheint es mir, den buddhistischen Weg weiterzuverfolgen, der Leben und Tod als Ganzheit begreift. Der Tod – oder genauer *bardo*, der Übergang von einem Leben ins andere – wird vielfach als Spiegel verstanden, in dem das ganze Leben sich spiegelt. So lernen wir im Leben das Sterben. Gut leben heißt lernen, gut zu sterben, um ein besseres neues Leben zu erlangen. Der Dichter und Heilige Milarepa sagt es so: »Der Leichnam, der uns solche Angst macht, lebt hier und jetzt mit uns.«

»Wir haben Angst vor dem Sterben«, sagt der Dalai Lama, »weil wir weder Tag noch Stunde unseres Todes kennen. Weil der Tod uns jederzeit überraschen kann. Und wir fürchten uns vor dem, was nach dem Tod kommt; wir haben Angst, wir könnten uns an einem unangenehmen, unbekannten, beklemmenden Ort wiederfinden.«

»Auch Buddhisten kennen diese Angst?«

»Natürlich. Vergessen Sie nicht, daß der Zwang zur Wiedergeburt keineswegs als Belohnung gilt. Im Gegenteil. Die Reinkarnation, die eine Wahlentscheidung darstellt, ist an ein bestimmtes geistiges Niveau gebunden. Wenn dieses Niveau erreicht ist, kann der subtile Geist, den ich entwickelt habe – der aber nur ein Teil von mir ist –, über sein nächstes Ziel selbst bestimmen. Das bedeutet einen Schritt in Richtung Befreiung und möglicherweise eine Verbesserung. Ohne eine solche Wahlmöglichkeit ist die Wiedergeburt ein Rückfalls ins *samsara*.«

»Kann die Reinkarnation auch irgendwoanders als auf der Erde erfolgen?«

»Sicher. Auf einem anderen Planeten oder sogar

in einer anderen Milchstraße. Die edlen geistigen Zustände können sich bis ins Unendliche erstrecken, das gehört zum Grundbestand unserer Lehre.«

»Und der Geist kann sich verwandeln?«

»Er kann und muß es. Er kann sich von seinen Verunreinigungen befreien und in höchste Höhen erheben. Zu Anfang haben wir alle dieselben Fähigkeiten, aber manche entwickeln diese Fähigkeiten und andere nicht. Wir gewöhnen uns leicht an geistige Trägheit, zumal diese Trägheit sich gern unter einem Mantel von Aktivität versteckt; wir laufen hin und her, stellen Berechnungen an, telefonieren. Aber diese Aktivitäten bewegen sich ausschließlich auf den gröbsten und elementarsten Ebenen des Geistes. Und sie verdecken das Wesentliche.«

»Warum ist der Geist an den Körper gebunden?«

»Weil alles, was sich wandelt, einer stofflichen Grundlage bedarf. Wenn wir vom Geist sprechen, wissen wir sehr wohl, daß wir ihn weder sehen noch abmessen können. Er braucht eine stoffliche Form, und diese stoffliche Form übernehmen wir nach den Vererbungsgesetzen von unseren Eltern. Dieser Stoff wird, wie ich glaube, von den Chromosomen gelenkt. Der Geist ist die ungreifbare subtile Energie, die sich des stofflichen Körpers bedient. Auf der höchsten Ebene kann dieser Geist, wie gesagt, nicht verschwinden. Er gilt dann als Form von Weisheit. Er ist der innere Meister, der oberste Guru. Er hat Zeit und Raum überwunden.«

Ich erinnere mich an eine alte chinesische Geschichte, von der Borges in seinem Essay über den Buddhismus berichtet. Eines Tages sagte der Buddha zum Affen, einem Tier, das als listig und intelligent gilt:

»Wenn du mit einem Satz aus meiner Handfläche springen kannst, werde ich dir den Thron des Jadekaisers geben.«

Der Affe nahm alle Kraft zusammen und machte einen gewaltigen Satz, so daß man ihn aus den Augen verlor. Er landete an einem Ort, an dem fünf rosafarbene Säulen standen, und glaubte, ans Ende der Welt gesprungen zu sein. Er zog sich ein Haar aus, tauchte es in Tusche und schrieb auf den Sockel der mittleren Säule: *Der große Weise, dessen Wissen so weit ist wie der Himmel, ist hiergewesen.* Mit einem neuerlichen Satz kehrte er an seinen Ausgangsort zurück und sagte zum Buddha:

»Ich bin gesprungen, ich habe deine Hand verlassen, und jetzt bin ich dorthin zurückgekehrt. Gib mir den versprochenen Thron.«

»Du hast meine Handfläche gar nicht verlassen«, erwiderte darauf der Buddha. »Sieh nur!«

Der Affe senkte die Augen und blickte auf die Handfläche; da las er auf dem unteren Ende des Mittelfingers den Satz: *Der große Weise, dessen Wissen so weit ist wie der Himmel, ist hiergewesen.*

Ich frage meinen Gastgeber:

»Und wenn die Wissenschaft eines Tages beweist, daß es keine Reinkarnation gibt?«

»Falls sie es tatsächlich eines Tages beweisen sollte, müßten wir diesen Gedanken aufgeben. Und wir werden es tun. Aber im Augenblick halten wir Wiedergeburt und Reinkarnation für ebenso real wie die Atome. Und wenn manche Menschen nicht an die Wiedergeburt glauben, so halten wir das für Unwissenheit.«

»Es handelt sich also nicht um Glauben?«

»Nein. Es ist ein physikalisches Phänomen. Nach unseren Schriften gab es schon vor dem Urknall subtile Teilchen im Raum. Und sie sind immer noch da. Diese spirituellen Teilchen, die Wesen bildeten, haben den Urknall hervorgebracht. Warum und wie, wissen wir nicht.«

»Ist das Universum ewig?«

»Das einzelne Universum kann existieren und verschwinden. Gewaltige Zyklen können aufeinander folgen. Aber das Universum insgesamt, das Geist-Universum, ist immer da.«

Er zeigt auf einen Blumenstrauß in der Zimmerecke.

»Die Buddhanatur ist in allen Dingen. Aber wir können nicht alles wissen. Und so wissen wir nicht, ob diese Blumen Freude und Schmerz empfinden.«

Ich erzähle ihm, daß mein Großvater, ein Bauer aus Südfrankreich, in meiner Kindheit in einer Ecke seines Gartens zwei Tomatenpflänzchen setzte; sie waren einander ganz ähnlich und standen im selben Boden. Jeden Tag gab er beiden Pflanzen dieselbe Menge Wasser. Aber bei der einen blieb er täglich stehen, streichelte sie, sprach liebevoll zu ihr und sagte ihr tausend Komplimente. Der zweiten dagegen schenkte er kein Wort und keinerlei Aufmerksamkeit.

»Jedes Jahr zeigte er uns, daß die erste Pflanze mehr und schönere Tomaten trug als die zweite. Mogelte mein Großvater? Wollte er als Magier erscheinen? Ich habe es nie erfahren.«

»Da müßte man noch weiter gehen und zum Beispiel wissen, ob diese Reaktionen von der Pflanze selbst ausgingen oder von irgendwelchen unsichtbaren Wesen.«

Dieses Thema der unzähligen Buddhas, einer unveränderlichen Qualität, die sich in allen Dingen wiederfindet, hat der Buddhismus auf vielfältige Weise illustriert, in der Spekulation, in den Figuren mancher Mandalas, in der Poesie und auch in der Anekdote. In China erzählt man sich, daß ein Mönch einst einen Tempel betrat und auf eine Buddhastatue spuckte. Als man ihm seinen Verhalten vorhielt, sagte er:

»Ich bitte euch, zeigt mir einen Ort, an dem der Buddha nicht ist.«

Der Dalai Lama fährt fort und erklärt, gleichsam als Schlußwort zu diesem Thema:

»Wir glauben, es gibt ein subtiles Bewußtsein, das die Quelle der ganzen sogenannten Schöpfung ist. In jedem Individuum findet sich dieses subtile Bewußtsein, vom Anfang aller Zeiten und bis hin zur Buddhaschaft. Genau das bezeichnen wir als *Wesen* (*being*). Dieses Wesen kann verschiedene Gestalten annehmen, die Gestalt von Tieren, von Menschen und schließlich von Buddhas. Das ist die eigentliche Grundlage unserer Theorie der Wiedergeburt. Über Jahrhunderte hinweg und im Wechsel der Gestalten strebt der subtile Geist notwendig nach der Buddhaschaft. Wenn er bei einem Menschen ein bestimmtes Qualitätsniveau erreicht, wählt er seine nächste Gestalt selbst. Das ist die Reinkarnation.«

Auch wenn unsere religiösen oder philosophischen Traditionen uns vielfach hindern, diesen Gedanken zu akzeptieren, auch wenn er uns fremd bleibt und uns meist die unmittelbare Erfahrung der Reinkarnation fehlt, können wir die Größe dieser Vision nur bewundern. Ich komme noch einmal auf die surrealistische Grußadresse aus dem Jahre 1925 zurück und auf die höchste Hoffnung, die »Freiheit des Geistes im Geiste«. In der Erforschung der höchsten Form dieses Geheimnisses, das der Geist ist, geht der Buddhismus so weit, wie nur eben möglich. Auf ihn ließe sich der Titel des oben zitierten chinesischen Gedichts münzen, denn er ist selbst eine einzige »Inschrift über das Vertrauen in den Geist«. Und weil er sich weigert, den Geist in nichts aufzulösen, überschreitet er sogar die Grenzen der Welt.

Eine weitere Möglichkeit, über diesen Zustand höchster Erkenntnis, das Ziel jedes praktizierenden Buddhisten, zu sprechen, ist der in gewisser Hinsicht recht geheimnisvolle und unserem Denken ausgesprochen fernstehende Ausdruck *tathagata*. Das Wort bedeutet »der irgendwo ankam« oder je nach Interpretation auch »der von irgendwoher kam« und wird auf mehrere große Persönlickeiten angewandt, darunter auch Shakyamuni.

Wir können uns dem Ausdruck über das Wort *tathata* nähern, das vielfach mit »Sosein« übersetzt wird, obwohl dies wie so oft die eigentliche Bedeutung eher verstellt als erhellt.

Das »Sosein« ist die größtmögliche Vereinfachung. Der Geist erreicht solch eine Qualität, daß er sich selbst vergißt. Nichts trennt mehr das besondere Sein von ihm selbst oder den Dingen. Er ist so. Er hat sich der übrigen Welt angeglichen, ohne Reflexion und ohne Distanz. Diese Angleichung ist natürlich. Wer sie erreicht, merkt es oft nicht einmal.

In vielen Koans des Zen-Buddhismus heißt es, um die höchste Wahrheit zu erlangen, müsse man nur den Tee korrekt zubereiten oder sich an einem heißen Tag Luft zufächeln, das genüge schon. Wanderer begegnen einem Greis, der sich mit erstaunlicher Geschicklichkeit in einem reißenden Wildwasser fortbewegt. Er springt von Stein zu Stein, steigt in Strudel und Wasserfälle, in die sich selbst ein athletischer junger Mann nicht wagen würde. Als man ihn nach seinem Geheimnis fragt, versteht er die Frage nicht. Er lebt seit seiner Kindheit in der Nähe dieses Wildwassers und schenkt ihm gar keine Aufmerksamkeit. Er ist selbst zum Stein und zum Strudel geworden. Er kann sich selbst gar nicht mehr davon unterscheiden.

Bei der Durchsicht meiner Aufzeichnungen bemerke ich, daß wir nur sehr selten von den Göttern gesprochen haben; es finden sich nur wenige flüchtige Verweise. Dennoch kennt der Buddhismus – und insbesondere der tibetische Buddhismus – eine Vielzahl von Gottheiten und übertrifft darin sogar noch den Brahmanismus. Die Götter sind zu Gesellschaften zusammengefaßt, und in seinem Buch *Kindness, Clarity and Insight* (Ithaca 1984) hat der Dalai Lama einige von ihnen beschrieben. Eine grundlegende Unterscheidung betrifft den »weltlichen« oder »außerweltlichen« Charakter der Götter; die einen sind mit wahrnehmbaren weltlichen Formen (der Sonne, dem Mond, einer Quelle) verbunden, die anderen nicht. Diese beiden Kategorien sind dann ihrerseits mehrfach unterteilt. Viele buddhistische Gottheiten haben ihren Ursprung im Brahmanismus, und sie sind den Menschen nicht immer wohlgesonnen. Manche sind furchterregend wie die schreckliche Marici, die Gattin des Königs der Unterwelt, die mit dem Kopf einer Löwin dargestellt wird. Die Göttin Lhamo dagegen, die mit den Attributen der äußerst blutrünstigen indischen Durga ausgestattet ist, zeigt sehr viel Wohlwollen und Mitgefühl. Sie hilft uns bei der Abwehr der zahllosen Dämonen.

Die Bilder all dieser Gottheiten können uns bei Gebet und Meditation von Nutzen sein. Das gilt allerdings mehr für die volkstümlichen Bereiche des Glaubens. Wenn der Geist in der Wahrnehmung seiner selbst voranschreitet und mehr nach innen als nach außen schaut, sieht er in diesen vielfältigen Kräften und Formen »Facetten eines einzigen Diamanten«, wie Maurice Percheron einmal gesagt hat. Dann tritt langsam die Einheit hervor, die sich unserer Vorstellung entzieht und dennoch im höchsten Stadium des subtilen Geistes erfaßt werden kann.

Es scheint, daß der heutige Buddhismus, der sich geschmeidig an den kaum wahrnehmbaren Gang der Dinge anpaßt, zumindest auf dem Niveau höchster Läuterung und Reinheit langsam die alten Vorstellungen und Formen aufgibt, wie ein Reisender alles ablegt, was überflüssig geworden ist. So verschwinden – ohne Hast, ohne Verleugnung und ohne revolutionäre Umstürze – die abergläubischen Vorstellungen der Vergangenheit, die mythologischen Abenteuer der Götter und Göttinnen, die unnützen oder gar obskuren Glaubenselemente, alles, was als übernatürlich, das heißt als äußerlich gelten kann.

An ihre Stelle tritt der Geist, ein schöpferischer Geist, der zur Erhebung fähig und mit dem Ewigen vertraut ist. Nach den komplexesten (und schwierigsten) Lehren des Tantrismus sieht dieser Geist, wenn er sich allen unnützen Gepäcks entledigt hat, die ganze Wahrheit innerhalb dieser Welt und in der möglichen Wahrnehmung der Welt. Es ist gar nicht nötig, jenseits dieser Welt, in einem Wald von unsichtbaren Dingen, danach zu suchen, wie der traditionelle Mahayana-Buddhismus es getan hatte. Alles ist hier. Wir müssen versuchen, die Reinheit der Erscheinung zu erforschen, die Phänomene zu sehen – die alle Wahrheit enthalten und gleichsam entblößt ihre wahre Natur enthüllen.

Der Geist wird hier sein eigenes Licht und sein eigener Spiegel. Die Götter, die man anrufen kann, haben jede losgelöste Existenz verloren, sie sind nur noch Ausdruck der wahren Natur des Seienden. Man kann in ihnen sogar – und das ist kein Widerspruch – eine Verlängerung unseres Denkens erblicken.

Wie der tibetische Meister Chögyam Trungpa schreibt, ist diese geistige Arbeit »eine der fortgeschrittensten, scharfsinnigsten und außergewöhnlichsten Wahrnehmungsleistungen, die wir jemals entwickelt haben. Sie ist ungewohnt und originell. Sie ist kraftvoll, magisch und verletzend. Aber sie ist auch äußerst einfach.«

Nun kann man allerdings fragen – und die Meister des buddhistischen Denkens haben sich diese Frage durchaus gestellt –, ob nicht der Geist selbst nur Illusion ist, die höchste Illusion. Wir haben schon über diesen Schwindel gesprochen, in den der Geist angesichts seiner selbst gerät. Daß er sich selbst benennt und analysiert, beweist noch keineswegs, daß er auch existiert (wie Descartes fälschlich annahm). Er könnte geradesogut nur ein Attribut des großen Netzes der Maya sein oder sogar das ganze Netz, die Illusion, die uns umfängt, wie die Götter und vielleicht sogar die Buddhas.

Doch das ist ein anderes Abenteuer. Und der Buddhismus lehnt es im allgemeinen ab, sich auf dieses Abenteuer einzulassen, auch wenn er es als Möglichkeit durchaus in Betracht zieht, weil man alle

Möglichkeiten in Betracht ziehen muß. Von jeher hin- und hergerissen zwischen dem verführerischen Spiel mit dem Nichts, in dem der Geist dank seiner Beweglichkeit am Ende jeden Halt verliert und eingestehen muß, daß er gar nicht existiert, und der Notwendigkeit einer Alltagsmoral in diesem ganz und gar relativen, von Leid geprägten Leben, dem wir nicht entrinnen können, kommt der Buddhismus immer wieder auf diesen praktischen und sogar pragmatischen Aspekt zurück. Er zeigt uns, wie wir leben sollen. Und er träumt von einer geheimen Region, in der Licht und Leere am Anfang wie auch am Ende miteinander verschmelzen.

Und am Ende Leere

Zu den Grundschriften des Mahayana gehören an die hundert Bände. Ein Teil dieser Schriften trägt die Bezeichnung *Prajnaparamita*.

Prajna ist jene Qualität in uns, die meist schlummert, aber geweckt werden kann. In der Regel übersetzt man *prajna* mit »Weisheit«, doch das ist ungenau. Es handelt sich vielmehr um die Fähigkeit zur Weisheit oder zur Erleuchtung, eine Fähigkeit, die wir zur Wirkung kommen oder schlafen lassen können.

Prajnaparamita ist die erfolgreiche Nutzung dieser Fähigkeit, die Ankunft am Ende des Weges. Ein Satz, den man Buddha selbst zuschreibt und »die große Befreiung« oder das »unvergleichliche Mantra« nennt, lautet folgendermaßen: »Die Form ist nur Leere, das Leere ist nur Form.« Oder nach einer anderen Übersetzung: »Wo Form ist, da ist Leere, und wo Leere ist, da ist Form.«

Ich frage meinen Gastgeber:

»Darf ich hoffen, dieses Mantra eines Tages zu verstehen?«

Zuerst lacht er. Dann räumt er ein, daß das Leere, *sunyata*, unter den vier buddhistischen Grundbegriffen gewiß der geheimnisvollste ist, dessen Verständnis die größten Schwierigkeiten bereitet (die übrigen drei sind die Unbeständigkeit, das Fehlen eines Ich und das Leiden). Was ist das für ein gewaltiges Erfahrungs- und Gedankengebäude, das am Ende zu nichts anderem führt als zu der Erkenntnis, daß es Stoffliches gar nicht gibt? Auf welchen Fundamenten ruht dieses Gebäude, und worin gründet der Geist, der es errichtet hat? Wenn das Leere die einzige Realität darstellt, die nicht illusorisch ist und dem Netz der Maya entgeht, wer hat dann dieses Netz aufgespannt? Kann man im Rausch leben? Und kann man sich einen Traum ohne Träumer vorstellen?

Der Dalai Lama antwortet mir zunächst, das Leere sei ein wissenschaftlicher Begriff:

»Sie haben es selbst gesagt. Wir sind leer, die Materie, aus der wir zusammengesetzt sind, ist gewissermaßen leer.«

»Das stimmt. Im Verhältnis zum gesamten Atom ist der Atomkern unendlich klein, wenn man in diesem Bereich überhaupt noch von Abmessungen sprechen kann. Ein Reiskorn unter der Kuppel des Petersdoms, habe ich gesagt. Und dasselbe gilt für das Universum. Wenn die gesamte Materie der vielen Milliarden Galaxien gleichmäßig im Raum verteilt wäre, läge die Dichte nahezu bei Null. Ein paar Teilchen pro Kubikmeter. Gar nicht wahrnehmbar.«

»Na, sehen Sie.«

»Aber ich nehme doch an, der buddhistische Begriff des Leeren hatte bei Nagarjuna keinen wissenschaftlichen Ausgangspunkt.«

»Warum denn nicht? Es führen durchaus mehrere Wege zur Erkenntnis. Und manchmal treffen sie sich.«

»Kann man über das Leere reden, ohne leer daherzureden?«

»Ich glaube doch. Zunächst müssen wir festhalten, daß ›leer‹ keineswegs ›nichts‹ bedeutet. Der Vorwurf des ›Nihilismus‹, den manche Kommentatoren gegen den Buddhismus erheben, ist nicht gerechtfertigt. Die Welt, von der wir ein Teil sind, ist kein unabhängiges Wesen und auch kein Ensemble von Wesen. Sie ist im Fluß, ein Strom von Zuständen. Das heißt aber keineswegs, das sie nichts wäre.«

»Wenn ich sage: ›Ich bin nicht‹, dann bedeutet das also nicht, daß ich nichts wäre.«

»Genau, und zwar aus folgendem Grund: Alle Dinge hängen von den anderen Dingen ab. Nichts existiert für sich und losgelöst von allem anderen. Ich glaube übrigens, in diesem Punkt hat die moderne Wissenschaft denselben Weg eingeschlagen wie wir.«

»Das glaube ich auch. Sie legt das Schwergewicht heute meist eher auf die Beziehungen zwischen den Phänomenen als auf die Phänomene selbst.«

»Wir sagen, die Dinge erscheinen, existieren und verschwinden aufgrund all der Einflüsse, denen sie ausgesetzt sind, und dies unablässig.«

»In einem beständigen Strom.«

»Aber sie existieren niemals aus sich heraus. Diese Hand zum Beispiel...«

Er öffnet seine Hand und hält sie mir hin, die Handfläche nach oben.

»Sie macht den Eindruck von Festigkeit und Kohärenz. Sie bietet dem Blick eine ganz bestimmte Form dar. Sie scheint alle Merkmale einer Entität zu besitzen.«

Nun berührt er die verschiedenen Teile seiner Hand, die Handfläche, die Finger, die Nägel.

»Wenn ich mich aber ernsthaft frage: Was ist eigentlich meine Hand? Dieser Finger? Dieses Fingerglied? Dann kann ich nur antworten: Mein Finger ist mein Finger und nicht meine Hand. Aber ist sie die

Gesamtheit der Nägel? Nein, denn ich kann diese Gesamtheit in Nägel zerlegen, und dann kann ich nur jeden dieser Fingernägel untersuchen, betrachten und benennen.«

»Und weshalb sollte man bei den Nägeln haltmachen?«

»Natürlich. Ich kann immer tiefer ins Innere dieser Materie hinabsteigen, ohne jemals auf meine Hand zu stoßen.«

»Trotzdem benutzen Sie Ihre Hand.«

»Dazu ist sie da. Und ich bin sehr zufrieden damit. Diese Kombination verschiedener Elemente, deren jedes einzelne weiter zerlegt werden kann und die alle zueinandergehören, nennen wir ›eine Hand‹. Das ist ganz einfach. Wir bezeichnen sie so aufgrund einer vertrauten Arbeit des Geistes. Und das nennen wir die relative Realität.«

»Die von anderen Elementen als sich selbst abhängt?«

»Genau. Denn nichts existiert ohne Ursache. Das tiefere Wesen dieser Hand liegt darin, daß sie zu einem Netz von Einflüssen gehört, von denen keiner dauerhaft ist.«

»Deshalb wird diese Hand eines Tages nicht mehr Ihre Hand sein.«

»Verglichen mit dem Alter der Welt, wird sie nur einen sehr kurzen Augenblick meine Hand sein. Einen flüchtigen, fast nicht greifbaren Augenblick lang. Wir sind alle der Überzeugung, daß wir unabhängig voneinander leben, daß die Hand, die diese Seite umblättert, eine gesonderte Existenz besitzt.«

»Unser Geist braucht das; er muß trennen und benennen. Er kann sich nicht mit einer komplexen und konfusen Sicht der Welt begnügen.«

»Und dennoch müssen wir versuchen, solch eine komplexe Sicht zu erlangen. Auf sie zu verzichten hieße, in der Illusion bleiben zu wollen. Wenn jedes Lebewesen und jedes Ding eine unabhängige Existenz besäße, könnte nichts irgendeinen Einfluß auf sie ausüben. Die Beziehungen, von denen Sie sprechen, gäbe es gar nicht. Aber wie wir sehen, gibt es immer und überall unzählige solcher Einflüsse und Beziehungen.«

»Das also nennen Sie ›Leere‹: die Tatsache nämlich, daß es keine unabhängige Existenz gibt.«

»Genau. Und deshalb ist die Form ›leer‹, also nicht losgelöst und nicht unabhängig. Die Form hängt von zahlreichen anderen Dingen ab. Sie ist die relative Realität.«

»Und warum ist die Form leer?«

»Weil jede Form sich in dieser Leere entfaltet, im Fehlen unabhängiger Existenz. Die Leere ist nur dazu da, zur Form zu führen. Es kann gar nicht anders sein. Leere ohne Form hat keinen Sinn.«

Und so war das Blatt Papier leer. Leer, das heißt voll. Voll vom ganzen Kosmos.

In der tantrischen Tradition des »diamantenen Fahrzeugs«, Vajrayana, verschwindet sogar der Unterschied zwischen absoluter und relativer Realität, zwischen »Ungeborenem« und »Geborenem« oder, wenn man so will, zwischen Essenz und Existenz. Durch die »reine Sicht« können wir innerhalb der sinnlichen Welt zur endgültigen, nichtüberschreitbaren Wahrheit gelangen. Aus der reinen Sicht wird *tathata*, Evidenz. Die Erscheinung erscheint nicht länger als Erscheinung, ja das Problem des Nichtwissens und der Unterscheidung stellt sich gar nicht mehr, alles ist uns in dieser höheren Wahrnehmung gegeben, und jenseits dessen brauchen wir nichts mehr zu suchen.

Die Einheit steht strahlend und augenfällig vor uns. Nichts trennt mehr Leere und Licht.

Damit nähern wir uns – fast unvermeidlich – dem schwierigen Gedanken des »Virtuellen«, der seit gut einem Jahrzehnt Eingang in die Sprache der Wissenschaft gefunden hat und zugleich auch in die neuen Bilderfabriken.

Manche unserer kühnsten Wissenschaftler verwerfen den Gedanken einer Schöpfung aus dem Nichts, *ex nihilo*, weil der Physiker angesichts des Fehlens jeglicher Materie gar nichts mehr zu sagen hätte; sie raten wie Michel Cassé in seinem Buch *Vide et Création* (Paris 1993) zu »Mut angesichts der Null« und lehnen das Nichts rundheraus ab. Dabei unterscheiden sie zwischen dem metaphysischen Begriff des Leeren oder des Nichts, der ein rein gedankliches Konstrukt darstellt, und dem Leeren im Sinne der Quantentheorie, das von unzähligen virtuellen Entitäten durchsetzt ist.

Dieses Leere ist keineswegs nichts. Es setzt die Existenz eines Feldes voraus, auch wenn wir dieses Feld nicht wahrnehmen oder messen können. Nur seine Wirkungen können wir erkennen, denn es verknüpft die realen Teilchen miteinander, und es scheint sogar bewegt zu sein, nur beobachten können wir es nicht. Deshalb nennen wir es leer, obwohl es eigentlich voll ist. Voll von virtueller Materie.

Um zur beobachtbaren Existenz zu gelangen, benötigen die Konstellationen virtueller Teilchen lediglich einen energetischen Schub, bei dem die Tatsache, daß sie beobachtet werden, von entscheidender Bedeutung sein kann. Hier kommen wir dem Fehlen jeglichen Dualismus – zwischen Beobachter und Beobachtetem – sehr nahe, von dem in der Geschichte des Hinduismus und des Buddhismus so oft die Rede war. »Untrennbar verbunden mit dem Sehenden ist das Gesehene«, sagte schon im 16. Jahrhundert Kün Khyen Pema Karpo.

Der Astrophysiker Michel Cassé behauptet sogar: »Die Erkenntnis des *Zustands der Leere* ist die notwendige Voraussetzung für die Schaffung eines kohärenten Modells der Natur.« Er sieht in dieser Leere »etwas Volles, das eine Bestimmung besitzt«, und stellt es »kosmisch und logisch an die Spitze des Diskurses über die Ursprünge«. Gegen Ende seines Buches schreibt er sogar: »Im Leeren sein heißt bei sich sein.«

Kein buddhistischer Lehrer würde dem widersprechen.

Zur Zeit wagen sich nur wenige Physiker auf dieses Gebiet vor. Die meisten halten sich lieber an die Materie, wie sie uns erscheint. Und wie es der traditionellen Auffassung entspricht, ist diese Materie in ihren Augen immer noch etwas Festes und Schweres, also Volles. Der Urknall markiert für sie eine Grenze, jenseits deren Sprache, Denken und Vorstellungskraft versagen. Gewiß ist es schwierig, sich die Materie als leer vorzustellen, auch wenn sie sich in mehreren Jahrhunderten der Beobachtung immer stärker entmaterialisiert hat.

Gerade hier könnte uns die Geschmeidigkeit des Buddhismus helfen, das zu akzeptieren, was wir selbst entdeckt haben, aber in den gewohnten Worten nicht auszudrücken vermögen.

Der Dalai Lama meint jedoch:

»Wenn wir die Dinge benannt haben, können wir sagen, daß sie von unserem Geist abhängen. So hängt denn vielleicht der Urknall wie die Materie von unserem Geist ab.«

»Und sogar von einem Bedürfnis unseres Geistes.«

»Damit gehört er zur relativen Realität. Heute nennen wir ihn ›Urknall‹. Morgen werden wir ihn ohne Zweifel anders nennen. Wir mögen es nicht, Gefangene von Wörtern und Begriffen zu sein. Beide sind vergänglich. Da alles von unserem Geist abhängt, sollten wir das Leere mit einem Lächeln akzeptieren und auf unseren Geist vertrauen.«

Aber natürlich, setzt er hinzu, dürfe dieses Vertrauen nicht blind sein. Der Buddhismus verfügt in dieser Hinsicht über ein großes Arsenal von Vorsichtsmaßnahmen, die den Geist vor sich selbst schützen und zu seinem eigenen Gipfel führen sollen. Auf diesem Gipfel verschwindet der Geist mitsamt den Dämonen und sogar mitsamt dem Buddha. Das oberste Ziel ist die Leere. Wenn wir die höchste Wahrheit erlangt haben, heißt es bei Milarepa,

Gibt es keinen Meditierenden mehr
Und keinen Meditationsgegenstand,
Keine Zeichen der Erfüllung,
Keine Stufen und keinen Weg.
Keine höchste Weisheit
Und keinen Leib des Buddha.
Auch das nirvana existiert nicht.
All das sind nur Worte und Redensarten.

Doch es wäre sinnlos, den Zugang zu diesem Verschwinden, zu dieser Fülle der Leere an den Anfang stellen zu wollen. Das führte uns nur in die entmutigende Einsamkeit des Nihilismus oder in die ungeordnete Gewalttätigkeit des Egoismus: Denn wenn nichts existiert, wenn ich keiner höheren Macht unterworfen bin, warum sollte ich mich dann nicht den eigennützigsten Trieben überlassen?

Eines können wir nicht bezweifeln, sagt mir der Dalai Lama zum Abschluß: Wir alle tragen eine Qualität in uns, die nur geweckt werden muß. Diese Qualität nennen wir *prajna.* Wir können alles bestreiten, nicht aber unsere Fähigkeit, besser zu werden.

»Denken wir einfach darüber nach.«

Er nimmt meine Hände und hält sie lange in den seinen.

Er sieht mich lächelnd an.

Wie jedes Gespräch, so führt uns auch dieses am Ende ins Schweigen.

Bücher des 14. Dalai Lama in deutscher Übersetzung

- *Das Auge der Weisheit*, Scherz 1975.
- *Mein Leben und mein Volk. Die Tragödie Tibets*, Droemer Knaur 1982, 1992.
- *Das Auge einer neuen Achtsamkeit*, Goldmann 1987.
- *Die Bodhgaya-Interviews*, Aquamarin 1989; 2. Auflage unter dem Titel: *Sehnsucht nach dem Wesentlichen*, Herder 1994.
- *Logik der Liebe*, Goldmann 1989.
- *Ein menschlicher Weg zum Weltfrieden*, Diamant 1991.
- *Der Schlüssel zum Mittleren Weg. Weisheit und Methode im tibetischen Buddhismus*, dharma edition 1991.
- *Yoga des Geistes*, dharma edition 1991.
- *Das Buch der Freiheit*, Bastei-Lübbe 1992.
- *Gesang der inneren Erfahrung. Die Stufen auf dem Pfad zur Erleuchtung*, dharma edition 1993.
- *Im Einklang mit der Welt. Der Friedensnobelpreisträger im Gespräch*, Lübbe 1993.
- *Worte der Hinwendung*, Herder 1993.
- *Zeiten des Friedens*, Herder 1993.
- *Einführung in den Buddhismus. Die Harvard-Vorlesungen*, Herder 1994.
- *Der Friede beginnt in dir. Zur Überwindung der geistig- moralischen Krise in der heutigen Weltgemeinschaft*, Scherz 1994.
- *Mitgefühl und Weisheit. Ein großer Mensch im Gespräch mit F. von Schönborn*, Herder 1994.

- *Wege zur universellen Verantwortung*, Windpferd o. J.
- und Michael von Brück, *Weisheit der Leere*, Heyne 1992.
- und Eugen Drewermann, *Der Weg des Herzens. Gewaltlosigkeit und Dialog zwischen den Religionen*, Walter 1993.

Weisheit, Buddhismus, Meditation

Dalai Lama
Tod und Unsterblichkeit im Buddhismus
Über die Buddha-Natur
Vorwort von Václav Havel
Band 4555
Wegweisende und grundsätzliche Antworten auf Kernfragen menschlichen Lebens.

Dalai Lama
Tibet – Ort der Götter, Land der Tränen
Hrsg. von G. van Grasdorff
Band 4497
Der Dalai Lama über die Vergangenheit, Gegenwart und Zukunft Tibets und über die Hoffnung auf eine Rettung dieser Kultur.

Dalai Lama
Der Friede beginnt in dir
Wie innere Haltung nach außen wirkt
Band 4451
Die moderne Auslegung der wichtigsten Lehren über den Weg zu innerem und äußerem Frieden. Einer der schönsten Texte des Buddhismus.

Dalai Lama
Mitgefühl und Weisheit
Ein großer Mensch im Gespräch mit Felizitas von Schönborn
Band 4288
In diesem Gespräch wird die Botschaft des Dalai Lama – auch zur weltpolitischen und ökologischen Lage – plastisch und begreifbar wie nie zuvor. Das Tor zum tibetischen Buddhismus.

Dalai Lama
Sehnsucht nach dem Wesentlichen
Die Gespräche in Bodhgaya
Band 4229
Menschen aus allen Kulturkreisen haben den Friedensnobelpreisträger aufgesucht und neue Impulse für ihr spirituelles Leben gewonnen.

Dalai Lama
Einführung in den Buddhismus
Die Harvard-Vorlesungen
Band 4148

Die unauslotbare Tiefe der buddhistischen Weisheitstradition – von einer der großen geistigen Gestalten der Gegenwart auf einzigartige Weise erschlossen.

Dalai Lama
Zeiten des Friedens
Band 4065

Einer der großen geistigen Führer unserer Zeit gibt der Sehnsucht nach Frieden wichtige spirituelle Impulse.

Thich Nhat Hanh
Schlüssel zum Zen
Der Weg zu einem achtsamen Leben
Mit einer Einführung von Philip Kapleau
Band 4570

Ein Meister erschließt die alte Tradition von Bewußtheit und Achtsamkeit, um sie im Alltag zu verwirklichen.

Thich Nhat Hanh
Die Sonne, mein Herz
Wie Glück entsteht
Band 4520

Wer achtsam ist auf die Gegenwart des Lebens in uns, kommt mit dem wahren Glück in Berührung.

Thich Nhat Hanh
Zeiten der Achtsamkeit
Mit einer Einleitung hrsg. von Judith Bossert und Adelheid Meutes-Wilsing
Band 4492

In der Übung der Achtsamkeit liegt der Weg zum Wesentlichen. Die schönsten Texte zum 70. Geburtstag des bedeutenden Meditationsmeisters.

Thich Nhat Hanh
Lächle deinem eigenen Herzen zu
Wege zu einem achtsamen Leben
Hrsg. von J. Bossert/A. Meutes-Wilsing
Band 4370
Die einfache, tiefe Botschaft an Menschen, die in der Hektik des Alltags beim Gehen schon ans Rennen denken.

Daisetz Teitaro Suzuki
Der Buddha der Liebe
Herzensgüte im Zen-Buddhismus und christlicher Glaube
Mit einer Einführung von Michael Brück
Band 4576
Der Interpret zeigt, wie nahe der buddhistische Begriff allumfassender Liebe und universalen Mitleidens dem christlichen Glauben steht.

Daisetz Teitaro Suzuki
Das Zen-Koan – Weg zur Erleuchtung
Mit einem Vorwort von Janwillem van de Wetering
Band 4452
Koans sind Rätsel, die jeder für sich löst. Sie können zeigen, wer wir wirklich sind. Die klassische Einführung.

Daisetz Teitaro Suzuki
Wesen und Sinn des Buddhismus
Ur-Erfahrung und Ur-Wissen
Band 4197
Die Quintessenz des Buddhismus: Grundideen des Zen, seine Spiritualität und Philosophie in überzeugend klarer Darstellung.

Frederik Hetmann
Siddhartas Weg
Die Geschichte vom Leben und der Lehre des Buddha
Band 4594
Die populäre Vergegenwärtigung einer großen Weltreligion in der faszinierenden Lebensgeschichte des Stifters. Spannend, lebendig, farbig.

Geshe Thubten Ngawang
Genügsamkeit und Nichtverletzen
Natur und spirituelle Entwicklung im tibetischen Buddhismus
Mit Beiträgen des Dalai Lama
Band 4356
Aus dem Kern der Botschaft des Dalai Lama sind die Konsequenzen formuliert, die sich aus buddhistischer Sicht ergeben.

Geshe Rabten
Das Buch vom heilsamen Leben, vom Tod und der Wiedergeburt
Der Befreiungsweg im tibetischen Buddhismus
Vorwort Dalai Lama
Band 4335
Der Berater des Dalai Lama erschließt dem westlichen Leser eine durch Jahrtausende erprobte Art, mit dem Tod umzugehen und die Sicht des Lebens zum Positiven zu verändern.

Amadeo Solé-Leris
Die Meditation, die der Buddha selber lehrte
Wie man Ruhe und Klarblick gewinnen kann
Band 4316
Der bedeutende westliche Meister erschließt in diesem praktischen Handbuch dem Meditationsanfänger die älteste Überlieferung buddhistischer Meditation.

Katsuki Sekida
Zen-Training
Das große Buch über Praxis, Methoden, Hintergründe
Band 4184
Wie kann man als westlicher Mensch Zen-Meditation lernen? „Das erste umfassende Handbuch" (Psychology today).

Das Ethos der Weltreligionen
Hinduismus, Buddhismus, Konfuzianismus, Daoismus, Judentum, Christentum, Islam
Herausgegeben von Adel Theodor Khoury
Band 4166